Copyright za ovo izdanje © 2022 TEA BOOKS d.o.o.

Za izdavača
Tea Jovanović
Nenad Mladenović

Glavni i odgovorni urednik
Tea Jovanović

Korektura
Jelka Jovanović

Prelom
Agencija TEA BOOKS

Dizajn korica
Proces DIZAJN

Izdavač
TEA BOOKS d.o.o.
Por. Spasića i Mašere 94
11134 Beograd
Tel. 069 4001965
info@teabooks.rs
www.teabooks.rs

ISBN 978-86-6142-042-9

Aleksa Šantić

PESME

II tom

Ova publikacija u celini ili u delovima ne sme se umnožavati, preštampavati ili prenositi u bilo kojoj formi ili bilo kojim sredstvom bez dozvole autora ili izdavača niti može biti na bilo koji drugi način ili bilo kojim drugim sredstvom distribuirana ili umnožavana bez odobrenja izdavača. Sva prava za objavljivanje ove knjige zadržavaju autor i izdavač po odredbama Zakona o autorskim pravima.

O, gdje si, Bože?

O, gdje si, Bože...? Ja te svuda tražim;
Vjerujem u Te i vjerom se snažim,
I kad mi dušu teški sumor svlada,
Ona Te zove i Tebi se nada,
I Tebi, Bože, glas molitve sprema
I njom Te zove, ali Tebe nema...!
O, gdje si, Bože...? Na ovoj planeti
Kuda Te vode Tvoji puti sveti?
Jesi li tamo gdje plamovi gore,
U slavu Tvoju gdje se psalmi hore;
Gdjeno Ti tamjan i izmirnu pale
I Tebe, Boga, horovima hvale;
Gdje zvona slave čas tvoga postanja
I vječnu svjetlost Tvojega sazdanja?
Il' tajno stupaš od ljudi do ljudi,
Pa smiren gledaš kako Pravda sudi,
Kako se lome verige sa roblja
I život niče iz mrtvoga groblja,
Kako se slavi Tvojega svemira
Podižu hrami osveštenog mira,
I kako smjerno čovječanstvo ovo
Ljubi i štuje Tvoje sveto slovo?
O, gdje si, Bože...? Milost mi podari,
Javi se meni i duh mi ozari!
Al' zaman pitam, tvoga glasa nema,
Tek pusti eho odgovor mi sprema...
Ti, Bože, ovdje među nama nisi,
Carstva su Tvoga nedogledni visi;
Grijehom, kom je crni pakô meta,
Progna Te, Bože, ta crna planeta...
Tu Tebe nema, jer tu ljubav gone;
Tu Tebe nema, jer sve u grijeh tone;
Tu Tebe nema, jer tu cvile slabi,
A tiran kliče i tuđ hljebac grabi;

Tu drska volja fariseja crni'
Istine tvoje sveto slovo skvrni;
Tu lanci zveče, grmi anatema –
Ne, Tebe, Bože, tu na zemlji nema.

O, klasje moje...

O, klasje moje ispod golih brda,
Moj crni hljebe, krvlju poštrapani,
Ko mi te štedi, ko li mi te brani
Od gladnih tica... moja muko tvrda?

Skoro će žetva... Jedro zrnje zrije...
U suncu trepti moje rodno selo.
No mutni oblak pritiska mi čelo,
I u dno duše grom pada i bije...

Sjutra, kad oštri zablistaju srpi
I snop do snopa kao zlato pane,
Snova će teći krv iz moje rane –
I snova pati, seljače, i trpi...

Svu muku tvoju, napor crnog roba,
Poješće silni pri gozbi i piru...
A tebi samo, kô psu u sindžiru...
Baciće mrve... O, sram i grdoba...!

I niko neće čuti jad ni vapaj –
Niti će ganuť bol pjanu gospodu...
Seljače, goljo, ti si prah na podu,
Tegli i vuci, i u jarmu skapaj!

O klasje moje ispod golih brda,
Moj crni hljebe, krvlju poštrapani,
Ko mi te štedi, ko li mi te brani
Od gladnih tica... moja muko tvrda?!

O, kuda stremiš moja željo laka?

O, kuda stremiš, moja željo laka,
Kô zlatan leptir preko mirnog dola?
Zar ne znaš tamo da je ruža svaka
Umrla davno od mraza i bola?

Misliš li: i sad veselo leprša
Lagana ševa, u jutru i veče,
Nad bistrom vodom, sa visokog krša
Što doli pada i u ravan teče?

Misliš li: tamo, u odlasku naglom,
Slušaćeš pjesmu plavooke Lade,
Da nikad nećeš dršćati pod maglom
Na hladnom kamu, kô sirak, bez nade?

Il' misliš tamo, u valima burnim –
U tom svijetu, da te dobro čeka,
I da ćeš tako pod nebom azurnim
Provesti vijek bez suze, leleka?

Ne idi...! Tamo nema ni boravka!
Proljeće žarko umrlo je davno...
Pod mraznim nebom smrznula se travka,
A vjetri zvižde kroz prodolje tavno.

Kô slaba tica, u vrtlogu tome
Gdje ljudi žive salomićeš krila;
Vrati se, vrati zavičaju svome,
Vrati se srcu, tu gdje si i bila!

Il' slušaj! tamo gdje, pun hladnog inja,
Gust bršljen trepti i uvela trava.
Gdje vjetri tuže sa suhog rastinja,
Tu moja majka spava, mirno spava...

Na njenoj humci, gdje sam dugo plakô,
Anđeo čuva struk bosiljka meka...
Tu ostaj vječno! Tu je dobro svako –
Tamo te ljubav i svo blago čeka...

O, nikad više...

O, nikad više, nikad moja ruka
Stisnuti neće tvoju ruku b'jelu –
Kô tužni odjek tajanstvenog zvuka
Kidaće jadi moju dušu c'jelu.

Kô sjetna tica, što u krugu tavnu
Ledenih žica zarobljena stoji,
Snivaću i ja o blaženstvu davnu
O slatkom raju poljubaca tvoji'.

Ja sam kô stablo, kome vjetar hudi,
Raznese lišće u daleke strane,
Kô vječni sužanj, koji zalud žudi
Osmejak mili one zore rane.

Po tavnoj noći, kad sveštenim mirom
Prel'jeće sanak nečujno i blago,
Besvjesno lutam na grudima s lirom,
I zv'jezdam' šapćem tvoje ime drago...

Ja suzam' kvasim tvoju sliku bajnu
I gledam osm'jeh, što s usana l'jeće,
Al' zaman suze, nikad prošlost sjajnu,
Nikad mi tebe darovati neće...

Oh, nikad više, nikad moja ruka
Stisnuti neće tvoju ruku b'jelu –
Kô tužni odjek tajanstvenog zvuka
Kidaće boli moju dušu c'jelu.

O, pjevaj srce moje...

Pjevaj joj, srce moje! Stresi zvjezdice sjajne
S besmrtnog veličanstva zvukom ljubavnog milja,
Da njima uresim sveto njene kosice bajne,
U kojima se l'jeva miris pitomog smilja.

U hramu ljubavi tvoje nek njena slika stoji
I miljem draži svoje nebeske daje sile,
Nek bude zv'jezda jasna na nebu snova tvoji',
Boginja tvog života i izvor pjesme mile.

Ljubi i pjevaj samo. Nek čisti, jasni glasi
Dignu je letom svojim u jato zvjezdica sjajnih,
Kao što mene dižu njene anđelske krasi
U svjetlost božjeg raja, u krilo sv'jetova tajnih.

O, putnici ždrali...

Kennst du das Land

O putnici ždrali laki, otkuda vas vodi put?
Vidjeste li mjesta mila gdjeno rađa limun žut?

Vidjeste li Jadran plavi i obrasli onaj žâl,
U pragove mramor-dvora gdje srebrni bije val?

„Vidjeli smo mnoge kraje i pitomi mirni kut,
Gdje na žalu dvori stoje i gdje rađa limun žut.

Na prozoru bješe žena mlada kao mladi klas,
Kidajući jednu ružu gledala je tužno nas.

U oku joj bjehu suze, a u duši bol i led;
Lice joj je svo blijedo, kô uveli ljiljan bled."

Dosta, ždrali! Njene suze, to je dragi biser moj:
Ovu pjesmu, uzdah ovi nek oblaci nose njoj!

O, putniče...

O, putniče iz daljine,
  Ako tvoje srce gine
  za ljepotom, koju niđe
  Niti pozna niti viđe,
  Za ljepotom koju samo
  Raj u sebi skriva tamo,
  A ti hodi
  I pohodi
  Moj lijepi rodni kraj.

Gle, što dosad gledô nisi:
  Plava brda, sjajni visi,
  Podupiru nebo naše
  A pod njima ravne paše
  I lijepa mirna sela
  Pozdravljaju bistra vrela,
  A kô laki, dragi snovi,
  B'jela jata – golubovi
  U zlatni se gube sjaj.

Ovdje, cv'jeće gleda na te,
  Tamo slatki zvuk se njija,
  A na ruže i granate,
  Kô pramenje snježno, blago,
  Leptirova jato drago
  Svoja laka krila svija –
  A do plavih vodâ oni',
  Kud pastirka stado goni,
  Pozlaćeni šumi gaj.

Svuda život! Svuda zdravlje!
  U topoli pjeva slavlje,
  Vjetrić struji i na krilu
  Zlatnim zrakom nosi svilu,

A daleko r'jeka čista
U širokom polju blista
I kô pozdrav drag i mio
Njezin slatki šumor ti'o
U mili te zove kraj.

O, lijepa zemljo draga,
U tebi su sva mi blaga!
U tebi je sreća moja!
U tebi mi duh propoja!
Pa do groba, tebe, majko,
Tvoj će sinak ljubit' žarko,
I u sreći, bolu tvome,
Ti ćeš biti srcu mome,
Sveti oltar, zlatni raj!

O, zemljo moja...

O, zemljo moja, što te tako boli?
Zašto me vječno trzaju i more
Jauci dugi iz tvoje dubine?

„To moje srce premire i gine
U tvrdom mrazu, bez sunca i zore."

Zar tvome srcu ne dopire oganj
Našijeh srca? Zar duše sinova
Ne griju tebe plamenima svojim?

„Ja davno, davno ostavljena stojim
Sama, u ruci sudbe i v'jekova."

Pa ko će teške razdrobiti sante
Na tvome srcu? Ko li će iz tame
Trgnuti tebe s tvojim robljem hudim?

„Ja mrtve iz sna uzdasima budim,
Jer nema živih da umiru za me...!"

Obeščašćeno i kukavno doba...

Obeščašćeno i kukavno doba,
Epoho mrlja i rugobe trajne
U dubokijem tamnicama groba,
Gdje leže sunca i istine sjajne,

U tvome moru blata razum grca,
I nigdje kopna i obala tvrdi'!
Lešino gnjila rascrvana srca,
Sa tvoga smrada trag bogova smrdi.

Plodovi tvoji zlatni su kumiri,
Izdajstvo misli, torture, sindžiri,
Guba i porod gnojavijeh grudi.

I ja se, evo, tvojim smradom trujem,
I svoj nos stiskam i na tebe pljujem,
Rugobo gnusna bez časti i ljudi.

Oblak

U dobu ruža, kada trepti mladost,
Kada je nebo kao plava svila,
Mi smo se sreli, i ti si mi bila
Duši božanstvo, a srcu sva radost.

Bila si ljepša od svakoje druge,
I ja sam ti se u zanosu kleo;
I ti si, draga, kao oganj vreo,
Gorila sa mnom puna čežnje duge.

Nikada nije jednog dana bilo
Bez poljubaca i bez strasti prave;
Mnoge li ruže i ljubice plave
Prosuh na njedra i na tvoje krilo!

Tä koliko smo puta, sjedeć' sami
Na staroj klupi ispod vrbe one,
Gledali sunce kako za vrh tone
I kako mirno gasi se u tami?!

U gustoj grivi vrbinijeh grana
Zadnji su ognji umirali ti'o,
Crveni, žarki, kô tvoj obraz mio,
Kô ljubav naša prvih zlatnih dana.

I ti si bila ozarena njima,
I gledala si u zapad daleko,
Dok je pred nama srebrn potok tekô
Kô slatka pjesma, kao laka rima.

No jednom – znaš li kad ti dođoh ono?
Ja u tvom oku vidjeh svoj mrak grobni,
Ja na tvom čelu vidjeh oblak kobni,
Ja u tvom glasu čuh mrtvačko zvono –

I ja sam umro... Grčevitom šakom
Sa tvoga čela zgrabih kobnu tamu
I jurnuh s njome, ostavih te samu –
Niti se vratih. No u času svakom

Ja mislim na te: u dnu duše mrtve,
Kao pod zemljom i pločama grobnim,
Umire ljubav pod oblakom kobnim –
Dođi da vidiš patnju tvoje žrtve...

Odnesi me, lađo

Odnesi me, lađo, do onoga kraja,
Onamo daleko, gdje ostrvo mirno
Počiva i gleda u nebo prozirno
I u plavi zaton pun kristalnog sjaja.

Onamo u sjenci čempresova granja
S mramornim balkonom stara vila stoji,
U njoj osta, lađo, polet snova moji' –
Osta divna žena što čezne i sanja...

Odaje su njene jedna rajska bašta,
A ko u raj stupi tome nebo prašta
Svaki grijeh zemni što nam dušu mori.

Zaplovi i kreni njenom milom kraju
Da pristupim nebu, da pristupim raju,
Jer, evo, od silnog grijeha izgori'...

Oh, da li će...

Oh, da li će tako,
   Oh, da li će jednom,
Nakon teških tmina,
   Svanut' Srpstvu b'jednom?

Hoće, hoće, hoće,
   Oj nadaj se, rode!
Ti ćeš stići tamo,
   Kud te želje vode.

Oh, da li će...?

Kad nam skoro sinu dani
Pramaljeća mlada,
Pa zamiri list na grani
Punan slatkog nada;

Kad se poljem prospe cv'jeće
I pronikne trava,
Sunce grane, puno sreće,
Sa neba nam plava;

Kad potočić otrgne se
Od zimskih st'jena,
Pa goricu kad zatrese
Sa pjesmom slavuja;

Kad iz mrtvog, teškog sanka
Sve nam se okr'jepi,
Dočekamo blagi danak
Naših želja l'jepi';

Oh, da li će nebo dati,
Smilovat' se tada,
Pa mom rodu zasijati
Pramaljeća nada?

Pa da kliknem iz sveg grla,
Nek se hore glasi:
„Sad si srećna, majko vrla,
Narod ti se spasi...!"

Ohridska vila

O jezero moje, ne žamori, ćuti,
   Vjereniče dragi, počivaj mi sad!
Da u ovoj noći, što se kobno muti,
   Sama nebu kažem svoj golemi jad!

Bože mučenikâ, o, kaži mi, dokle
   Uzdisati moram 'vako uzaman?
Zar ti ovu zemlju ostavi i prokle,
   Da krv svoje djece gleda svaki dan?

Koliko v'jekova proteče i minu,
   Da kroz suze gledam u maglenu kob!
A još niti svanu, niti istok sinu,
   Niti sunca vidje okovani rob.

O, da li će ikad na obale ove
   Dojezditi divni brat i osvetnik,
Pod zastavom slave i slobode nove
   U jezeru mome da ogleda lik?

Teško meni, teško! Sa Urvine moje,
   Bože, čujem samo Markov uzdisaj:
Još daleko jutra naše slave stoje,
   Kroz olovnu maglu ne probija sjaj.

Još će mnogo biti jauka i rana,
   Još će crno roblje, gmizati kô crv;
U jezeru tvome još će mnogo dana
   Gluho nebo gledat' lešine i krv...

Ohridsko roblje

Ja znam, snovi moji nisu pusta varka:
Tvoje rane tebe zaboljeće teže,
I šiknuće ključ tvoje krvi svježe,
I vihorom muka probudićeš Marka...

Sve do kosti tvrde ostruge željezne
Razgrepšće ti meso. Neka! Ljut i opor
Tako samo i ti sinućeš na otpor,
Kô lav kada silan u osveti grezne.

I vrata slobodi smrt velika, jednom,
Otvoriće tebi svojom rukom lednom –
Tvoja zora biće purpur tvoje rane...

Sada ćutiš mutno, kao oblak oni...
No ja znam, taj oblak što ga bura goni
Najzad svojim krepkim gromovima plane...

Oj, grančice puste...

Oj grančice puste, obnažene, same,
Svi listići dragi sveli su i smagli,
Pune drobnih suza vi gledate na me,
A vaš tužni šumor gubi se u magli.

O, ja znadem tugu i jad što vas kinji,
Ali gdje je snage, da vam prošlost vrne?!
Ja pred vama stojim kao kamen sinji
I sumorno gledam u daljine crne...

I meni je jesen poharala grudi –
Pust i samcat hodim obnaženom stazom,
Iznad mene oblak promiče i bludi,
I ja mrem kô listak pod jesenjim mrazom.

Oj istoče!

Oj istoče, oj rumeni,
Sitnim zv'jezdam' nakićeni,
Sjajnom zorom zagrljeni,
   Oj, divno li sjaš!
Oj, divno li rajske gore
Božanstvene svete dare
   Ispod krila razvijaš!

Sa tebe nam najpre sine
Zlatno sunce, pa se vine
Unedogled, u daljine,
   Šireć' sv'jetu zagrljaj,
Pružajuć' nam milo svima
sa vrelijem poljupcima
   Ružičasti onaj sjaj.

Još nam tihim glasom zbori.
„Neka svako dobro tvori,
Nek se trudi, nek se mori,
   Ta l'jenost je sram;
Preziri je Srpče svako,
Budi krepko, budi jako,
   Budi živi plam!"

Oj istoče, oj rumeni,
Zvjezdicama nakićeni,
Sv'jetlom zorom zagrljeni,
   Tä divno li sjaš!
Ti sa lučom zraka tvoga
Silu mraka nemilnoga
   Jednim mahom otimaš.

Oj ljubim te, zoro...

Oj, ljubim te, zoro, moja zoro rana,
Oj ti sjajna nevo, puna zlatnih sreća,
Tebe čista roso, roso uspavana,
Na krunici mekoj mirisavog cv'jeća.

Ljubim i vas tice sred gorice krasne,
Vašu ljupku pjesmu, lagana vam krila;
I vas u daljini svete zv'jezde jasne,
U vaš zlatni zračak duša mi se slila.

Oh i tebe ljubim, gorsko čisto vrelo,
Oj mladosti mile krasna sliko živa!
Kraj tebe na travi kako preveselo
Moja duša sreću i blaženstvo sniva.

Ali tebe, tebe, oj ti sliko bajna
Moje duše mlade, svetog sanka moga,
Tebe, što si tako umilna i sjajna,
Kao vječna zublja onog višnjeg Boga...

Tebe, tebe nevo, oj boginjo sila,
Tebe od sveg više ljubi duša ova,
Tebe, veličajna, oj slobodo mila,
Izgubljena srećo, slavo Srbinova...

Oj mladosti!

Oj mladosti, slatka čašo,
  Iz koje se nektar pije!
  Oj mladosti, zlatni danci,
  Gdje nam sreća v'jence vije!

Kô perivoj toplog juga
  Tebe samo cv'jeće krasi;
  Ti si sveta kao što su
  Heruvimski sveti glasi.

Slatke želje, slatke nade
  Sjaju posred srca živa,
  A pod krilom zlatnog sanka
  U raju ti duša biva.

Kô proljeće milocvjetno,
  Kad se lahor gorom vije,
  Kao nebo, kao zv'jezde,
  Ti si puna poezije...!

Ti ljubavi dižeš hrame
  I čistom ih vjerom kadiš:
  Zagrljajem, milovanjem
  I poljupcem dušu sladiš...

Oj mladosti, oj radosti,
  Ti si samo život pravi;
  Druzi, braćo, kucnimo se,
  Nek se sveta mladost slavi!

Oj mladosti...

Oj mladosti, divna srećo,
Zlatno doba naših dana,
Budi vječno moja druga,
Da cv'jet berem s tvojih grana!

Živi talas tvoje snage
Nek mi vječno dušu kreće,
A nek srce burno bije
U plamenu slatke sreće.

Daj da nikad ne usahne
Slatki zanos milih snova,
Nek je misô tako svježa,
Kô zrak čisti vrh cvjetova.

Na mom čelu tvoja ruka
Neka blagi pokoj piše –
Kô planinski cvijet zdravi
Nek mi tako duša diše.

Tvoja krila i okrilje
Nek me vječno nebu nose,
Tamo, kuda zora rana
Razaplić zlatne kose...!

Oj potoče!

Oj potoče, što si tako
Sjetan, tužan, bolan jako?
   Radosti ti minô roj.
Tvoje lice bješe prije
I krasnije i milije,
   Veseliji žubor tvoj.

A sada te, oj potoče,
Kao golo to siroče,
   Obuzela tuga, vaj;
Ti si tužan: tvoja dola
Ostala je pusta, gola,
   Ne miriše već joj kraj.

Uzvehnulo tvoje cvijeće,
Oko njega ne oblijeće
   Sitnih čela skladan roj;
Zaćutao slavuj lugom,
I on jadi s tobom – drugom,
   Umukô mu slatki poj.

I nebo se promijenilo:
Nije više tako milo,
   Oblak krije sunčev sjaj.
Vihor bjesni sa svih strana,
Pa uvelo lisje s grana
   U daleki nosi kraj.

Sve je tužno... Oj potoče,
Ostao si kô siroče,
   Al' ne gubi blagi nad:
Opet će doć' proljeće,
Zamirisat tvoje cvijeće,
   Tvoje duše milje, slad.

Oj Srbine mili...!

Oj Srbine mili,
  Slavo moja sveta!
  Oj Srbine – tužni
  Kroz tolika ljeta!

Zar je vječna sila
  Odredila tako
  Da jednako tebe
  Muči crni pakô?

Zar milosti nema
  U vremena toku,
  Da jedanput tvome
  Razvedri se oku?

Ne, za tebe, brate,
  Samo trnje niče,
  Kroz v'jekove sudba
  Za te plete biče...

Pa i nebo samo,
  Što nam milost šalje,
  (Zar radi grehova)
  Od tebe je dalje;

Ne prima ti plača,
  Patnje ti krvave,
  Oj Srbine mili,
  Okovani lave!

Ti jednako gledaš
  Posred noćnih tama,
  Jednako ti jaram
  Robovanja slama...

Oj, sloboda gdje je?
  Za nju si se bio –
  Svaku stopu tvoju
  Krvlju si oblio.

Ti slobode nemaš –
  Haj, slobodo sveta,
  Na Kosovu ti si
  Davno preoteta...

Ti si bačen, lave,
  U vihor prezrenja,
  U pomamno more
  Strašnog iskušenja.

Tvoja sveta krvca
  I tereti zala –
  „Prosvjećenom sv'jetu"
  Prijatna je šala.

Ti jednako sl'jediš
  Po toj mučnoj stazi,
  Neprestano trnje
  Tvoja noga gazi.

Pa ne kloni, lave,
  Nek t' ideja vodi!
  Prezri ljuto trnje,
  Smjelo po njem' hodi!

Nek se smiju zlobni
  Na te tvoje jade,
  Nek se moćne sile
  Tvojom mukom slade.

U sanku mi vila
  Šapnula je: *„Skoro*
  Dušanov će tebe
  Štitit' b'jeli orô!"

Oj tičice...

Oj tičice bezazlenke,
Hajte da se pobratimo:
Od pjesama milopojni
Jedan lepi v'jenac svimo!
U tom v'jencu od pjesama
Upletimo duše mlade,
I sve želje, što nas krepe
I radosti što nas slade.
Svaki glasak nek poleti
Sa izvora srca čista,
Pa nek ovaj lepi v'jenac
Sa ljubavlju rajskom blista,
Kad svršimo djelo naše,
Kad uz pjesmu pjesma stane:
Nebu ćemo dići v'jenac
Lêtom duše razdragane.
A pod nebom s našim vjencem
Zapjevaće rajski glasi:
Svako djelo nebu stiže
Kad ga čista ljubav krasi!

Oko vatre

Kô zora na vrhu gore, plamen buknu
I račve bukava rujni grimiz pokri.
Svi, držeći diljku sa bodljom, u suknu
Sivom oko vatre oni sede mokri.

Pozno. Jedva s vrha pogled prodre tuda
Kroz koprenu noći hladnoga oktobra,
Te Sitnicu spaziš gde poljem krivuda
Uz kržljava stabla i begovska dobra.

Hladno. Kô turbani, sa greda i grma
Motaju se magle, i u pređu njinu
Gdegde zapne bela mesečeva srma.

Oni sede. Sjakti vrh bodlja, i s trava
Trepti inje. Iskre raspnu se i sinu
Kao venci zvezda iznad njinih glava.

Omar

Miloradu J. Mitroviću

Zasiplje snijeg, hladni pokrov stere;
Jauče vjetar i urla i vije,
Povija drvlje, šestari i bije,
I kroz noć mračnu kô satana vere,
Pa grdnom rukom, sve jače i jače,
Krovove hvata pa pomamno trzne;
I gola zemlja premire i mrzne,
I negdje tamo, u dubini plače.
I sve je pusto, svak pod krovom snije,
A Omar oka još sklopio nije.

Ponoć je davno, a on budan stoji,
Kô crni sužanj sred jazbine crne
Kô da mu duša teškim bolom trne.
Ili se Omar hladne noći boji?
Ne, on je kadar, kao titan sinji,
Mraku i vjetru da na megdan stane.
Al' bol beskrajna jedne nove rane
Srce mu čupa i dušu mu kinji;
Kô sputan orô, usred crne jave
On mračan ćuti oborene glave.

Boli ga, boli. Mutnim okom bludi:
Pred njime leže dva spomenka rana –
Dvije mu šćeri, dva svijetla dana,
Dva srca živa iz njegovih grudi;
Oboje ludo, a do kosti gole
Studena zima, sve dublje i dublje,
Zabada mrazom, i srce golublje
Premire,dršće, jer ga rane bole:
„O, vatre, vatre!" Al' ni iskre nije –
Otac ih jadni zagrljajem grije.

Grije ih, ljubi, a čelo mu tavno,
Kao iz groba uzdahne duboko,
Al' zemlja tvrda, a nebo visoko...
I on se sjeti što bješe nedavno:
Nekada ovdje, pod šljemenom ovim,
Gdje sada stoji pustoš kô u grobu,
Alah je dobri silazio robu
Svakoga dana s blagoslovom novim,
Davô mu blaga koliko je htio,
I on je rahat u svom srcu bio.

Pred njim su zorom ogari i hrti
Gonili vepra na jek džeferdara,
Rzao konjic silna gospodara
Ljući od vatre, vihora i smrti.
Pa ono ruho na vedrom junaku?!
Odora carska nije ljepša bila!
Žeženo zlato i purpurna svila,
Pa blista, trepti, kô alem na zraku,
Te kad bi Turčin preko druma minô,
Spram jarkom suncu kô sunce bi sinô.

Bio je silan, čuven i u časti:
Bezbrojna stada i pašnjaci travni,
Ograde, šume i vrtovi ravni,
Sve je to bilo u njegovoj vlasti.
Pedeset kmeta punili su hakom
Ambare tvrde Omara Rahmana,
A on, po volji Boga i Korana,
Milostiv bješe i pravedan svakom –
Kmetove svoje on je braćom zvao
I svaki od njih za nj bi glavu dao.

Al' kruna blaga, najljepša od svijeh,
Bila je žena što ljubiti znade.
Alah joj dobri zlatnu dušu dade,
Koju joj nigda ne oskvrni grijeh;
I kao leptir što se suncu diže,
U tihom domu on je radost pio,

I niko nije kao Omar bio
Nebu i Bogu i dženetu bliže!
Srce mu bješe kô oaza čista,
Gdje bulbul pjeva i proljeće blista.

No šta je sreća do bludnica prava?
Dođe ti, gleda, kô djevojče smjerno,
I kada misliš da te ljubi vjerno,
Svu milost svoju ona drugom dava.
Tako i Omar bez haira osta
I, jednog dana, oborene glave
On vidje pustoš svoje crne jave.
Proplaka, jeknu. On siromah posta;
Nestade kmetâ i poljana ravni',
Osta mu samo taj dom, taj grob tavni.

Al' sve bi blago pregorio mnogo:
Bijela stada i pašnjake travne,
Ograde, njive i vrtove ravne,
Al' ovo nije prežaliti mogô:
Jednoga dana, kad zora izađe
I bulbul tica zajeca u lugu,
On vidje svoju neprebolnu tugu –
On mrtvo drago u postelji nađe,
A hladna usta kô da šapću ti'o:
„Čuvaj mi djecu, Alah s tobom bio!"

I on je čuvô. I taj šapat tajni
On i sad čuje, tu, kraj djece drage,
I vidi oči nebesne i blage,
I pred njim trepti lik mili i sjajni,
Pa jače stisne na ta prsa bona
Dva srca svoja, svoje duše dvije;
Al' mračnom izbom tužni vapaj bije,
Kô tužna jeka pogrebnijeh zvona:
„O, vatre, vatre!" Al' ni drvca nije –
Otac ih jadni zagrljajem grije.

No, kao vihor, on se naglo diže,
Ranjenu dušu nova misô prati –

On snažnom rukom za sjekiru hvati
Pa jurnu tamo i na obor stiže.
Tu stara murva, od stoljetnih dana,
Nad trošnim krovom širi se visoko,
Dršće i strepi, uzdiše duboko,
A smrzle suze padaju sa grana.
I divskom snagom on se pope na nju,
I tužna jeka odjeknu u panju.

U tome času kô da Prorok sami
Prekornim okom gledaše u mraku,
I učini se nevoljnom junaku
U bezdan greha da ga Zloduh mami.
I teška ruka klonu mu i pade,
Kô da je učas tajna sila zgrabi.
Zaplaka Omar kao sužanj slabi
I dušom svojom sve osjeti jade –
Bješe mu isto: da kô krvnik stiže
I grešnu ruku na svog druga diže.

Sva prošlost bliska pred njime se javi:
Ovdje, na sofi, ispod ovih grana,
U pozno veče proljetnijeh dana,
Kad prepun rose trepti zumbul plavi,
Kad slavuj pjeva i miriše igda,
Ovdje je prve slatke snove snio,
Ovdje je zlatnom dušom ljubljen bio,
I sreća nije odlazila nigda –
A dalek mjesec, kao srebro čisto,
Kroz ovo granje spokojno je blistô.

Murva je bila svjedok srca vjernih,
Zanosa dugog i mladosti one
Kad krv sva gori i kad duša tone
U moru strasti i želja bezmjernih.
I sve što negda, u noćima sjajnim,
Šaptahu ovdje dvije duše mlade,
To i sad, evo, stara murva znade,
Pa tiho priča razgovorom tajnim;

I Omar sluša, pa zacipljen stao
Kô da je negdje blizu bumbul pao.

I snijeg teršti, hladni pokrov stere;
Jauče vjetar i urla i vije,
Povija drvlje, šestari i bije
I kroz noć mračnu kô satana vere –
Dok jedna slika, nijema i bona,
Pod mrzlim krovom visokoga granja,
O zlatnom dobu samo sanja, sanja,
Al' kao odjek pogrebnijeh zvona –
„O, vatre, vatre!", teški vapaj stiže,
I Omar jeknu i sjekiru diže.

Kroz jauk vjetra, duboko u mraku,
Udar se teški za udarom čuo;
Sa stare murve padalo je ru'o,
Srebrno, hladno, na tjeme junaku,
A, kao majka nad porodom blagim,
Ona visoko, u nebeske strane,
Kô crne ruke dizala je grane
S blagoslovom nad ljubimcem dragim.
I krupni snijeg padao je jače,
Niti je čuo kako Omar plače.

Omladinsko kolo

Kome je mio
Narod i slava,
Kom' srce grije
Srbinski plam:
Nek stupa nama
U kolo amo!
Izrodu vječna
Ruga i sram!
Živio narod, slava mu bila!
Živila sloga i ljubav mila!

Sinuće danak
I zora bijela.
U srpskom vrtu
Zamirit' cv'jet!
Po srpskoj gori,
Pod srpskim nebom,
Anđeo mira
Letnuće let!
Živio narod, slava mu bila!
Živila sloga i ljubav mila!

Haj, složno, složno,
Nek srca biju,
A jedna želja
Zgrijeva nas,
Bude li vjere,
Ljubavi, rada
Nebo će čuti
Želju i glas!
Živio narod, slava mu bila!
Živila sloga i ljubav mila!

U kolo, amo!
Zbratimo duše,

U bratstvu sila
U bratstvu moć!
Neka se krije
Izrod je, crv je
Ko s nama neće
U kolo poć'!
Živio narod, slava mu bila!
Živila sloga i ljubav mila!

Oproštaj

Zbogom! Mi zaboraviti nećemo nikada na te,
Nikada, more sinje, jer znamo šta si nama!
Mrzili smo idući tebi, i preko drvlja i kama
Smrskane naše kosti raznosile su granate.

More, s albanskih greda potoci krvi naše
S huktanjem padali su po srebru odore tvoje –
Jošte hridine Drača purpurni ključevi boje,
Kô da su pljusnuli s neba iz zlatne zorine čaše.

Najlepša srca zemlje, sve duše krepke i zdrave,
Progutale su mutne reke i grotla crna;
I preko leševa svojih, pod pljuskom ognjenih zrna,
Na tvrde sletismo hridi uz tvoje vode plave.

O, znaš li kako onda, kličući, s kapom u ruci,
Pustismo brodove želja po tebi, kolevko vila?
Vide li kako milo trepte i kruže po luci,
Visoka dižući jedra kô bezbroj srebrnih krila?

No jato brodova svetlih razbiše grebeni more –
Skrhane katarke želja kobno lutaju lukom...
Zbogom, Jadrane stari...! Mi uzdrhtanom rukom
Sa grada dižemo stijeg s kletvama osvete skore...

I tada bedeme naše, uz pjesmu brodarka vila,
Pljusnuće valovi tvoji! I s tvrde hridi slobode
Mi ćemo gledati kako, raširenih krila,
Po tebi, s kraljicom slave, brodovi naši brode!

Oraču

Ori polje, ori bolje,
  Da slobodan razvoj bude;
Rodiće ti milo polje,
Radeniku Bog će dati,
Radenik će zlato brati
  Oštrim srpom s mile grude.

Ori polje, ori bolje,
  Muškom snagom a bez nika,
Jer uz snagu kad je volje
Sama sreća bliže brodi,
Izobilje sobom vodi
  Pod krov časnog radenika.

Ori polje, ori, ori!
  Čuj! Kako te ševa hvali,
U slatkoj ti pjesmi zbori:
Blagosloven tvoj trud bio,
Nebo dalo sve, što htio
  'Ranitelju tica mali'!

Ori polje, ori dalje,
  Eno lagan oblak plovi,
To Bog dobri rosu šalje,
Da spušteno sjeme poji
I da djelo ruku tvoji'
  Izobiljem blagoslovi!

Orao

Tamo, kud misli samo očajnog roba stižu
   I suzom duše mu bolne orošen gorki vaj,
Silna i veličajna uvis ga krila dižu –
     U vječne slobode kraj.

Pod sjenkom njegovih krila, u stegu ledene strave,
   U prahu, u nizini, slabi se crvak vije;
Pred burnijem mu krikom zebnjom se sove dave,
     U mrak se svaka krije.

Pomamne sile munje, odjeci groma jaka
   Ne slediše mu stravom herojsko srce vrelo –
Kroz onaj gusti oblak, do zlatnog sunca zraka
     Nosi ga krilo smjelo.

Oj sine slobode vječne, da li će srpska mati
   Jedanput tako vidjet, u visu sinka svog?
Kô tebi, orle suri, hoće li krila dati
     I njemu silni Bog...?

Orlu

Orluj, orle, u carstvu slobode,
Pod zakriljem božjega mira,
Kud vjetrovi okriljeni brode
I stere se sunčeva porfira.

Sa prašine, sa ovoga blata,
Kud crv gladni vije se i gmiže,
Za te, orle, pogled mi se hvata...
Moja pjesma tvom se carstvu diže.

Ti si kraljem najviših dobara,
Tvoja kruna mraka se ne boji,
Nad taštinom zemaljskih vladara
Munje riču sa visina tvoji'.

U trijumfu, kô raspetog Boga
Sjajna vjera, podižu te krila,
Veličanstvom orlovanja tvoga
Klikćeš slavu neumrlih sila.

O, kako su ništava i mala
Sva stvorenja, koja zemlja hrani!
A tebi je Promisao dala
U svom carstvu presto obasjani.

Ozgo gledaš sv'jetove, što blude
Po pučini samrti i groblja,
Gledaš silne kako slabim sude,
Slušaš lelek potištenog roblja,

Da, sv'jet ovaj ništa drugo nije
Do li borba tigrova i ljudi:
Pobjedniku urnebes se vije,
A krv lopti iz nevinih grudi.

Na gomili oborene žrtve,
Neron kliče i liktori gladni;
Nema suza da ožale mrtve,
Tigri riču svrh tjelesa hladni'.

Hram Temidin pod nogama stoji,
Zažižnika pred oltarom nema,
Anđeo se pred satanom boji,
Svetoj Pravdi Golgota se sprema.

Slabi zovu, s vihorima jada
U leleku podiže se kletva,
Sv'jetla vera Mučenika pada,
Znoj patnika silnicima žetva.

Sjajne misli duša heruvimskih
Grešna zloba sa porazom stiže;
Gledaj, orle, niskost djela niskih.
Kako ljude u visine diže...

O, i ja bih slave i visine,
Ali slave, koja mrtve budi,
Kô bič božji, kad kroz oblak sine,
Koji grešnim forumima sudi...

Ja bih slave, da slobodu javi,
Da otpanu okovi sa ruka,
Ja bih slave, što dželate davi,
A nevoljne podiže iz muka.

Ja bih slave, što bi anđô bila!
Ali zaman i želja i snovi!
O, ti, orle, daj mi tvoja krila,
Sin krševa da zrakom zaplovi;

Da se vine iz gomile muka
U sv'jetove, koje zraci vode,
Da iščeznem kao trepet zvuka
U beskraju nebeske slobode...!

Orluj, klikći, orle beli!

Orluj, klikći, orle beli,
    Svetom suncu vodi nas!
U te gleda narod celi,
Orluj, klikći, orle beli,
    Uz tebe je Bog i Spas!

S mora krvi blagorodne
    Svoj Srbiji sinu sjaj!
Naša polja, njive plodne,
Reke, gore neprohodne,
    Pamte slavni okršaj!

Orle beli, preni, sini,
    Nove slave daj nam plod!
S Avale se plave vini,
Oslobodi, ujedini,
    Milo Srpstvo, mili rod!

Osmanu Điкićи

„Kroz trnje, kroz mrak, preko provalija
Stupaću smjelim i odvažnim korakom
Žuđenom cilju što udaljen sija,
Što duše svoje nazirem ga okom."

Preminuô si i ti... Sklopio si krila,
Naš orle, i više ti ne letiš nama...
Talas pjesme tvoje, što je Bratstvo bila,
Razbio se, eto, o led smrtnog kama...

Mi znamo: da svome jatu nisi htio
Snositi s visina sjaj sunčanog vrela,
Ne bi tako rano u mezaru bio
Niti li bi tvoje perje zemlja jela...

No oni što lete naprijed da skinu
S naroda oblake, ti najprije ginu,
Za sobom svijetle ostavljajuć' pute.

Neka ti je slava! U letu, u visu,
Preminô si i ti, naš orle, kog nisu
Nigda bure svrgle pred dušmanske skute!

Ostajte ovdje...

Ostajte ovdje...! Sunce tuđeg neba,
Neće vas grijat' kô što ovo grije;
Grki su tamo zalogaji hljeba
Gdje svoga nema i gdje brata nije.

Od svoje majke ko će naći bolju?!
A majka vaša zemlja vam je ova;
Bacite pogled po kršu i polju,
Svuda su groblja vaših pradjedova.

Za ovu zemlju oni bjehu divi,
Uzori svijetli, što je branit' znaše,
U ovoj zemlji ostanite i vi,
I za nju dajte vrelo krvi vaše.

Kô pusta grana, kad jesenja krila
Trgnu joj lisje i pokose ledom,
Bez vas bi majka domovina bila;
A majka plače za svojijem čedom.

Ne dajte suzi da joj s oka leti,
Vrat'te se njojzi u naručju sveta;
Živite zato da možete mrijeti
Na njenom polju gdje vas slava sreta!

Ovdje vas svako poznaje i voli,
A tamo niko poznati vas neće –
Bolji su svoji i krševi goli
No cvijetna polja kud se tuđin kreće.

Ovdje vam svako bratsku ruku steže,
U tuđem svijetu za vas pelen cvjeta –
Za ove krše sve vas, sve vas veže:
Ime i jezik, bratstvo, i krv sveta.

Ostajte ovdje...! Sunce tuđeg neba
Neće vas grijat' kô što ovo grije –
Grki su tamo zalogaji hljeba
Gdje svoga nema i gdje brata nije...

Ostavljena

Spustila se noćca čarobna i bajna,
Sa visine blista mjesečina sjajna;
Sve se željno kr'jepi sa tišinom svetom
Anđô sanka l'jeće nad zaspalim sv'jetom,
Samo jedna moma, sa čedom na grudi,
Na obali sjedi, pa uzdahe budi...

„Oh, kako si mila, divna majska noći!
Puna blagog mira, ljubavi i moći,
Puna ljupke sreće i pjesmice one
S koje duša mlada u svemilje tone...
Ti si mio darak one tajne silne,
Ti si sveto čedo ljubavi umilne.

„Gle! Po plavom nebu, u daljnoj slobodi,
Kako punan mjesec kreće se i brodi –
a sićane zv'jezde u razdragi, milju
Blaženijem glasom pjesmice mu šilju,
A on tako srećan u božjem daru
Spokojno uživa u ljubavnom žaru...

„Po poljani ravnoj prosulo se cv'jeće,
Mirisavi lahor s gorice mu sl'jeće,
Pa ga milo njiha, krunicu mu ljubi,
Pa se opet naglo pro ravnina gubi.
A glas tanke frule ispod lipe one
Slađano i bolno u beskrajnost tone...

„To je pastir mladi što draganu zove
U poljupcu slatkom da snivaju snove...
Sve je puno sreće, sve je puno nada,
Al' utjehe nema moja duša mlada,
Ova majska noći, pramaljeće ovo
Meni samo pruža jadovanje novo...

„Oj, vi mili časi prohujali veće,
Uvenuli cv'jete moje slatke sreće,
Kako vas se sjeća ova duša mlada,
Prohujali časi blaženstva i nada.
Kad ono milo, usplamtjelih grudi,
Zanešeno reče: „Samo moja budi...!"

Ova slatka r'ječca, ovi slatki glasi
Njihnuše mi dušu kô šajku talasi,
Zanese me zborom i svog oka čarom,
Moje srce ovo posta živim žarom,
U plamenu žara tu se ljubav stvori –
Ja mu srce, dušu i ljubav otvori'...

„Nikad ljepše nebo meni nije bilo,
Sm'ješilo se na me ono sunce milo,
Svaki danak bješe kô osmejak sreće –
Svud u vrtu mome nicalo je cv'jeće,
Pjevao mi slavuj, opijao grudi,
Nisam znala pusto ništavilo ljudi.

„Bijah sretna druga... al' demon ne spava
Zaljubljenu dušu vječno obigrava,
On mi vjeru dade sa ljubavi žarkom,
Zanese mi umlje svojom niskom varkom...
Ja bih žrtva njemu, da draganu kletu,
Obmanu me – njega nestade u sv'jetu...

„Dan za danom teče, tajna se otkriva,
Evo jadnog čeda, evo gr'jeha živa...
Nevinašce malo na grudi mi spava,
Ono rugu zlobnu sv'jeta ne poznava,
Ne zna, da je predmet onih grešnih usta,
Ne zna, da mu majka prezrena je pusta.

„Spavaj, moje čedo, više se ne budi,
Pa ne dočuj r'ječi malodušnih ljudi,
Hajde tamo, čedo, gde blaženstva ima,
Pa uživaj mirno među anđelima,
Pa za majku tužnu božju milost prosi,

A nevjernik neka crni grijeh nosi.
„Oj ti plava r'jeko, oj srebrni vali,
Rašir'te mi vaše neumorne grudi,
Da nesretna majka tu bol i jad svali,
Da sa čedom zaspe, da se ne probudi,
U dubini hladnoj pokoja mi dajte,
Ucv'jeljeno srce mirom utišajte.

„Ti, mjeseče plavi, u svemiru tome
Nosi ove glase nevjerniku mome:
„Ovo jadno srce, što ti vjerno bilo,
Sa ljubavi iđe u samrti krilo,
Ono te još ljubi, oj nevjero kleta,
Ljubiće te jošte i s onoga sv'jeta."

Sjetno mjesec sija, slavuj tugu budi,
A plavetna r'jeka čiste širi grudi...
Eno već i zora pomalja se mlada,
U okolu svuda samo radost vlada,
A prezrena majka, nevoljnica živa,
U dubini r'jeke mirno s čedom sniva.

Otac

Gde ste? Vašu pesmu ne čujem iz luke,
A to, deco, ljuto boli me i vređa.
Neprestano motrim, ispod suhe ruke,
Hoćete li doći sa dalekih međa.

Oranju je doba. U plavome nebu
Pozdravi se čuju lastavica rani'.
Starati se treba o nasušnjem hljebu,
A ja sam oronô. Ko će da nas hrani?

Momčilo, Milojko, Mrgude, moj dive,
Hoćete li skoro uzorati njive?
Hoćete li žnjeti kô što lani žnjeste?

Ej, plugovi vaši bez vas pusti stoje...
S bolom na temena unučadi svoje
Suhu ruku spuštam... Moja djeco, gde ste?

Otadžbini (I)

Pjesma zarobljenog Bura

Prodali su tebe... Preko tvojih krša
Mutan oblak stremi sve brže i brže;
Sa bedema naših tuđi st'jeg leprša,
A poljima, majko, tuđi konjic rže;
U tvome oltaru plamenovi trnu,
Zalazi ti sunce i nebo se mrači;
Prodali su tebe kô robinju crnu –
Plači, majko, plači!

Zaman tvoju djecu snaži vjetar tvrda,
I zaman se more naše krvi lije,
Zaman Dugi Toma odjekuje s brdâ
I logore mrske smrtnim ognjem bije:
Zastava će tvoja posrnuti grobu,
Prebiće se šare i osvetni mači;
Verige će ljute zvečati na robu –
Plači, majko, plači!

Plači, jer će pakô biti gdje raj stoji
I tvoj sin kô sužanj živog boga kleće,
Jer nikada više sa hramova tvoji'
Zvuk prazničkih zvona pozdraviť ga neće;
Bez vjere, bez snage i pun kobne slutnje,
Gledaće u nebo što se nad njim mrači
I sa bolom slušať kako gromi tutnje –
Plači, majko, plači!

U dan zlatne žetve glas veselog poja
Odjeknuti neće preko naših strana,
Pogrebnu će pjesmu jadna djeca tvoja
Pjevati nad mrtvom srećom svojih dana,
Jer plodove tvoje raznijeće drugi,

A tvoju će djecu nevolja da tlači;
Sloboda će naša snivati san drugi. –
Plači, majko, plači!
Sve riznice zlatne i sva tvoja blaga,
Što ih s neba primi, tuđinu ćeš dati,
A mi ćemo postať sirotinja naga
I svoga krvnika domaćinom zvati;
Sinovi će tvoji žuđeť koru hljeba
I snositi jaram sve crnji i jači;
Za nas neće biti ni boga ni neba –
Plači, majko, plači!

Otadžbini (II)

Pevaj mila, zemljo sveta,
Tvoj vek zlatni sada cveta!
Gde je Soča, Vardar gde je,
Gde s Jadrana bura veje:
    Dvoglav
    Beo
    Silan
    Smeo
Kô osvetne dece boj,
Kruži, klikće orô tvoj!

Srbin, Hrvat i Slovenac,
Svi ti jedan pletu venac
Verne duše, kô luč zore,
Pred oltarom tvojim gore –
    Nebu
    Lete
    S gore
    Svete
Lepog bratstva zlatni cvet
U tvoj dragi viju splet!

Nàvek neka sretna bila!
Kô oluje hučna krila,
Za te, Majko, milu, krasnu,
Svetla Kralja, Krunu jasnu:
    S pesmom
    S cvetom
    Jednim
    Letom
Letićemo, kada glas
Tvojih truba zovne nas!

Otadžbino, gdje si?

S njedara tvojih davno nisam brao
Nijedne ruže... Sve gorom i gorom
Grozeći mukom, led je ljuti pao
I svojom tvrdom okiva me korom.
Proljeća tvoga gdje je pozdrav mio
I klik orlova na svijetloj besi?
Vaj, ja bih topla zagrljaja htio...
... Hladno je, hladno... Otadžbino, gdje si?

Nijemo gledam kroz potoke suze,
Po oštrom mrazu tebi duša bludi –
Vapije, cvili... Pita ko te uze,
O, ko te trže sa mojijeh grudi...
Žedan sam... Tvoga izvora bih pio,
No svuda samo smrzle bare desi',
Vaj, ja bih vihor tvoje duše htio...
... Hladno je, hladno... Otadžbino, gdje si?

Prelazim klance, putanje i međe,
Prebirem gore i polja i selo,
Ne bih li samo ugledao neđe
Tvoj lik i tvoje osvećeno čelo...
No tebe nema... Umrla si nama...
A narod...? Ćuti u tralji i ljesi.
Vaj, nigdje ništa do leda i kama...!
... Hladno je, hladno... Otadžbino, gdje si?

Otvorila si dveri

Zorki

Otvorila si dveri srca i duše sjajne
   I primila me u raj čiste ljubavi tvoje,
Sa mrtvih pustolina bola i tuge tajne
   Povratila me k nebu, gdje rajska milja stoje.

Ne lijem suze više, niti me misô bludi
   Po nebu prošlosti davne, gdje pale nade stoje.
Snova se život rađa, snova mi nebo rudi
   I blista svetim žarom čarobne slike tvoje.

Kô svježi poljski vjetrić, kô bujna gorska vrela,
   Sad mi se život kreće kroz bokor mirisnih ruža;
Sve što sam željno čekô, sve što mi duša htjela –
   U tebi, lijepi cvijete, blaga mi sudba pruža.

Pa neka letne pjesma krilu vječnosti tajne,
   U slavu onog žara u kom nam srca stoje,
Nek čuje sreću moju nebo i zvijezde sjajne,
   Sreću što sad me zgr'jeva vjerom ljubavi tvoje.

Oživi mene, noći...

Pozdravljam tebe i tvoju samoću,
Tvoj šum i zlatni povratak zvijezda!
Kô tice kad ih gone iz gnijezda,
Ja bježim tebi, jer pokoja hoću.

Jedva sam čekô na ove trenutke
S nemirom srca i sa bolom grudi;
Ja sam sit vreve i dosadnih ljudi
I prazna doba što nam rađa lútke.

Oživi mene, noći Bogom dana!
Stupi, i tiho preko mojih rana
Položi tvoje meko, toplo krilo!

Uzmi me, digni, i sa mnom odbrodi
Negdje daleko, neznanoj slobodi,
Gdje nigda nije ovih ljudi bilo!

Pahulje

Pjevala je zima svoju pjesmu staru;
Praminjô je snijeg i veselo pleo
Od srebrnih nita svoj široki veo,
I rasprostirô ga svuda po Mostaru.

U zasjedi cure čekale su momke;
Nanula se klepet čuo po sokaku,
Padale su grude po svakom junaku,
Uz drhtavi smijeh i radosti gromke.

I ti nekud prođe, u mahalu, sama;
Pokrila te zima čistim pahuljama,
Pa po tebi trepte kô sjajni leptiri...

Samo tvoje lice skriti nije htjela,
I ja vidjeh kako, ispod snježnog vela,
Radosno i zlatno proljeće me viri...

Pećina

Preda mnom pećina zinula kô neka
Grdna zver što nigde plena nije srela,
Pa bi sada besna progutati htela
Sve. I gladna tako u zasedi čeka.

Ulazim sa lučem. Gle, tu jedna žena,
Izbeglica tmurna, senka koja bludi,
Polunaga sedi, razdrljenih grudi,
Kraj uboge vatre. Sva bleda, strvena,

Na me oči diže, i uz prsa jače
Malo dete stiska i dronjke mu skuplja;
Dok nad njim, duboko, s ogrebima drače

Prazne dojke vise kao suze dvije...
Mrak. Sa svoda kaplje; smrt, s dva oka šuplja,
Kô da negde, muklo, o nakovanj bije.

Pećine

Veče je. Gradom trepti sjaj lampada.
Gomile stižu. Šum, vreva i tjeska.
Muzika zvoni. Nakita hiljada

Sa ženskog grla sija se i bljeska,
Kao da duga iz večeri plave
Prosipa boje i svijetla nebeska.

U kočijama s lakajem se jave
Velika lica u ozbiljnoj pozi –
Mudre i za puk proslavljene glave...

I povor kliče, i dobri matrozi
Narodnog broda motre milione
I glavom klimnu... Majci Dolorozi

Sa katedrale glasi zvona zvone,
Molitva teče i spokojstvo brodi.
Sva prestolnica topi se i tone

U punoj sreći, sjaju i slobodi...
I nigdje suza da se veđe skupe –
Po asfaltima samo radost hodi...

No dok sve više, sred vreve i lupe
I bljeska, veče silazi svrh grada,
I mjesec gleda u šalone skupe,

Ja samac lutam kao sjenka sada
Po jednom kraju prestolnice sjajne,
I ćutim kako sve po meni pada

Led... Je li ovo stan ljudi? Ne. Tajne
Pećine to su što suzama pište,
Gdje memla bije i gdje noći trajne

S olovom svojim borave i tište...
Gle, neko ruku, kô kostur iz groba,
Pruža mi; moli, koru hljeba ište:

„Obrvala me muka i tegoba,
Ne mogu dalje! Rad mi snagu uze
I obori me do skota i roba."

Reče i dvije potekoše suze.
Sad opet neko po kamenju lednu
Preda me tromo vlači se i puze.

U pogledu mu, usahlu i žednu,
Prijekor, uzdah i molitva duga:
„Bogalj sam. Imam samo nogu jednu,

Na bojnom polju ostala je druga.
Pomozi! Baci koji novčić hudi
Onome što je postô crv i ruga..."

Gle opet tamo! Razdrljenih grudi
Uz vatru sjedi suha žena neka
I pogledima po žeravi bludi.

Na prsima joj čedo. No mlijeka
U presahnulim dojkama, što vise
Kô suze, nema ni kap od lijeka...

I mali cvili pokraj prazne sise,
A majka samo, u groznici jada,
Za srce katkad rukom uhvati se

I jekne... Gradom trepti sjaj lampada,
Gomile stižu, šum, vreva i tjeska.
Muzika zvoni. Nakita hiljada

Sa ženskih grla sija se i bljeska...

Pehar od rubina

Razbio sam pehar, što je
   Napajô me rujnog vina,
Sad zal'jevam grudi moje
   Sa peharom od rubina.

Ne bih pehar za sv'jet dao,
   Ni za krunu, odličje!
U bojištu za nj bih pao –
   Nek se vrela krvca lije.

Kroz paklene muke ljute
   Bez klecanja proć' bih znao,
Svih bih zala svladô pute
   Al' pehara ne bih dao!

Slatki pehar pun milote
   Sa nebom mi dušu spaja,
Slatki pehar, pun divote,
   Anđelskoga punan raja!

Slatki pehar! Čim ga spazim
   U duši se oganj prene,
Slatki pehar, ja ga slavim,
   Slatki pehar – *usne njene*!

Pepeo Svetog Save

Spališe na Vračaru
   Svetog Savu,
Predadoše ognju, žaru
   Srpsku slavu.

U pepô se stvori t'jelo
   Svetitelja;
Namršti se Srbu čelo
   S jada velja.

Proplaka mu usred gore
   B'jela vila,
A tama mu sv'jetle zore
   Slomi krila...

Bič podiže na nj sudbina
   Teških jada,
Moć mu pade, s njim tavnina,
   Mrak zavlada.

Suzu proli i uzda'nu
   Iz dubine...
Sunce sreće njemu panu
   Sa visine...

Al' gle čuda – božjih sila!
   Vihor sleti,
Pa podiže sveca mila
   Pepô sveti!

Podiže ga na krilima
   U visinu,
Pa ga lako krajevima
   Srpskim vinu.

A pepô je Srbu svakom
   Srcu pao,
Do danas ga s vjerom jakom
   Održao!

Kr'jepio ga, budio mu
   Vrelu nadu,
Tješio ga u gorkomu
   Svome jadu.

Kad mu nebo posta tavno
   S mrakom gori:
On ga diže, da se slavno
   S mrakom bori!

Da razbije tminu kletu
   Što ga tare,
Da ugleda zoru svetu
   Slave stare!

Da mu opet domovina
   Srećom pjeva,
Da ga opet sa visine
   Sunce zgr'jeva.

Pa hvala ti, oj pepele
   Srpske slave,
Pa hvala ti, oj pepele
   Svetog Save!

Srbin će te poštovati
   Dokle živi!
U duši te njegovati
   Soko sivi!

Sa tobom će uv'jek snažno
   Ginut', mr'jeti!
I žurit' se on odvažno
   Svojoj meti!

Pesma biblijska

Oče, što nisi i meni dao
S pesmama vedre dane,
Slatke i pune plodova kao
Lepe paoma grane?

Gde je i za me bašta i jedno vrelo
Pod stablom punim cveta?
Zar i ja nisam tvoj lik i tvoje delo,
Care i Kralju sveta?

Ovde, na putu, sama ostavio si mene,
Gde samo grobova ploče
I smrti sene
Ja sada gledam, Oče.

No evo zlatni zraci kandila padaju na me –
Ja čujem glas harfe tvoje:
Sve lepe duše, pod krstom kada stoje,
Postaju bogom i same...

Vapiješ! Ti bi pomoći moje hteo?
A zar ti snaga više nije
Od beda svije' –
Ne osećaš li da moga srca si deo?

Putniče, stupaj i voljno na leđima teret ovi
Ponesi na vrh Golgote,
I kao večernje sunce zaroni u život novi
I u sjaj večne Lepote...

Pesma duše

Planina je duša moja što oblake sebi vuče,
A grad bije
Iz njih svije',
Seva i grom vrhe tuče.

Katkada je sva u snegu, niti ima koga cveta,
Samo stremi,
Samo nemi
Svrh ponora ovog sveta.

Ako koji žedni putnik njoj se svrati u te dane,
Sva će vrela
Naći svela
I kô kostur svrh njih grane.

Ali negda vrsi njeni probiju se ispod tama,
Pa svi gore
Kô luč zore
Svrh krstova i svrh hrama.

Na timoru njezinome praznici se svetli jave,
Zmaj ognjeni
Špilja njeni'
U visine seva plave.

Ona tada stabla tresne i prosiplje hrpe cveta,
Sa svih strana
Svojih grana,
U ponore ovog sveta;

Peva, vrhom dotiče se božjeg skuta i rukava,
I sva čista
Tako blista
Pod šatorom neba plava.

Pesma invalida

Gore uz oštre krše mi smo se peli,
Ključima krvi bojeći hridi cele;
I s Vrha svoga na stegovima sneli
Sa Carskim Orlom lepotu zore bele.
A sad na putu, u tami bede svoje,
Kao prosjaci „besmrtna deca" stoje.

Svesno i gordo, gazeći reke i mlake,
O žrvanj smrti za nas lomismo kosti;
I sada naše stope bedne su šljake,
A hrpti grbe. I ružni, prljavi, prosti,
Kô tupe senke, smrskanih gnjata i ruku,
Sa vergelima „stubovi slave" se vuku.

Sramota! S naših krstova na strah Pilatu
Planuše luči vaskrsnih kandelabra.
I dokle vaši zamci trepte u zlatu,
Na zgarištima grče se „deca hrabra",
Bogalji kljasti, glođući koru hljeba,
Neme i dršću pod sačom studena neba.

S vaših terasa, uz pune zanosa treme,
Stokratnim „Ura!" nas juče slaviste svije,̕
Prosipajući ruže i hrizanteme
Na „sokolove kakvih još bilo nije!"
A danas nama dali ste vence nove:
Prosjačke torbe, štape i rite ove.

Sa plotovima oštre ostruge tesno
Ogradili ste međe vrtova svoji,̕
Gde plandujete i gde kličete besno,
I gde vas piće samoživosti poji.
A mi „takmaci džinova i orkana"
Za vašim plotom kupimo otpatke s grana.

Mi oči svoje dali smo da ih izdube
Šiljak dželata i da sve za vas prsnu,
I više njima mi gledati nećemo ljube,
Ni decu svoju, ni svoju slavu krsnu...
Slepi, kraj puta, u prosjačkom krugu,
Pružamo smrskane ruke na vašu večnu rugu.

Pesma jakih

Mi nećemo reči gde praznina zveči
Kao klepka šuplja.
Mi hoćemo dela velikih bez reči –
Žuljeva i znoja, stradanja i vere,
Pelena iz čije žuči pčela bere
I med slatki skuplja.

Neka stupe nama samo, samo oni
Što u duši nose
Raspaljene vatre i vihor što goni
Oblake i ljulja i plimom i sekom,
I proleće svetlo javlja s groma jekom
Niz hridine kose.

Bogovi su naši bogovi što dižu
Oltare lepoti.
Oni vedra čela pred Pilate stižu,
I reč im je blaga, no silna kô reka,
Ponosita, carska, sveta reč čoveka
Što stupa Golgoti.

Mi nećemo reči gde praznina zveči
Kao klepka šuplja.
Mi hoćemo dela velikih bez reči –
Žuljeva i znoja, stradanja i vere,
Pelena iz čije žuči pčela bere
I med slatki skuplja.

Pesma jedinstva

Ja sam Srbin, ja sam Hrvat i Slovenac –
Tri imena ova tri su svetla vrela,
Gde mi duša pije žar za nova dela,
I rodu i bratstvu plete smerni venac.

Ja sam sretan ove što doživeh dane,
Kada braća s braćom na bregove hrle –
Kada se u suncu svog jedinstva grle
Velikoga stabla tri velike grane.

S krovova se naših digla mora tavna,
Po njima se zvezde prosule pa gore –
S Dušanovom krunom, kô jabuka zore,
Tomislavova se rađa kruna slavna.

S Adrije i Soče, sve do Vardar-vode,
Jedna pesma grmi radosna i sveta –
Više nema aga, harača ni kmeta,
Svrh koliba šušte hrastovi slobode.

Sve kliče. I širom otadžbine cele
Jedna Misô leti razvijena stega,
I eno, sa svakog timora i brega,
Na nju ruže siplju oreade bele.

Blagoslovi, Bože! Nek na naša vrata
Svako jutro s pesmom anđô brastva stupa,
I pričesti svešću iz nebesnih kupa
Svakoga Slovenca, Srba i Hrvata!

Pesma naših đaka

Mi smo čuli svetle knjige što nas uče –
    Reč njihova svaka u dno naših grudi
Pala je kô jedna zlatna iskra luče,
    Što kazuje staze uzora i ljudi.
Ove reči mile, ove reči vrle,
    Oružje su zlatno što nas od zla brani;
Njih sva srca naša celuju i grle,
    Kao oltar gde se svetla vera hrani.

Kad gledasmo preko zamagljenih luka
    Kako ratar seje u proleće rano,
Kako seme baca iz žuljavih ruka
    I rukavom briše znojno čelo vrano –
Mi s kletvom pružamo ruku jedan drugom:
    I mi ćemo biti sejači i zrnje
Sejati vrlina, i u trudu dugom
    Sa rodnijeh njiva iskrčiti trnje.

Kad gledamo rosnu ljubicu gde blista
    Kao leptir na nju naša duša pane,
Pa joj ljubi njedra mirisna i čista,
    I s radosti kao sjajan dragulj plane
I peva: O, lepa, ljubičice draga,
    Sve dok sam na ovom svetu biću i ja
Tako svetla, čedna, bez mrlja, bez ljaga –
    Biću cvet gde rosa blagoslova sija.

Kad gledamo pčelu, neumorna leta,
    Gde u rano jutro na delo se diže,
Pa med slatki skuplja iz čašice cveta
    I sa tečnim blagom u košnicu stiže –
Mi zborimo pčeli: Tako kao i ti,
    Sve dokle nas greje sunce s plava svoda,
Na časnome delu i mi ćemo biti
    I med slave zbirat' u košnice roda.

Kad gledamo stenu gde je more ljuto
    Valovima gruva i gorčinom poji,
A prkosno stena diže čelo kruto
    I gorda i jaka na poprištu stoji –
Mi radosnim klikom kličemo sa žala:
    Vi valovi hučni, o, timorska hordo,
Kad i nas gruhne sudba s besom vala,
    Staćemo kô stena, bez jauka, gordo!

Kad gledamo kako u svetlosti zore
    Svoja krepka krila širi or'o lepi,
I s kliktanjem kruži iznad rodne gore
    I zrak sunca pije i njime se krepi –
Mi pevamo: Orle, kralju tica svije',
    I mi ćemo tamo, do sunčanih vrela!
Sve dok naše srce ustreptano bije
    Letićemo letom večnih, svetih dela!

Pesma podzemna

Naše su ruke raspukle, prašljive, grube;
Naše su pesme malji;
Lagumi večni naših su pirova trube,
No ipak mi smo kralji.

S hordama beda u koštac svakog časa
Mi se hvatamo smelo,
I ova gola, prezrena, mrljava klasa
Svih je lepota vrelo...

Sa vrha naših kopalja orao blista,
Sa čije krune grije,
Kô ishod sunca, velika vera čista:
Jednakost ljudi svije'.

Kô srce zemlje – kô ove krute spile,
I srca naših grudi
U sebi hrane bescene rude, i sile
Svetlih i časnih ljudi.

Olujom duša sve ćemo srušiti hrame,
Gde bogu zlata se mole,
Gde gnjilih greha gnusne kuljaju tame
I kleče bestije hole...

Svrh naših glava, u svodovima noći,
Olovna magla se cepa,
I eno, tamo, buduće naše moći
Rađa se zvezda lepa.

I jednog dana mi ćemo na Vrh brega
Pod carskom krunom se peti,
I svakom bratu sa našeg visokog stega
Pobedne sinuće Cveti...

Pesma s Vardara

Svanu... Skoplje zasja... Mustaj-beže, skloni
Mrak oblaka što je po čelu ti pao.
Pobedu je ovu nama Alah dao,
Po Njegovoj volji i ti se pokloni!

Pruži ruku! Ove duše nisu jetke –
Ne otimlju šćeri niti njima ćare...
Mi dođosmo samo u domove stare,
U njima da mrtve opojemo pretke.

Pod njihovim krovom hladna memla veje
I poslednje roblje da smrvi i satre;
Mi žrtava svetih nosimo im vatre,
Na ognjištu da nam smrzlu braću zgreje.

Vaša srca behu zima što sve davi
I proždire kao provaljena jama;
Mi u srcu leto donosimo vama,
Gde svetlila trepte i vidici plavi.

Vi ne čuste nigda bol dubokih rana,
No za sestre naše kovaste handžare;
Mi kamenje drago, burme, adiđare,
Nosimo im, evo, za venčanog dana.

Vi haraste samo blaga ove grude –
Ona u razdrtu posrta odelu;
Mi ćemo je, beže, odenuti celu
U odoru carsku, da sva svetla bude.

U njoj nam je nikô prvi carski lovor;
Pa i ti si samo njenog stabla grana –
Njezina su njedra bila tvoja hrana,
I tvoj govor to je srpskih deda govor.

Pa pregori mrtvu slavu turskih orda –
Pod lovorom lepšim Vardar gleda na te.
Beže, šenluk čini! Uz naše granate,
Neka jekne tvoja kuburlija gorda!

Pesma Srbiji

Vojvodi Živojinu Mišiću

Hvala ti Srbijo lepa!
        O munju Tvojih megdana
Razbili su se crni oblaci tiranskih orda.
Iz krvi dece Ti divne stabla su izrasla gorda,
I gle, s jabukom životodajnom,
Pred naše ikone stare, sa njinih džinovskih grana
Spusti se anđeo beli pod oreolom sjajnom,

Pojući dela Tvoja!
        Srbijo, vere je Tvoje
Ogrejô požar evo srušena srca i bona –
I gde su rujine bile, oltari trokubi stoje,
I blesci kandelabra
Po stubovima pljušte i zvuci visokih zvona
U svodu radosno grme, Srbijo lepa i hrabra,

Pojući dela Tvoja!
        Lučem, kô zora bela,
Ozarila si puste pećine našega roblja;
I s hridi ponora mračnih, s plesnivih ploča groblja,
Ti si nas vratila svije'
Na Vrhe pune sunca, plodova, pesme i vrela,
Gde šarac nogom kopa i Marko kraj koplja pije,

Pojući dela Tvoja!
        Osana! S kapom u ruci,
Mi pristupamo i Tvoje, Srbijo, ljubimo skute!
Sada smo deca Tvoja, pa duše dece obuci
U tvoju lepotu zore!
I daj im krila nek lete, tamo, na svetle pute,
Tamo, za belim orlom gde slave vrhovi gore!

Pesma u slavu Aleksandrova prelaska preko Drine

Ognjišta rodna! Palite zublje i luče,
    Neka sve greje vaskrsnih vatara plam!
Odoru Carsku nek cela Bosna obuče
    I bude radosti hram!

Vi pevci stari, suglaste zvonke strune –
    Pesama vaših svanô je svetli god!
Kraj bistrih vrela, gde šume hrastova krune,
    Skupljajte veseli rod!

Hiljadu cura s hiljadu zornih momaka
    Nek igra oro, i nek se kola splet
Poljem talasa, kô venci rumenih maka
    Uz belih ljiljana cvet!

Vaskrsni vedra, ti krčmarico Janje,
    I toči kupe! Silni je Marko živ!
Gle, zlatnu utvu, kroz gusto jelovo granje,
    Hvata mu soko siv!

Uz koplje šarac nogom kopa, i rže,
    U krvi leži Musa kô srušen brest,
A stara Nerodimka teče sve brže
    I nosi radosnu vest.

Prskô je balčak grubog Dželata s Rajne,
    I survao se habzburških barbara tron!
Srbija sinu! I evo s Avale sjajne
    Sa žezlom doleti On!

On, Orô beli, što, s ognjem dugina venca,
    Iz katakomba, gde veje samrtni sneg,
Izvede Srba, Hrvata i Slovenca
    Na sjajni sunčani breg.

S vrhova svojih On Cara nosi nam trube,
    Sve zore bele, barjake, pesme i klik.
Uvis dižite decu, vi majke i ljube,
    Nek svetli vide Mu lik!

S doksata svijeh i kutnjih pragova neka
    Ospe Ga cveće i naših duša sjaj!
Nek zvona zvone i gromka topovska jeka
    Prolama svaki kraj!

On danas nama sva blaga pruža, i ključe
    Kapija slave, plodove truda svog!
Ognjišta rodna, palite zublje i luče,
    Jer njega šalje nam Bog!

Ura, Ti večni, u zore plaštu sjajnom!
    Vladaj i sretno na krmi Bratstva stoj!
Sav narod, s pesmom, s vatrom i verom trajnom,
    Slediće korak Tvoj!

Pismo

Prebrodih, moj druže, preko Okeana
I sada me evo gdje sam davno htio;
No, kažem ti pravo, budala sam bio
Jer mišljah da ovdje s neba pada hrana.

Držao sam: amo sinuće mi zora,
Da će biti sreće nesnivane, duge,
I nestati patnje i nevolje duge,
Al' me ovdje srete još nevolja gora.

Na hiljade gladnih danas traže rada
I lutaju tako od grada do grada,
Ali pusta dobra nigdje da se javi...

Zbogom! Pozdravi mi sve drugove moje
I reci im neka tu na domu stoje,
Jer sirjaka amo svak kô roblje davi.

Pjesma

Šta je pjesma? – Iskra sveta,
Iz ljubavi što j' začeta,
  Da nam kratki sladi vijek.

Šta je pjesma? – Moćna sila,
Iz milosti što s' razvila,
  Da nam tuzi pruža lijek.

Šta je pjesma? – Trunak raja,
Kojim bolnik, sred očaja,
  Blaži, guši teški jad.

Šta je pjesma? – Slatko piće,
Što nam slabo krijepi žiće,
  Duši stvara sveti nad.

Pjesma pjesmi

Šta bi ona tica mala u tavnome sjenu kruga,
U spletenoj mreži žica bez slobode gorskog luga?
Šta bi onaj potok mali što dolinom vijuga se
Svake zore, svakog dana, da ne prati tvoje glase?
Zar bi tako slatko snivô ispod drvlja pastir mladi,
Da mu zvukom božanskijem pjesma dušu ne zasladi?
Šta bi ona divna moma kad zaliva miris cv'jeće,
Kad joj oko žarke duše slatka nada oblijeće?
Šta li momče kad ugleda zaplamtjelo oko njeno,
Bujne grudi, miris-kosu, b'jelo lice i rumeno?
Zar bi mogô vinuti se suri orô više svega?
Ti mu silom kr'jepiš krila, ti visini dižeš njega!
Šta bi onaj sl'jepac tužni u vječitom mraku noći,
Da mu srce ne zagrle božanstvene tvoje moći?
A rob šta bi kad ga dušman tuče lancem i handžarom,
Da mu srce ne zgrijevaš tvoje r'ječi svetim žarom?
Šta bi onaj što u tami tuži, čami petsto ljeta,
Šta bi Srbin s tol'ko jada, da te nema, pjesmo sveta?

Pjesmi

Ne kloni, pjesmo moja, pred zvekom smrtnog mača;
Iskro sv'jetova sjajnih, s tobom je sila jača!

Volja promisli sv'jetle mome te duhu dala,
I nebo tvoj je tvorac, boginjo ideala!

Uz tebe anđô slijedi, nebo te okom gleda,
Pa čega da se boje pravedna božja čeda?

Zar mraka ili groba? Tä grob je sve što biva,
I što će napr'jed biti veo skončanja skriva.

Mračne klisure tvrde Perun će gromom zgruvat',
A vjetrovi će pepô po zraku im razduvat'.

Tä sav je svijet žrtva u čeljustima smrti,
Za svakijem životom jedna se sjenka vrti.

Sve što pred jasnim suncem diše, živi i stoji
Praznom se sjenkom zove, i sve se smrti boji.

Al' koje nebo posla da dižu oltar sveti
Boginji istine rajske, ti se ne boje mreti.

Na grobovima njinim snova se život diže,
I sve je jarko sunce spomenu njinom bliže.

Ne kloni, pjesmo mila, pred zvekom smrtnog mača,
Uz tebe anđô sl'jedi, s tobom je sila jača!

Digni se i zahori kroz svjetlost božjeg lika,
Kô silni zvuk gromova, ko poklič osvetnika;

I leti dok ti duhom nebeski plamen gori,
Za svjetlost samo živi, za istinu se bori!

Djelo tirana gladnih beskrajnom kletvom prati,
A nevoljniku budi dobra i vjerna mati.

Ne kloni, pjesmo moja, kad ljute munje pr'jete,
Zahori svetim zvukom vjere i nade svete!

Pjesmo moja

Pjesmo moja, pjesmo mila,
Oj, raširi let!
Nek te nose laka krila
Kroz srbinjski svet!

Leti, leti, čedo moje!
I srećan ti put!
De god vidiš Srpče koje
Pani mu na grud.

Poljubi ga pa ga sjeti
Na kosovski boj!
Nek je uv'jek spravno mreti
Braneć' narod svoj.

Nek mu snaga puni grudi
I Miloševo plam!
A sloboda nek mu budi
Mlade duše hram.

Leti, leti pjesmo mila,
Snagom žara svog,
Sa pozdravom širi krila
Nadi roda mog!

Pjesnik

Prijatelju Svetozaru Ćoroviću

Noseći putir sv'jetli, punan istine sjajne,
On među ljude stupa i s ljubavlju ih druži,
On bratstvo mirom brati i zublju vjere trajne
Visoko nebu diže i s njome rodu služi.

Po neravnome putu, na kome trnje sreta,
On smjelo napr'jed grede, preziruć' sudbu strogu,
U času iskušenja diže ga misô sveta,
I on se samo moli nebu i svome bogu.

Sa njegovijeh usta slobodna riječ leti
I umorne snage k novome djelu kreće,
A kad ga rulja goni, štiti ga anđô sveti –
A koga nebo brani, rulja ga srušit' neće.

Što ljudi blagom zovu, njegovo blago nije –
Prestolje, moć i sila sve se to začas gubi;
On višeg blaga ima, u kome svjetlost grije:
Pjesmu i srce mlado, srce što vječno ljubi.

I noseć' putir sv'jetli, punan istine čedne,
On će živjeti tako, posvećen hramu mira,
A kad mu t'jelo klone pod kosom smrti ledne,
Na njegovome grobu opojaće ga lira.

Pjevačica

U spomenicu drugu Jovanu A. Dučiću

U pozno doba, u bisernoj rosi,
Kad cv'jetak sniva o zori i danu,
Kad tihi vjetrić slatki miris nosi
I dahom ljubi listiće i granu,

U gustoj šumi, kraj izvora čista,
Mlado se čedo kao sanak javi,
Na licu njenom mir nebeski blista,
I cv'jeće miri sa kosica plavi'.

U blagom oku, što srca ledna
Podiže snagom i blaženstvom dira –
Sjaji se milost i dobrota čedna
I sveti simvol božjega mira.

B'jele joj ruke zlatnu harfu grle,
Prstići rujni po žicam' se kreću,
A s njenih usana žive pjesme hrle
I zrakom trepte i kroz ponoć l'jeću.

U svakom glasu od pjesmica ovi'
Žubori talas ljubavnoga vira,
I sve je sluša: i ponoć, i snovi,
Gora i cv'jeće, i beskraj svemira.

I pjesnik sluša, i on sklapa ruke,
I pred nju pada na koljena doli,
I sluša pjesmu i nebeske zvuke,
I gleda čedo, i Bogu se moli...

Plač Alhambre

– 1492 –

Ja čekam na te, o lepi porode moj
S osvetnim mačem u ruci!
Hodi, i burom duše magleni sloj
Sa bedema svuci...!

Meni je zima... Tvrdi me ubija led
I stežu obruči smrti...
Po meni zmije zeleni bljuju jed
I štekću gladni hrti...

Kopito grubo đaurskih hatova zlih
Svete mi pragove skvrni...
Na lepa i draga stabla gradina svih
Pauci penju se crni...

Ne zvoni više otačkih pesama glas,
Ja sam sva nema i pusta...
Alah je, deco, kobno prokleo nas,
I naša okovô usta...

Po meni groblja, jauci beda i vaj
I knute cezara slepi'...
Sa starih kula ne trepti kraljevski sjaj
Naših stegova lepi'...

Ja čekam na te, osvetni porode moj
S plamenim mačem u ruci!
Hodi, s burom duše magleni sloj
Sa mojih bedema svuci...

Plač roditelja

Svetozaru i Persi (Ćorović)

Jedinče naše, što nam ćutiš, je li?
Mi bismo tvoga razgovora htjeli,
Htjeli bi da nam pružiš mile ruke
Uz blagi osm'jeh i golublje guke,
Htjeli bi tvoga oka blagi gled,
Al' jao nama, ti si kao led...

Tvoj nježni glasić zamukô je, stao,
Na mile oči san studeni pao;
Tvoje su ruke dva ljiljana ledna,
Ružice svele tvoja usta čedna;
Žetva je došla, pokošen je klas,
Ti nećeš više zagrliti nas.

Koljevka tvoja sada pusta stoji,
Pusta kô srce roditelja tvoji',
Iz nje te nebu odnesoše krila
I ode sreća što je s nama bila;
Nemamo više tebe, srca svog,
Anđele mili, tebe uze Bog...

Uz tihi šapat vrbinijeh grana
U grobu spavaj, srećo naših dana!
Naš bol i uzdah dolaziće tebi
Da te ko iz sna probudio ne bi...
Žetva je došla, pokošen je klas –
Zbogom i mirno u snu snivaj nas...!

Planinsko jutro

U modrom nebu,
Tamo daleko,
Izbija zora rana.
Iz jednog okruglog okna,
Što se jedva crveni
Nad oštrim planinskim rtom,
Pomalja lice svoje
I radosno se smije,
Kô duša vedra,
Kô milo biće neko
Što nam na susret hita
I tople ruke pruža
Da nam se javi.
Sa njenog srebrnog njedra,
Punog purpurnih ruža,
Kô prvi leptirovi
Razlijeću se plavi
I meki bijeli snovi.
Neki visoko, tamo,
U mirno nebesko kube
Dižu se i gube,
Dok drugi doli,
Po ranom zelenom zlatu
Zelenih kruna,
Padaju tiho,
I s ranim proljećem šume,
Njišu se, pozdravljaju me –
I moja duša
Kao da sluša
Jecanje harfinih struna,
Kako sve bliže
Stiže
U gluhi planinski kraj.
Još dugo čekati neću,

I mlado uskrslo sunce
Sve nebo zapljusnuće
Peharom zlatne krvi,
Da pošljednih zvijezda
Ugasi srebrni sjaj.
Već čujem daleke glase
I zore širi je polet.
Ja ovdje, na vrhu krša,
Usamljen stojim.
Poda mnom vodopad bije,
Pada i rije,
I razbija se;
Struji
I huji,
Tutnji i grmi
Niz ponor strmi,
Kô vječna duboka pjesma,
I sjajnim srebrnim prahom
I rubinima svojim
Zasipa divlju travku
I sivu golet.
Tamo, duboko doli,
Gdje lebdi magla plava,
Jezero spava
I plodna ravan leži.
Okolo, uz gole grane,
Ubogo stoje
Kolibe raštrkane;
I gdjegdje plamen svježi
Bukti i baca
Vesele iskre svoje.
I tamo, pod gorskim pasom,
Iz tjesnaca,
Bik jedan širokim glasom
Pozdravlja rani dan.
Po zamagljenoj ravni –
Širom oranih njiva
Kô crne miču se sjenke
Prvi sijači naši;

Žilavom mašu rukom
I njihov širok i lanen
Rukav leprša.
O, kako zlatno zrnje pada
U mlade svježe brazde,
U materina njedra
Što mu toplotu nude,
Da nadojeno snagom,
Pošlje kratkog sna,
U sjaju blagoslova
Uskrsne snova
I, kao zlatan talas,
Zašumi s rodne grude!
Ja gledam i gledam,
I meni sve se čini:
Za svakom stopom
Radnika onih
Ostaje jedna
Svijetla staza,
I kapi zlatne krvi
Po njoj trepte i gore
Kô krupni rasuti rubini;
I kô da iz svake brazde
Po jedan visok izrasta lovor
I saginje se doli,
Pa vrhom zelenih kruna
Miluje znojna čela...
Slušaj!
Sa ozarenih brda,
Što im na snježne vrhe
Jutro korale sipa
I kristal sâm,
Čuju se glasovi krda,
I prethodnika zlatnog
Veselo zvono zvoni,
I sva širina plava
Postaje jedan hram,
I sveta služba teče:
Puna smaragda sjajnih

Radosno vrela šume,
Krotko se svija granje
Molitve puno,
Mirisom travke mlade
Svod širok kade,
I u svjetlosti blagoj
Budna se viju jata,
I krotke duše poje i slave
Prve darove Oca.
Tamo, visoko, gori,
Pred vedrim oltarom neba,
Kao kandilo jedno,
Plameni kolut gori;
A pred njim, u zlatnom bljesku,
Svoja široka krila,
Razvija orô jedan
I klikće.
Kakva ljepota!
Svega me pokrilo sunce
Toplim svilenim purpurom,
I tanke njegove strijele
Zabadaju se svuda,
I svuda kô da teče
Zlatna rumena krv;
Dok tamo, doli,
Gdje u vijencu trska
Jezero bistro ćuti –
Umire magla siva;
I sa studenih njiva
Kô da sve više i više
U plavi krug
Rastu i gori dižu se,
Pod jednim širokim krstom,
Robovi vječni...
I kô da ćutim po meni kako
Iz njihovih žuljavih šaka
Sve zdravo pada sjeme
I rasipa se sjajno
Kô razdrobljene zvijezde;

I kô da jedna ruka,
Iz čijeg prozirnog dlana
Crvene kapi biju,
Na njihno znojno čelo
Polaže trnov vijenac
I oreolu sjajnu...
I sveta služba teče,
I kroz široki hram
Sve zvoni jedan odjek sâm:
Osana!
Osana!

Plijen (I)

Juri konjik, kroz noć stiže,
Pod njim tutnji stepa pusta,
Za konjikom vjetar diže
Suri oblak praha gusta;
A konjiku srce bije,
Uza nj sjedi čedo strasno –
Oči su joj zv'jezde dvije
A zora joj lice krasno.

Kao što se␣bršljan spleće
Oko struka vite jele,
Tako ona, puna sreće,
Obvila je ruke b'jele,
Oko mlada konjanika,
Što mu čelo samur skriva,
A sa oštrog, mrkog lika
Munjom pr'jeti smjelost živa.

Ne pitaj ih kuda nagle,
To ne smije niko znati –
Predupreš li pute drage
Kindžal će ti otpor dati!
Ljuti kindžal, on će biti
Braniocem svete tajne,
Koju ponoć mirom štiti,
A treptanjem zv'jezde sjajne.

Plijen (II)

Noć sjeverna. Konjik stiže,
Juri preko stepe puste.
Mjesec gori... Prah se diže
Kô pramenje magle guste.
No gle! Junak samac nije,
Za njim sjedi cura neka;
Vrana joj se kosa vije
Kô prosuta svila meka.

Znaš gdje laka srna pase,
Voda pada s hridi gole,
Kako bršljan obvija se
Oko breze i topole?
Tako ona, vita, lomka,
Obvi ruke obadvije
Oko pasa smjela momka
Što mu čelo samur krije.

Ne pitaj ih kuda jezde,
To ne smije niko znati,
Do li ponoć i zvijezde
I pun mjesec što ih prati!
Ne stoj na put...! Mrko sluti
Onaj što kô vihor goni...
Rukom drži kindžal ljuti,
Krvav kao mjesec oni.

Pobednik

Petama ste mene pogaziti hteli,
Sa glave mi kalpak u prašinu strti;
No u meni moji bogovi su bdeli,
Pa se rugah vama i burama smrti.
O oklope srca skrših vaših horda
Sve nadžake oštre i sva koplja gorda.

Kopitama belca, u čiju je grivu
Oreada jedna bujne ruže plela,
Ja preorah vaše ugare i njivu,
I belegu mačem stavih vam na čela.
Sada na međama vaših reka stojim,
Iz kaciga vaših svoga belca pojim.

Sâm zapinjem strelu. Moji su drugari
Snaga moga srca i sjaj vere lepe:
Oni su mi koplja, štitovi, handžari,
I bure što gone vaše hajke slepe;
Oni su mi jedra i kormilo lađa
I timori gdje se moja zora rađa.

Zaman! Vaših truba vihori mi nisu
Skrhali barjake – cigli pao nije!
Jutros sam ih, eno, na onome visu
Svrh gradova vaših posadio svije';
Pa kô plamenovi požara se viju
I kitama zlatnim o bedeme biju.

Svršeno je. Sada s ogarima svojim
Svrh kopalja vaših i oklopa kruti',
Kô hrastovo stablo sav u zori stojim,
Dok poda mnom nogom kopa belac ljuti;
S vrha koplja moga, pob'jena u travi,
Gordi orô klikće sa krunom na glavi.

Pobijeđen moćnom rukom...

Pob'jeđen moćnom rukom Amonovoga sina,
　Nesretni pobježe Darije u dalek Baktrije kraj;
Snužđene vojske pale, ne slavi duša njina
　　Pobjede zlatni sjaj.

A hrabri Maćedonac, okrunjen v'jencem sreće,
　U krugu oduševljenja pobjede slavi dan;
Od pjesam' mnogobrojnih burni se odjek kreće –
　　Hori se njegov stan.

U času gozbe, veselja, tišina nasta n'jema,
　Visok i snažan stranac pred *Silnog* pada tron:
„Sveti Amonov sine, Darija više nema,
　　Sad mrtav leži on.

Udarom jednim samo, udarom mača moga
　Protivnik sile tvoje samrtni nađe ad;
Pred tvojim skutom mravak, sine nebeskog boga,
　　Zasluge čeka sad."

Silniku oko s'jevnu, na čelu noć se stvori:
　„Zasluge pitaš, je li? O izdajniče klet,
Umri za djelo tako!" I čuj, satrap se smrću mori
　　Na krstu razapet.

Pred dveri svetog hrama, braćo, iz čistih grudi
　Molimo vječne sile – nek čuju one nas,
Nek propast svakom šalju što krvcu brata žudi
　　Za gnusnu, podlu čas'...

Pod beharom

Jahao sam konje, ašikovô, pio
Ali nigda nisam 'vako rahat bio.
Gle, veliko sunce uprlo strijele
Na zumbule plave i đule bijele,
Na granate smokve pokraj šedrvana,
Na sevlije vite od stoljetnih dana,
I tanke munare sred ravna Mostara,
Što se sav bijeli od rosna behara;
Pa kô da bi jedan golem rubin bio,
U hiljadu boja trepti šeher cio,
Dok Neretva plava o krš se razbija
I srebrni galeb nad njome se vija.

Pa još kako ovdje miriše melekša,
I zelena trava od pamuka mekša,
I bijeli cvijet trešnje i jasmina,
Kô mahala kuda prolazi Emina!
Ah, Emina! Samo tu da mi se javi:
Da joj mrsim svilu uvojaka plavi',
Da ižljubim grlo i pod grlom što je,
Pa san kada tiho sklopi oči moje,
Da me maše kitom bijela behara –
Bi mi tada bio dženet bez karara!

Pod čempresima

Pod čempresima tamnim,
Uz jednu poljsku rijeku,
Kô smoren putnik sam ležô
U rujnom kukurijeku.
Iz modre visoke raži
Grličin čuo se glas;
U zlatu večernjeg sunca
Svaki je rudio klas.

Moj pogled lutao je
Po moru svilena klasja,
Kad tvoja mila mi slika
U punoj radosti zasja.
U tvoje rasute kose,
Uz jedan mirisni dah,
Večernji purpur je padô
Kô crven i sjajan prah.

Uz pratnju leptira snježni'
I tihi šum sa grana,
Ti, draga, išla si meni
Kô sreća pomrlih dana...
Vjetar je mrsio lako
Po tvome njedru vlas,
A za tobom je stizô
Grličin topli glas.

I dok je tonulo sunce
Za dalek greben plavi,
Ja vidjeh u zlatnom klasju
Gdje drugo sunce se javi:
U noći očiju tvojih
Ti si mi nosila dan;
Na susret htjedoh ti poći,
No bijah kô prikovan...

I bi mi kô da me pokri
S beharom široka grana:
Nada mnom ti si bila
Sva topla i nasmijana...
Iz tvoga osmjeha slatka
I žarka kô smiraj sam
Po meni bijele ruže
Kô snježni padoše pram.

Iz vruće visoke raži
Grličin glas je zvao,
U vrhu čempresa starih
Pošljednji plamen je sjao.
Od sreće ja bijah umro,
A ti, u ljepoti svoj,
Nada mnom sama si stala,
Kô divni spomenik moj...

No kada se iz sna probudih,
Studena zora je bila...
O moja studena okna
Gavran je lomio krila...
I jad i mračna tuga,
U ljutom čemeru svom,
Kô rastopljeno gvožđe
Po srcu padaše mom...

Pod granjem

Miriše zračak, kroz svježinu noći
Prel'jeće pjesma malenog slavulja,
Potočić šumi jasno u samoći
I laki vjetrić rosno cv'jeće ljulja.
Kroz gusto granje, što se nježno grli,
Pogledom pratim trepet zv'jezda sjajni',
A vrela duša daleko mi hrli
Na tvoja njedra, moj anđele bajni.
Osjećam stisak tvoje b'jele ruke
I čujem šapat usnica ti rujnih,
Duša se sl'jeva u ljubavne zvuke
Kô blagom noći dah cvjetića bujnih.

Pod jabukama

Večernje zlato vrh drveta zari,
I pjesma žetve čuje se iz luka;
Ispod jabuka pov'jenih i stari'
Ja samcat ležim raširenih ruka.

Nada mnom visi plod krupan i zreo –
Purpurno zlatan svija krte grane;
Meni je sada kô da gledam dane
Što ih je davno skrio maglen veo...

Ovako slatki i oni su bili...
Topli, lijepi, smijali se na me,
U zlatu sunca, u zorinoj svili,
S nebom gdje nisu boravile tame...

Ja pružam ruke... i na rane grudi
Savijam grane i ljubim plod zreli...
I čini mi se da tvoj obraz vreli
Na usnama mi uzdrhtanim rudi...

Pod jedrima

Jedra crvene. Sjaj večernji pao,
I more pljuska po hridima golim.
O drago more moje, ja te volim
I sve lepote ja bih za te dao.

Od tebe ništa milije mi nije!
Noću i danju tebi duša hrli;
Svrh tebe kruži, cjeliva te, grli,
I na tvom valu sunča se i grije.

Kada ti talas po žalima prska
I baca duge na bokore trska,
S talasom pljušti, i sjajna, i vedra,

Kô galeb laki diže se i brodi,
Pa pjeva suncu, nebu i slobodi,
I kriľma bije katarke i jedra.

Pod jorgovanom

Ko ti šćeri, pokida đerdane?
Ko ti prosu biser i merdžane?

„Jutros rano ja u baštu, mati,
Odoh prve jorgovane brati,

Za đerdan mi zape rosna grana,
Pa se prosu ispod jorgovana..."

A što su ti mutne oči tako?
Kô da nisi spavala nikako?

„Negdje slavuj pjevaše sa grane,
Pa ga slušah sve do zore rane."

Moja šćeri, moja tugo, jao,
A ko ti je njedra raskopčao?

„Ne karaj me, ne ljuti se na me,
Puce, majko, popucale same..."

Pod krstom

Uz brdo se penjem sve više i više,
Nada mnom, visoko, orlovi šestare;
Doli vidim sela i kolibe stare
I putanje mokre od skorašnje kiše.

Eno, jedan težak zamahuje krasnom
U zaraslu zemlju i panjeve krši...
No, kad posô trudni sa naporom svrši
I kad njiva rodi radeniku časnom,

On požnjeti neće do tuge i bola,
Ostaće mu zemlja i pusta i gola –
Skakavci će gladni svu pojesti žetvu...

Ali on sa suzom neće dići kletvu,
Jer taj što se mora vječno s krstom peti,
Taj ne smije nigda plakati ni kleti...

Pod maglenim velom

Pod maglenim velom, što turobno ćuti,
Počivaju polja, stazice i puti
I pitomi lug;
Ne trepti leptirak, nit' sunašce krasi
Daljni vidokrug;
Ugušena pjesma, sahranjeni glasi,
Cv'jet do cv'jeta pao, pa se tiho gasi...
Gdje je ruža mila, gdje listić spomenika?
Kamo b'jeli nakit sa malog bagrenika?
Gdje je tičji let?
Tužno potok šumi i pun tajnog leda
Mrtvi ljubi cv'jet;
A na palo lišće s bolom granje gleda,
Kô majka na odar svoga mrtvog čeda...
Šta me tako tišti, šta mi čelo mrači?
Šta nejasna tuga u mom srcu znači?
Kamo dušin plam?
Oko mene magla, pa se tromo vlači,
A ja stojim sâm,
I gledam u prostor s puno bola sveta,
Kako gora spava bez pjesme i cv'jeta...

Pod mušebacima

Dođi u moj čardak...! Samu mi je zima...
Svi dušeci moji za te su prostrti...
Hoću poljubaca u kojima ima
I vatre, i sunca, života i smrti...!

Tvoji zagrljaji neka budu zmije,
Neka stežu divlje uz vihore žara!
U njima da umrem, Šerifa, što prije,
Mirišući bašte, tvojijeh njedara...

Žedan sam ljepote, i ženskoga stasa,
Grčeva i slasti, smijeha i vriska,
Pomame i ognja, i milošte tajne...

Hodi! Neka ti se sva duša zatrese,
I po mojoj sobi, kô procvale rese,
Svog proljeća prospe pahuljice sjajne...

Pod narančama

Utonulo zlatno sunce
Daljnom moru na zapad,
A pod cv'jetnim narančama
Ja mirisni pijem slad.

Niže mene plavo more
Tihim valom ljubi cv'jet,
Ali žarka misô moja
Vječno tebi širi let!

Čas u njedra, na kojima
Mirisavi trepti maj,
Čas na rujne usne sl'jeće,
I tvoj čeka zagrljaj.

Oj ružice neuzbrana
Perivoja mirisnog,
Ispod cvjetnih naranača
primi pozdrav srca mog!

Primi pozdrav, moje cv'jeće,
Nek ga lahor nosi taj,
I pjesma će s njim da l'jeće
Slaveć' tvoga lica baj...

Pod našim krovom

Soba mi je topla, žar iz peći grije,
Ali moje srce tako hladno biva
Kao da ga sobom mračna ploča krije,
Pa svelo i pusto san turobni sniva;
Il' kô da je davno trgnuto iz grudi,
Pa nevoljno, jadno tumara i bludi
I plače na grobu što mu sreću skriva.

Soba mi je topla, al' kroz srce moje
Hladni boli stižu i očaj se kreće,
Al' u njemu hrami oboreni stoje
I tuga se svija gdje je cvalo cv'jeće;
Kao ponoć ledna što se širi sada,
I ono je mračno, zračak slatkog nada
Tu provalu pustu obasjati neće.

Tek spomeni mili, što se dušom roje,
Za čas slatkim sankom zavaraju tugu,
I ja opet gledam vedro nebo svoje,
I trepet sunašca, i šarenu dugu;
Iz svakog mi kuta radovanje kliče,
Po stazama mojim samo cv'jeće niče,
A duša mi pjeva kô slavuj u lugu.

Pod našijem krovom rajska milost bdije,
Slatkim nam se glasom mila mati javlja –
Ona nam je sunce što nas toplo grije,
Mi cv'jetovi njeni, puni svježeg zdravlja;
Na njezino krilo kupimo se redom,
A ona nas gleda blagijem pogledom
I sa blagoslovom na nas ruke stavlja.

Kô u lisnom gaju kad poju slavuji,
Pa se slatki žubor s vjetrićima goni,

I pod našim krovom sve veselo bruji
I radosna šala kroz dvoranu zvoni;
Mi jurimo trkom i tamo i amo,
Ne stajemo, niti za taj umor znamo,
Kô leptir kad kruži rosni cv'jetak oni...

Al' sve za čas vidim, i java se vrne,
A iščezne sanak uspomena moji',
I opet mi srce, posred tmine crne,
Kô razoren oltar, pogruženo stoji.
Pod našijem krovom sad je gluho doba,
Moje milo, drago sve je žrtva groba –
Crna smrt se kezi, boga se ne boji...

Pod Ostrogom

Spokojno ćuti manastir i spava.
Maleni toranj stražari i bdije,
I doli mirno teče Zeta plava.

Još pozni mjesec na vidiku nije,
Odblesak prvi tek što jedva zari
Vrhove krša. Tiho. Samo vije

Pritajen vjetar iz grmova stari'.
No dok pod hrastom od stoljetnih dana
Preda mnom vatra kô jutro se žari

I crven baca po račvama grana,
S kivota svetog sjaj čudesni sinu,
I srebrn blesak pade preko strana...

I vidjeh: uz krš sveti otac minu,
Na čelu noseć' jednu mutnu boru,
I sjajan na vrh Ostroga se vinu.

Pjesmu zvijezde počeše u horu,
I vidar bola u odeždi stanu,
Pogleda tamo prema Durmitoru.

Kleknu i poče da moli, i kanu
Suza mu jedna... Kao nikad prije,
Nebo zatrepta, i nad vrhom planu

Pun krvav mjesec... I sa strana svije'
Sa grmljem bolno jeknu golet gornja;
I kô srce jedno gdje jad ljuto bije,

Žalosno zvono zacikta sa tornja.

Pod plavim nebom

Pod plavim nebom s čistom
   Rosicom cv'jetak miri,
Vjetrić se igra s listom
   I laka krila širi.

Potočić jasno šumi
   U miru i samoći,
A vali pričaju mi
   Ljubavi slatke moći.

S trepetom želja tajni',
   Slavujev pozdrav stiže,
I jatu zv'jezda sajni'
   Čista krioca diže.

U sjaju snova l'jepi'
   Ja pijem pehar sreće,
Kô rosu, što ga kr'jepi,
   Milo i nježno cv'jeće.

Okriljen duh mi poje,
   Prepunan milja sviju,
Kô da ga oči tvoje
   Slatkim sunašcem griju.

Pod suncem

Pozlaćeno nebo. Mlado sunce grije,
Mirišu ljiljani i ljubice modre;
Moje srce gori i sve jače bije,
Kao da bi htjelo da na svjetlost prodre;

I, kô smoren putnik domu gostoprimnom,
Sa pticama lakim da poleti s grana
U prostor, u sunce, i pozdravi himnom
Ovu blagu svjetlost ljiljanovih dana.

O, da mi je 'vako da u duši gore
Dugo zraci sreće, radosti i zore,
A da nisam sužanj koji sunca ište...

No ja znadem dobro: s prvom notnjom sjeni
Odbjegnuli jadi vratiće se meni
Kao crne ptice na svoje noćište.

Pod vrbama

Sjaj đurđevske zore rane
Padao je preko strana,
A ti kradom gazila si
U rijeku, ispod grana.

Vranu svilu tvoje kose
Mrsio je vjetar ti'o;
Ja, dršćući kao trska,
Pod vrbom sam skriven bio.

Srebrn talas o hrid golu
Rasipô se meko, mekše;
Ja na tvoja njedra bacih
Struk vrijeska i melekše.

Ti zatrepta, mila, naga,
I u vodu sva se skupi...
U ljiljane lica tvoga
Purpurna se vatra upi...

I dok leptir kružio te
Kô vodeni cvijet mio.
Ja, dršćući kao trska,
Pod vrbom sam skriven bio.

Pogled s vrha

Lepote! Uz reku, kao labud beo,
Leži Mostar i, pun sunca, adiđara,
Sav trepti, i stremi s kopljama munara
Kao da bi nebu poleteti hteo.

Sve vidim, i baštu komšije Muktara,
I isti kapidžik, i pčelinjak ceo;
Pod orahom, gdje je neko na panj seo,
Jošte česma prska kite đulbehara.

Preko zida vise i sad grane rotke
S kojih me plod rumen u detinjstvu zvaše,
I meni je – kô da kukom navrh motke

Snova svijam račve i kradem glavaše,
Muktar viče, a ja, bos i golih gnjata,
Preko plota s vencem raspuklih granata.

Pogreb

Povija se žito. Mirno, u dnu sela,
Uskom starom stazom, što na groblje vodi,
Za ubogim odrom mala pratnja hodi –
Preplanula lica i snuždena čela.

Negdje ševa pjeva pri zahodnom zraku,
I sijedi otac iguman, pun brige,
Polagano čita iz debele knjige
Oproštajna slova sirotu težaku.

I čuj! Zemlja pada... Vrh drvetâ rudi...
U polju se čuje dozivanje ljudi
I vide se stada mrljava i siva.

Prašina gdje leti... Tiho, u sutonu,
Vjetar selom nosi elegiju bonu,
I pokriven dračom grob ubogi sniva.

Pokidane strune

I svršeno je bilo... U velu i mekoj svili,
Silazila si mirno niz stepenice hrama,
Pod krunom mirta. Svi su pogledi na tebi bili.

Pred crkvom žagor i tjeska. Kao st'jena sama,
Uz onaj stari jablan ja sam odvojen bio
I ćutô... Na moje čelo studena padaše tama...

Uz melodiju čežnje praznički dan je lio
Toplo i blago sunce. Pod grozdovima behara
Mirisale su bašte. Jedan je leptir htio

Na tvoja sletiti njedra, pun zlatnih svijetlih šara...
I kada purpurni šećer prosuše pred tvoje skute,
I skladno svirači vješti, uz ćemaneta stara,

Počeše toplu pjesmu: još jednom pogledah u te,
I vidjeh, vidjeh ti oči, slatke i sunca pune...
U meni sve se sruši, ja smrtne čuh minute,

I u dnu duše moje prsnuše zlatne strune...

Poklič

Pjesmo moja, hajde leti
Iz dna srca, duše zdrave –
Daljine te zovu plave,
Zove neba oganj sveti.

Gdjegod nađeš suzu koju
Što je tužno roblje lije,
Po njoj prospi dugu svoju
I svjetlilom ubriši je!

Sve probudi, sve što spava,
Nek ustane muški mreti:
Visoko je zora plava,
Uz krš joj se treba peti!

Od Goleša do Jadrana
Preni duše što su u snu,
Kô pučina uzburkana
Nek u hridi ropstva pljusnu!

Iz tog pljuska, borbe sjajne,
Perle slave i slobode,
S blagoslovom svete tajne,
Sinuće ti, srpski rode.

Leti, pjesmo, i sve zbrati
Što rastavlja razdor grubi,
I izgrli i ižljubi
Sve što cvili, sve što pati...

Poklič Zmaju

Prosijajte luče blage
S vrh etira zvjezdanoga,
A vi srpske seje drage
Od Timoka do Jadrana
Berte kite s lavor grana,
da uz trepet zlatnog sjaja
Sapletemo v'jenac slave,
Oko čela, oko glave,
    Našeg Zmaja!

Druže zv'jezdam', suncu jarkom,
Ti ljubimče božjeg sjaja,
Ti si svojom pjesmom žarkom
Kroz oblake naših jada
Slao iskre novih nada –
Što klonule s vjetrom spaja;
Od Timoka do Jadrana
Bio melem ljutih rana,
    Uzdisaja...

O, malen je v'jenac pao
Na to čelo, dični Zmaju,
Ti si viši v'jenac dao
Svome rodu, naraštaju;
U nj si s neba sunce snio,
Zv'jezdama ga okitio,
Od Timoka do Jadrana
Na vihoru mutnih dana
    Da rod griju!

Slava žaru – srcu tvome
Na kome se Srbin grije!
Slava duhu velikome
Nad kim zlatno nebo bdije!

Slava pjesmi što se vila
Po stoljeća srpskom kraju,
Slava glasu tvojih vila!
Slava tvome umnom sjaju!
    Slava Zmaju!

Pokoj

Preda mnom tuče vodenica stara.
Veče. Nad vodom zdrela trska rudi,
I poljem šušte puna žita jara.

Po stazama se mak crveni žari.

Pod selom doli eno radnih ljudi,
Kose im trepte. Sa širokih njiva
Polaze domu, razdrljenih grudi.

Jabuka sunca svrh grebena zari.

Sve viši suton u dolini biva,
Razlijeva se i šumi... Pogdjeko
Mimo me prođe kraj srebrnih iva.

S pristranka stremi drven toranj stari.

Padaju snovi kô pramenje meko,
Lijepe ptice noćištu se klone
I preko granja odlaze daleko.

Jedna, svijetla i ljepša od svije',

Evo mi sleti s vrha breze one,
I dokle stara vodenica bije,
Uz pjesme, što me na molitvu gone,

Zlatno gnijezdo u mom srcu vije...

Pokojnom Vojislavu

Sa tvojom Avalom dragom i naše st'jenje plače,
    Plače i suze lije,
I srpska b'jela vila čarobno svoje lice
    U crni veo krije.

Na javor-guslama našim pucaju tanke strune
    I zvuci tužno lete –
Da čistom suzom svojom orose kamen hladni
    Tvoje grobnice svete.

I moja duša leti svijetlom grobu tvome,
    Na kom' je anđô blagi,
I bono tebi kliče: Vrati se, vrati nama,
    Naš Vojislave dragi...!

Poleti dušom

Kô laka tica
Gorom i cv'jetom,
Poleti, Srpče,
Duhovnim letom!

Poleti dušom
Nebu i visu –
Neka ti misli
U prahu nisu.

Đedovi tvoji
Letit' su znali,
A nikad nisko
Nijesu pali;

Ne padaj ni ti:
Ruga bi bila
Da tvoje duše
Posrnu krila;

Nek budu smjela
Kô mač junaka,
Za otpor gromu
St'jena jaka.

Ko voljom klone
I djelom slabi –
Poleti dušom
I svjetlost grabi!

Ponoći je...

Ponoći je mirno doba, svako spava,
Ja budan, svijeća mi sobu osvjetljava.

Za astalom na starome stocu sjedim,
Rastvorio knjige mnoge, pa ih gledim.

Evo jedne početak joj: *„Pošten budi,*
Bez poroka mirne će ti biti grudi."

Druga knjiga divno uči: *„Vrlina je*
Suncu sestra, pa i ona vječno sjaje!"

Treća opet govori mi: *„Rodu služi!*
To si dužan, pa se, brate, i oduži."

A četvrte slova vele: *„Uči s', trudi,*
U starosti da t' spokojstva zora rudi."

A sad petu knjigu čitam, oh milina!
U njojzi su pjesme same srpskog sina.

Al' vas volim, pjesme drage, kao cv'jeće!
Tā pune ste svježe snage, pune sreće.

Ja vas nosim na srdašcu, vi ste moći,
Što tješite srpskog sina usred noći.

Ali evo u čiraku svijeće nema,
Izgorela, a i meni već se drema.

I u peći žeravice nestalo je,
Al' je toplo za spavanje mjesto moje!

Laku noć vam, pjesme moje, sveta moći!
Sad ću spavat', Bože, bud mi u pomoći!

Ponor (I)

Ponoć huji, mrak i tama,
Vihor trese šume gole;
Pred dverima starog hrama
Grešnici se Bogu mole;
Kandioca plamen zračni
Pokazuje lik im mračni.

Jedan veli: „Vječni, prosti,
Ne ubijaj kaznom strogom!
Praotaca svete kosti
Zgazio sam drskom nogom;
Ja sam svoga brata klao –
Za kolajne rod sam dao."

Drugi veli: „Vječni, prosti,
Robljem držah svoje sluge,
Ja ih nikad u žalosti
Niť u bolu njihne tuge
Ne utješih blagim gledom –
Ja ih... ja ih... vješah redom."

Treći veli: „Vječni, prosti!
Majka mi je dobra bila,
Gledeć' sina, od radosti,
Nebeske je suze lila;
Al' ja prezreh ljubav neba –
Skapa majka žudna hljeba..."

I četvrti veli: „Prosti!
Ja sam pusto blago krio,
Dođe patnik pun žalosti,
A ja...? Ja sam sť jena bio:
Gledao sam, kostur goli
kako s gladi pada doli."

I zaćuta grešna grupa,
Ruke dižu pa se krste;
Al' pričesti zlatna kupa
Na trapezi časnoj pršte,
Pršte kupa, kletvu zbori,
Pred njima se ponor stvori.

Kroz kubeta tamna gori
Glas duboki jekom bije:
„Prokletstvo vam nebo zbori
A milosti za vas nije!
Ko se jednom paklu preda,
Tome nebo milost ne da!"

I nevidna sveta ruka
U mračnu ih bezdan jurnu,
A kô tresak gromnog zvuka
Glas odjeknu kroz noć burnu:
„Ko se jednom paklu preda,
Tome nebo milost ne da!"

I minuše ljeta mnoga,
Kô proljetna magla tija,
A još i sad, kô smrt stroga,
Taj duboki ponor zija,
I sin vjerni praotaca
U nj s prokletstvom kamen baca.

A kad sova kroz noć prhne
Kad duboke magle brode,
Kad aveti, sjenke crne,
Na sastanku kolo vode:
Iz ponora jauk dođe –
To grešnika grešnik glođe...

Ponor (II)

Lomljava i praska. Ječi klanac dugi,
A visoko, gde se dižu grede kose,
Kô dva mrka diva dva se brata nose –
Jedan je sa Drine, a s Marice drugi...

Pod njima duboko grmi Vardar stari,
I pauci smrti predu crne niti...
A oni se hrvu... Ko će žrtva biti...?
Jeka. Svod se trese. Grakću lešinari.

Već na rubu stoje. Odlučno je doba.
Niz litice oštre srušiše se oba,
I mlaz vode pljusnu. Sunce za vrh seda.

Juriš, posrtanje, vapaj, škrgut zuba,
Krv i ropac... Trešte zvuci kobnih truba...
Sâm, sa stene, s bolom sin Nemanje gleda...

Ponotnji sanak

Ponotnji sanak kad se tiho javi
Da moju tugu u zaborav skloni,
U mutnom bolu duša mi se davi
I s crnom kletvom svog ljubimca goni.

Ja neću mira, pokoja, ni sanka;
Ja hoću vječno da o tebi mnijem,
Da ljubim tebe tajno, bez prestanka,
I mrtvo srce spomenima grijem...

Ja neću mira...! Oborene glave
Pred tvojom slikom bdiću svako doba,
I slušat' kikot svoje crne jave,
Dok nađem pokoj u naručju groba.

Poraz Turaka na Pločniku

Još ni zore ni beloga danka,
Pokliknula sa Jastrepca vila,
Klikće vila ka Kruševcu gradu,
Te dozivlje srpskog car-Lazara:
„Care Lazo, od Srbije glavo,
Zlo zaspao u belome dvoru,
Zlo zaspao, dobru se ne nadaj!
Ili ne znaš, ili ti ne haješ,
Što su tebe jadi zadesili?
Eto ide silna vojska na te,
Murat ti je zemlju porobio.
I Nišavu vodu prebrodio,
Te ti, care, Niša osvojio.
Silan Murat u Nišu zaseo;
Kol'ko j' silan, većma s' posilio,
Hoće k tebi u Kruševac, Lazo,
Da ti krunu sa glave ukine,
Pa i tvoje da preuzme carstvo.
No ču li me, srpski car-Lazare!
U Murata vojska silovita,
Ne možeš je čekať u Kruševcu;
Da ti imaš krila sokolova,
Ne bi perje iznelo ti mesa;
Branićeš se, odbranit' se ne moš;
Biježaćeš, no pobeći nećeš;
Molićeš se, izmolit' se nećeš;
Već poteci na Toplicu hladnu,
Gde te čeka odabrana vojska,
Gde te čeka dvadeset tisuća
Sve po izbor' ljutijeh momaka,
Što vojvode tvoje sakupiše.
Sa njima su Bošnjaci junaci,
Što ih posla Bošnjanine kralju,
I njih ima do deset tisuća;

Al' ne dođe Zećanin Balša,
Niti posla vrle Crnogorce,
Ostavi ih da mu Skadar brane,
Od Turaka ispred Arbanije;
Niti dođe Kraljeviću Marko
Od Prilepa, grada bijeloga;
Niti dođe Kostadine bane
Iz pitoma mesta Žegljigova –
Ne mogaše od Turaka preći;
Al' promače Ljutica Bogdane,
A sa juga, sa kršnog primorja,
No bez vojske, bez svojih momaka –
„Sâm on valja kô čitava vojska.
A kad čuje turski car-Murate
Gde ga čekaš na Toplici s vojskom,
On se neće dugo premišljati,
Okrenuće k tebi na Toplicu;
Tu će vam se vojske sukobiti.
U Murata sto tisuća vojske,
Sve delije, age i begovi,
Janičari besni i pomamni,
Al' se, care, nemoj prepanuti:
Dok je tebi tvojih vojevoda
I junaka ljutih oklopnika,
Kakvih danas u Turaka nema,
Lasno ćete savladati Turke."

Kad to začu slavni car Lazare,
I razabra šta mu vila kaže,
On pohita na Toplicu hladnu
Međ junake i među vojvode,
Koji su se boja uželeli.

Tek što Lazo osmotrio vojsku,
Poiskao divit i hartiju,
Na kolenu sitnu knjigu piše,
Pak je šalje turskom car-Muratu,
U knjizi ga 'vako pozdravljaše:
„Ču li mene, silni car-Murate!
Sramota je upadati mučki,
Bez odbrane roblje odvoditi,

Nego hajde k meni na Toplicu,
Da junački megdan podelimo,
Pa što kome bog i sreća dadu."
Kad je Murat knjigu proučio,
Od Niša je vojsku okrenuo
I Moravu mutnu prebrodio,
Udario na Prokuplje belo,
Postojbinu starog Jug-Bogdana,
Prokuplje je ognjem popalio,
Pa s' krenuo uz Toplicu hladnu
Ka taboru srpskog car-Lazara.
Na Pločniku, kraj vode Toplice,
Ugledao čadorove bele,
Srpsku vojsku i srpske junake;
Te se silni Turci ustaviše,
Svoju vojsku tabor učiniše
I toplička polja pritiskoše.
Tovni konji i bijesni Turci
Na alaje poljem se ređaju,
A paše ih na hatim' obleću
I popreko uz Toplicu glede,
Pogledaju Lazarovu vojsku.
Tek Muratu čador razapeli
Na dogledu Lazarove vojske,
Zove Murat Lazu na predaju
I ovako njemu poručuje:
„Oj ču li me, srpski car-Lazare!
Hajde k meni pod svil'na čadora,
Prekloni se ka meni pokloni,
Ja ću tebi život oprostiti,
I krunu ti tvoju ostaviti,
Da caruješ kano i do sada;
Ako li me poslušati nećeš,
Hoćeš, junak, grdno danas proći,
Ostavićeš na Toplici glavu,
Kô Vukašin na mutnoj Marici;
Dobro misli, da se ne pokaješ."
Odgovara slavni car-Lazare:
„Prođ' se šale, silni car-Murate!
Kud te, care, sila zanijela!

Nisam došô da ti se poklanjam,
Već da megdan delimo junački."

Al' su Turci mudri i lukavi –
Ne htedoše odmah udarati,
Ne htedoše zametati kavgu,
Dokle svoju ne odmore vojsku.

No iz turske pojavi se vojske
Crni Arap, carev Alil-aga,
Na besnome hatu od megdana.
Razigrao hata po poljani,
Gledaju ga i Srbi i Turci.
O bedru mu sablja dimiskija,
Preko krila koplje ubojito,
A u ruci teški šestoperac,
Pa ga Arap pokraj sebe nija,
Te ga baca nebu pod oblake.
I u desnu dočekuje ruku.
Pod sobom je hata ražljutio,
Udara ga oštrom bakračlijom,
Po tri koplja uprijeko skače
Po četiri nebu u visine,
Unapredak ni broja se ne zna;
Iz usta mu živi oganj sipa,
Iz nozdrva modar plamen suče.
Koliko se Arap posilio,
U pjanosti besno podvikuje:
„Je li majka rodila junaka,
Kaurina i srpskoga sina,
Da mi danas na megdan izađe?"

Kad to čuše srpske vojevode,
Poleteo svaki car-Lazaru,
Da od cara blagoslov izmoli
Da se može s Arapom ogledat';
Međ njima je Srđa Zlopogleđa,
Zlopogleđa, stari megdandžija.
Njemu care blagoslova daje.

Ja kakav je Srđa Zlopogleđa!
Čudna oka i čudna pogleda,
Mrko gleda i očima strelja.
Na njemu je ćurak od kurjaka,
A na glavi kalpak od samura,
Na kalpaku zlatali čelenka.
Sjaju mu se toke kroz brkove
Kano mesec od petnaest dana
Kad obasja kroz jelovo granje.
O bedru mu sablja okovana
I na njojzi tri balčaka zlatna,
I u njima tri kamena draga,
Valja sablja tri careva grada!
Ljutit Srđa pa se pridrnuo,
Dohvati se kosmata mrkova,
Mrkovu se na ramena baci,
Pa polete crnom Arapinu.

Udari se junak na junaka.
Pusti Srđa koplje ubojito,
Al' Arapov konjic od megdana,
Na zemlju je namah pokleknuo,
Nad Arapom koplje preletelo,
Udarilo u zelenu travu.
Tad je Arap konja razigrao,
Te on pusti koplje ubojito;
Al' je Srđa junak od megdana,
Dočeka ga pernim buzdovanom,
Natroje mu koplje salomio,
Pak Arapa mrko pogleduje.

Prepade se carev Arapine
Kad u Srđe crne oči zgleda,
Pa ne čeka da Srđa udara,
Već poteže topuzinu tešku,
Te pogodi Srđu Zlopogleđu;
Al' se Srđa drži na mrkovu,
Iz sedla ga maći ne mogaše.
Jā kad vide crni Arapine

Da će danas izgubiti glavu,
Okrenuo hata od megdana,
Šćaše pobeć' na sramotu Turkom.

Kad to vide Srđa Zlopogleđa,
Popriteže mrkovu dizgine,
Samur kalpak na čelo namače,
Pa se pusti za Arapom crnim:
„Stan, pričekaj, careva delijo,
Da okušaš moga šestoperca."
Pa poteže perna buzdovana
Pustimice dobro neštedimice,
Te Arapa međ pleća pogodi;
Koliko ga lako udario,
Iz bojnog ga sedla izgonio,
Pada Arap u zelenu travu;
Arap pade, a Srđa dopade,
Sabljom manu, odseče mu glavu,
Mrkovu je baci u zobnicu,
Pa se vrati natrag u ordiju...

Kad ujutru jutro osvanulo
I s istoka ogranulo sunce,
Obasjalo konje i junake,
Blista oklop i svetlo oružje,
Stoji topot ubojitih konja,
Spravljaju se vojske s obe strane.
Silni Murat sedi pod čadorom,
Kod njega je vezir Jevrem-beže[1]
I ostale paše i veziri,
I dvanaest velikih kadija;
Njima care silan naređuje
Da udare odmah na Lazara,
Da mu vojsku mačem istrijebe,
Da ne štede momka ni vojvodu,
Da mu živa uhvate Lazara
I dovedu njemu pod čadora.
Potekoše Turci unaprijed,

---

[1] Jevrenos beg. (Prim. aut.)

Poleteše strele sa tetiva;
Od njih jarko pomrčalo sunce,
Nit' se vidi neba ni oblaka.

Kad to vide slavni car-Lazare,
Pojahao golema Labuda
I časnim se krstom prekrstio,
Pa povadi mača ubojita:
„Napred, deco, moji sokolovi!
Za krst časni i veru hrišćansku!"
Tada Srbi boga pomenuše,
Britke oni sablje povadiše.
Položiše svoja bojna koplja,
Poleteše niz polje topličko,
I u Turke juriš učiniše.

Bože mili, čuda velikoga!
Čudna boja, čudna li sastanka,
Kad se dvije sastadoše vojske!
Jedno srpska, a drugo je turska,
Pred srpskom je slavni car-Lazare,
A pred turskom vezir Jevrem-beže;
Stade zveket oštroga oružja,
Stade jauk ranjenih junaka.
Da je kome bilo pogledati
Kako srpske tu sevaju đorde,
Kako l' turske polijeću glave!
Potokom se krvca prolivala,
Vrela krvca konjska i junačka,
A Toplica, mutna i krvava,
Obojena krvlju od junaka,
Više turskom nego krvlju srpskom,
Nosi, mutna, konje i junake,
Nosi čalme, nosi i kalpake.

Seče Turke Strahinjiću bane;
Što bi ban Turaka propustio,
Dočekuje Srđa Zlopogleđa;
Što bi Srđa Turak' ostavio,

Dočekuje Boško Jugoviću;
Što bi Boško Turak' promašio,
Dočekuje Relja Krilatica;
Što bi Relja Turak' preleteo,
Dočekuje Ljutica Bogdane –
Bogdan hoće da glasnik ne ode,
Ražljutio tanku bedeviju,
Sabljom seče, bedevijom gazi,
I satire teškom topuzinom.

Jâ kakav je Obilić Milošu,
A sa svoja oba pobratima,
S Kosančićem, s Toplicom Milanom!
Sve sagone Turke na buljuke
I nagone na vodu Toplicu,
Te s' Toplica mutna zajazila
Od leševa konjskih i junačkih.
Sâm Obilić na svome ždralinu
Goni junak tisuće Turaka,
Te ih seče i desno i levo,
Krvava mu sablja do balčaka
I desnica do ramena ruka.

Gleda Murat iz čadora svoga
Kako Srbi slavno jurišaju,
Kako biju i razgone Turke;
Gleda silan, a milo mu nije,
Žučno mu je srce u grudima,
Pa dozivlje vezir Jevrem-bega
Isred boja, isred okršaja,
Da ga vezir malo razgovori,
Da mu pusto srce ne prepukne
Od zlovolje i pomame silne.

„Koji ono dobar junak jeste
Što jedanput britkom sabljom mane,
Britkom sabljom i desnicom rukom,
Pa dvadeset odsiječe glava?"
„Ono jeste Strahinjiću bane."

„Koji ono dobar junak jeste
Što dva i dva na koplje nabija,
Preko sebe u Toplicu baca?"
„Ono jeste Srđa Zlopogleđa,
Što nam juče Alil-agu smače."
„A koji je ono dobar junak
Na alatu, konju velikome,
Sa krstašem u ruci barjakom,
Što sagoni Turke na buljuke
I nagoni na vodu Toplicu?"
„Ono jeste Boško Jugoviću,
Mlad barjaktar srpskog car-Lazara."
„A koji je ono dobar junak
Što proleće kroz ordiju celu
Na kobili, tankoj bedeviji,
Sabljom seče, te snoplje obara,
Drugom rukom tuče buzdovanom,
Satrće nam polovinu vojske?"
„Ono jeste Ljutica Bogdane,
Naš klevetnik s južnoga primorja,
Štono smo mu zemlju ostavili,
A harača tražit' ne smedosmo;
Nit' se boji cara ni vezira,
Ni na zemlji kakvoga junaka,
Razma jednog boga istinitog."
„A koji je ono dobar junak,
Na ždralinu konju vilovitu,
I sa njime dva siva sokola,
Što pogone tisuće Turaka?"
„Ono jeste Obilić Milošu,
A sa svoja do dva pobratima:
Jedno mu je Kosančić Ivane,
A drugo je Toplica Milane.
Onakvijeh, care, više nema
U Turčina, nit' u kaurina.
Obilić je junak nad junakom:
Što je zemlje na sve četir' strane,
Nada njime ne ima junaka,
Sâm on može s nama vojevati!

Jedni kažu da je vilin sine,
Drugi da ga seljanka rodila,
A kobila mlekom odojila,
Te junaka zovu Kobilićem."

Prepade se silan car Murate,
Pa govori vezir-Jevrem-begu:
„Moj veziru, ovo dobro nije!
Strah u mene i bojim se ljuto,
Danas ćemo glave izgubiti!
No poteci i brzo povedi
Sve delije, što najbolje imam,
I povedi svu odmornu vojsku,
Dokle Srbi još prodrli nisu
A do mene i čadora moga;
Udri svakog ko sramno uzmiče
I sramoti obraz Muhamedov!
Jer tako mi prorokove brade,
Odavde mi povratišta nema,
Povratišta niti utecišta;
Mi Lazara osvojit' moramo
I njegove pohvatat' vojvode,
Odvesti ih u Jedrene bele,
Povešati gradu o kapije,
Te učinit kurban Muhamedu,
Ma satrli polovinu vojske."

Tako reče silan car Murate,
Tako reče svojemu veziru,
Ma ne reče Ture: akobogda,
Kao što mu ni pomoći neće.
Tu se biše letnji dan do podne,
A kad podne prevalilo bilo,
Sâm se Murat glavom podigao,
I na bojno polje dojahao,
Da ohrabri age i delije.
„Alah, alah!", složno Turci viču,
Al' uzmiču, žalosna im majka!
Ljuto biju srpski sokolovi,

Potukoše mnogu vojsku tursku,
Izgiboše age i delije,
Izgiboše mnoge poglavice:
Dvades't paša, dvanaest vezira
I dvanaest velikih kadija.
Mili bože, na svem tebi hvala!
Prepade se silan car Murate,
Poboja se izgubiće glavu,
Pleća dade a bežati stade;
Beži care niz Toplicu hladnu,
Na Moravu konja nagonio,
I Moravu srećno prebrodio,
Pak uteče, vesela mu majka!
Do Jedrena jedva s' ustavio.

Mnogi kažu i pričaju ljudi:
Otkako je gavran pocrneo,
Takvog boja niko ne video,
Takvog boja i takvog pokora,
Što ga tada doživeše Turci!
Tu ne osta Srbin u družini
Koji turske ne odseče glave,
Koji po dve, koji po četiri,
Vojvodama ni broja se ne zna.
Od Srbalja malo ko pogibe,
Od Turaka malo ko uteče:
Od stotine tisuća Turaka
Ne uteče ni petina jedna.
Da o čudu i pokoru priča;
Sve izgibe na Toplici hladnoj,
Ostadoše trupi i lešine,
Da nahrane vrane i gavrane.
Na Pločniku, kraj vode Toplice,
Znati će se turska pogibija,
Znati će se turska kosturnica,
Dok je Srba i dok je Turaka,
Dok je sveta i dokle je veka.

Porodična slika

Mati:
Kažite mi, deco, to možete znati,
Šta gospodin učo priča?

Neda:
Ja znam, mati!
O Srbiji dragoj pričô nam je nešto
Tako lepo, krasno, tako skladno, vešto!
Ređô svetle slike iz vremena davnih –
Neumrla dela vitezova slavnih.

Mati:
Koji su to bili? Ti govori, Savo!

Sava:
Karađorđe, Hajduk Veljko – turska strava, Sinđelić i Rajić.

Mati:
Bi li reći znao
Najslavniji ko je?

Sava:
On se, majko, zvao
Karađorđe! Što je hteo to je smeo!
I poveo suncu srpski narod ceo!
On slobode naše užegô je luče
I mač prvi trgô s vragom da se tuče!
I dok bude Srpstva horiće se slava
Velikoga Vožda, topolskoga lava!

Mati:
Reci mi ti, Ranko, ko je ono bio
Hajduk Veljko?

Ranko:
Vihor, od koga se krio
Janičar i bežô uz trepet i jade!
On kod Negotina na tabljama pade
Od dušmanskog topa, da večito stoji
I u slavi živi kraj drugova svoji'!

Mati:
Ko na kosi Čegru odbijaše dugi
Juriš janičara?

Vrleta:
Hajduk Veljko drugi –
Lepi, dični junak iz Resave lepe,
Sinđelić! Kad ono turske horde slepe,
Kô gavrani crni, u gustome broju,
Dopreše u šanac junaka, on svoju
Kuburliju ljutu u džebanu skresa –
Prolomi se zemlja, jeknuše nebesa,
I u vazduh ode sve i pepô sve je
I konji i ljudi... samo vetar veje
I po kosi Čegru, što u stravi trne,
Lagumskoga dima valja struke crne...

Mati:
A ko ono beše Rajić?

Vrleta:
Iz Stragara
Džin, oluja hučna, oštricom handžara
Što je one besne krdžalije sekô,
I viteškom smrću večni život stekô!
Kad u njegov šanac, na Ljubiću gordom,
Nagrnuše Turci s golemom hordom:
Njemu krepko srce zadrhtalo nije,
Sâm ostade Rajić da tu bojak bije –
On sa svojim topom ne hte da se deli
No opkroči njega, i orao beli,
Ljut jatagan trže i kud njime svrne

Obara i seče krdžalije crne;
Dok pogođen zrnom turskog džeferdara
Ne sruši se beli orô iz Stragara...!

Mati:
Tako, deco moja! Pamtite sva dela,
Što su srpske slave i vaskrsa vrela!
U dnu svoga srca, još za ranih leta,
Urežite čvrsto ta imena sveta!
Nek vas večno greju i svetlošću krepe,
Da budete ponos otadžbine lepe!

Hor dece:
I mi ćemo, mati,
S brega slave brati
Neuveli cvet!

S vatrom zore rane
Naša srca hrane
Jedan oltar svet –

Gde junaka slavnih
Iz vremena davnih
Slike greju nas!

Njime leti smerno,
Pobožno i verno
Naših duša glas:

Kô sjaj dragog kama
Vi svetlite nama,
Večno, dan i noć.

Gde su vaši puti,
Smeli, jaki, kruti
Tamo ćemo poć'!

Poći ćemo tamo
Kuda stiže samo

Lepi, hrabri soj!

Kô vi, lica sveta,
Iz minulih leta,
Ljubeć' narod svoj!

Poruka

Moja Sevdo, moje milovanje,
Ubilo te moje uzdisanje!
Evo, ima tri godine dana,
Bol bolujem od golemih rana.
Rane ljute sve na sevdah slute,
Ne daju mi rahatluka moga,
A sve, Sevdo, sa nehaja tvoga!
No ako te moja muka bije,
A ti mlada dođi mi što prije,
I donesi što za hastu treba:
U dva oka dva sna preduboka,
I još sunca da ti hastu grije,
Da me grije, da mi hladno nije!
I donesi iladž bez karara:
Pod grocem bijela behara;
U njedrima, među ljiljanima,
Dunje dvije – da bez voća nije!
Pa još, kad ti krivo ne bi bilo,
Da me uzmeš ti na svoje krilo,
Bih ti tako preboljeo lako
Rane ljute što na sevdah slute.

Porušeni hram

Noć je tako n'jema. Nikog živog nema,
Tek što s daljnih gora lahor šumor sprema,
Tek šapuće granje i miriše cv'jeće
I nagli se potok kroz dolinu kreće,
    Tek zapjeva slavuj, a glasak mu sjetni
    Tihano se gubi pro ravnina cv'jetni'.

Sve je slatkom sanku klonulo na krilo –
Blagijem se mirom sve željno povilo,
A katkad se samo onaj mjesec plavi
Iza vela tavnog oblaka pojavi,
    Bleđanijem zrakom gore, dolje ljubi,
    Pa se začas opet za oblakom gubi.

A u gluho doba uspavane noći
Samo srpsko momče luta u samoći
Tamo kud mu misô odavna odl'jeće;
Bez roda i druga, on se samac kreće
    Tamo preko polja nepregledne ravni,
    Gdje robovi mnogi počivaju slavni.

Na Kosovu tužnom on se tamo steče,
Na Kosovu, gdjeno Lab, Sitnica teče,
Pa putniku priča o vremenu slavnom,
O Lazaru svetom, Obiliću slavnom,
    I o vreloj krvci onih devet tića,
    Devet sokolića, devet Jugovića.

Kô u čistom hramu on pobožno sade,
Kraj grobova svetih moliti se stade –
Iz mlade mu duše molitva se vila,
Svetome je nebu odnosila krila.
    Pokriveno groblje „sa prošlosti s'jedom"
    Punan blage vjere on cjeliva redom.

A kad sjetan pogled u daljinu vrže,
Kô iz čudnog sanka on se naglo trže:
Tamo gdje tišina razvila se sama
On zidine spazi porušenog hrama;
    A po njima bršljan iznikao gusti
    Pa šumori tužno kroz predjeo pusti.

Kada srpsko momče zidinama stiže,
Pogružene duše kapu s glave diže.
Nekom tajnom grozom podižu se grudi,
Sa pitanjem pogled po zidinam' bludi.
    Ali, mjesto glasa, otud sova pr'nu
    I odleće tamo u daljinu crnu.

Dok mu tako pogled po zidinam' bludi.
Dok nejasna groza prolama mu grudi,
Iz svemira daljnog jedan zračak sveti
Viš' srušenog hrama trepereći sleti,
    A u njemu anđô, punan teške boli,
    Naže se nad hramom, svete suze proli.

A u tome trenu čudni vaj se začu,
Kô da i grobovi sa anđelom plaču,
Kao da se svete Miloševe kosti
U grobnici hladnoj tresu od žalosti,
    Kô da krvca cvili onih devet tića,
    Devet sokolića, devet Jugovića.

Dokle čudni uzdah kroza ponoć teče,
Prestravljeno momče na koljena kleče,
Iznemoglo stade: „Sveta sliko živa,
Oj, za čime noćas suza ti se liva?"
    A anđeo ciknu: „Sa žalosti mnoge
    Za srušenim hramom Srbinove sloge."

I još jedna suza niz lice mu pade,
Pa se lahkim letom put nebesa dade,
A po tužnom polju još se uzdah vije –
U koprenu noći sve se bolno krije.
    A kad mlada zora noć sa neba vrže,
    Jecajući momče iz sanka se trže.

Posle okova (I)

Stresli smo sa ruku lance zveri slepe,
Sad hvatamo voljno za rala i brane –
Okrešimo gnjile i kržljave grane,
Nek plodovi sinu svi do krune lepe!

Sad su naših duša razdrešena krila –
Poletimo njima na vrhove dela,
U lovore svetle više zlatnih vrela,
Da bi svaka zlatna kô luč zore bila!

Sad ne krije naše oči bede tama,
Pa kô verni stubi svog doma – svog hrama,
Svi motrimo budno gde nam brodi brode!

Neka hrle žalu bez leda i snega,
Onamo, gde večno pesme zvone s brega,
Visoko, pod zlatnim palmama slobode!

Posle okova (II)

Prenimo se snova, i snova na delo –
Ovde jošte ima pelena i drače,
Jošte mnogih beda teče mutno vrelo,
I bezbrojno roblje na zgarištu plače.

Lešinari grubi s Dunava i Rajne
Razdrli su nedra otadžbine cele –
Sa grla joj trgli sve đerdane sjajne,
S jatacima da ih kô hajduci dele.

Naga zemlja čeka trude naših ruku –
Mati decu zove na rala i brane,
U prudove zlata da polja obuku,
I okrešu gnjile i kržljave grane.

Zove ih da ruke svi oko nje sviju,
I onima štono pod kazanom neba
Studenoga dršću, i kopne, i gnjiju,
Pristupe sa lučem i donesu hljeba.

Zove ih da budu neimari hrama
Gde lepote služe i naforu dele;
Gde se duše dižu iz rđe i tama,
I oblače na se ruho zore bele...

Prenimo se snova, i snova na delo –
Ovde jošte ima pelena i drače,
Jošte mnogih beda teče mutno vrelo,
I bezbrojno roblje na zgarištu plače.

Poslednji let

O druže moj, ti pesmo moja, daj,
Poleti neka zatrepti cela snaga!
Hajde još jednom da sunca vreli sjaj
Pijemo do dna krčaga.

Ne misli da je ništavna senka svet,
I da je život samo prašine šaka –
Mi ćemo vedri i nasmejani mreť
Kô zlatna večernja traka.

Hajde! Tamo je Svetli Kraljevski Dom –
U cveću blista pun pehar do pehara!
Poj! Beri cveće...! I tako Ocu svom
Pođimo s vencem behara...

Pošlje mnogo ljeta... (I)

Pošlje mnogo ljeta, pun borbe i muke,
On će žudno doći da se tebi javi:
Umoreni putnik pružiće ti ruke
I gledaće tebe s bolom što ga davi.

No ti nećeš poznat' ono lice jadno,
Niti mutno čelo, niti oči one,
Odmahnućeš rukom, bez milosti, hladno,
I gordo se sklonit' u svoje salone.

Al' znaj, on ti neće mračnu kletvu slati,
Niti mržnju tajit' pogledu ti strogom;
Pred vratima tvojim on će dušu dati
I sklopiti oči i reći ti: „Zbogom!"

Pošlje mnogo ljeta... (II)

Pošlje mnogo ljeta ovdje opet stojim;
Lepenica teče isto kao prije,
Nad njom stara vrba još jednako bdije
I visoko šumi vrhovima svojim.

Gdje si? Da l' se sjećaš ispod grana tije'
Kad gledasmo julsku noć i mjesec sjajni,
Kad nam t'jelo prože slatki oganj tajni
Pa dršćasmo dugo kao breze dvije?

Bog zna gdje si sada i da l' živiš jošte!
Ali dragi spomen negdanje milošte
Kao mlado sunce svu mi dušu grije,

I ja snova čujem zveket tvojih grivna,
Po licu me tiče tvoja kosa divna,
Dok mjesec kroz vrbu čisto srebro lije...

Pošlje zabave

Otkad me nisi pogledala tako!
Oko ti bješe kao u djeteta:
U njemu radost i molitva sveta,
I simvol vjere i čeznuće lako.

U onom času više nisam znao
Da moje srce u ranama plače,
Da sam već davno u ponore pao
I da me magla okiva sve jače.

Meni si bila kao onog dana
Kad prvu, milu kitu jorgovana
Drhtavom rukom stidljivo mi dade;

Kad moja duša, ushićena, čista,
Od tvoga sjaja kô nebo zablista
I tebi, draga, pod groce pade...

Pošljednje veče u Malom Lošinju

Jakovu

U prljavoj sobi, na ubogom odru,
Iznemogô leži i na prozor gleda.
Decembarsko sunce polagano sjeda,
I zalazi tamo za pučinu modru.

U mirisu jela dok se veče kupa,
Po zalivu malom laka crven titra,
Negdje, u blizini, bono jeca citra,
I s brodova stiže lanca zveke tupa.

On podiže ruku i sa bolom reče:
„O zahodno sunce, o rumeno veče,
O mladosti moja!"... I glas ropac uze,

Steže. Još jedanput za zavjesom starom
Zatreperi sunce, i cjeliva žarom
U njegovom oku kaplju zadnje suze.

Potok

Smrzô si se, ćutiš. Tvoja stara druga –
Gola vrba na te spušta grane crne,
U ledenom ruhu premire i trne,
Idršće kô srce kad ga grize tuga.

Al' skoro kad slavuj zapjeva iz luga
I vesela ševa u nebesa prhne,
Kad se tebi zlatno pramaljeće vrne,
Ti ćeš snova teći sjajan kao duga.

No hoće li tako u miru i sreći
Kroz svijetli prostor moja duša teći
Na proslavu blagu vaskrsnijeh dana?

Ili će u mraku, bez jedne svjetiljke,
Ostati da plače, kô skrhane biljke,
Na samotnoj humci ispod suvih grana...?

Povratak (I)

„Kao zraku sunca vrela,
　Mladog orla sila leta,
I mene je odnijela
　Vruća želja širom sv'jeta.

Divna moma, šljedom trajnim,
　Zračila mi puta duga;
Divna nada s v'jencem sjajnim
　Bješe mjesto vjernog druga.

Kol'ko puta s vajom jada
　Proveo sam takve noći?!
Al' mi uv'jek šapnu nada:
　'Iza noći dan će doći.'

Malaksaloj duši krila
　Bijehu njene r'ječi žarke,
I njezina pjesma mila
　Nije bila glasak varke.

Da, peharom slatke sreće
　Prelio sam duši vaja:
Sa blagom se sinak kreće
　Krilu svoga zavičaja.

Oh, kako ću vesô sada
　Ljubit' majku, oca moga!
Kako li će seja mlada
　Zagrliti brata svoga!

Kakvo li će, moje cv'jeće,
　Radovanje tvoje biti!
Od ljubavi, silne sreće,
　Niz lice ćeš suze liti."

I umorni putnik sada
   Stiže dvoru očevome:
„Oče, majko, sejo mlada,
   Hođ'te bliže srcu mome!

Zagrljaj vam evo sprema
   Živom željom putnik mladi."
Al' odziva nigdje nema;
   Duša strepi, ginu nadi...

Nema glasa... Grudi trnu,
   Sreću zavi veo koba;
Nad glavom mu gavran pr'nu:
„Svi su tvoji posred groba."

Povratak (II)

Propojaše srca, i sve kô da preli
Pražničkog tamjana miris blag i mio.
Nesta mutne magle sa obraza sveli',
I svjetlilo zasja gdje je sumor bio;
Sve, staro i mlado, radošću se grije
I vrvi na vrata iz kolibe svoje –
Majke, sestre, ljube, s lučevima stoje,
Čekaju... Noć mračna. Negdje kurjak vije.

Već svi čuju blizu, sa putanje znane,
Rzanje i topot i oružja zveku,
I po koji metak što, s klicanjem, plane,
Te po dugom klancu jeka stiže jeku.
Tapšu djeca, viču, i s radosti vrele
Kao da bi svako poletjeti htjelo,
Jer sad, eno, vide sve konjike smjele
Gdje, mašući kapom, ulaze u selo.

Tu su! „Dobro došli!" pozdravi se hore.
Sjahuju junaci i svojima hrle;
I u plamu luča, kô u plamu zore,
Vidiš kako sestre trče, braću grle,
Uvis mlade majke svoja čeda dižu,
A očevi krepki ljube ih u čelo.
Svi mili i dragi s okršaja stižu,
I u rudom sjaju luča trepti selo.

„A gdje je moj Grgur...? Zar on došô nije?"
Jedna pogurena, stara žena poče.
„Kažite mi gdi je...? Moj sin Grgur gdi je?"
I glas muklo zvoni, kô iz grobne ploče.
Zbunjeno je tješi ratnik, momče neko,
A gotovo da mu suza s oka kane:
„Možda, ove noći, il' sjutra, čim svane,
Dojezdiće i on... Tako nam je rekô..."

Ona samo zuri u gomilu gustu,
I rođeno selo postade joj tuđe –
Ne poznaje više nikoga. I pustu
Čupajući kosu u kolibu uđe
I klonu... S ognjišta pod kotlom se žare
Plamenovi hitri iz glavanja suhi'.
Tiho. Samo, katkad, iz ikone stare
Nešto lako prsne, pa opet mir gluhi.

Putanje su prazne. Staro selo sniva,
Samo što se gdjegdje koje okno zari.
Mračno. Jedva pogled prodre preko njiva
Na mlinicu ispod jablanova stari'.
Majka jošte čuči uz ognjište sama –
Prisluškuje, čeka, nada se, a s brda
Samo vjetar hukne... I studena čama
Obara se na nju kô hridina tvrda.

I dok mora noći svrh nje ostve trže
I svjetiljke nada iz duše joj krade,
Ona začu kako Vran Grgurov rže,
Jer ga zna po glasu kô kutnje čeljade.
S raspaljenom cjepkom od suhoga smrča
U noć jurnu sjajna, kô svjetlost oltara;
I ržući, s kose Vran preda nju strča
Sâm, s krvavom ranom između rebara.

Ona vidi jasno... Sve vidje... Posrnu –
I zadnja se nada otkide iz duše...
Luč po kamu pade i sve u noć crnu,
Kô krvave zmije, iskre se prosuše.
Mrko drvlje šumi. Preko golih njiva
Polagano viju pahuljice krupne.
Tiho. Nigdje glasa. Selo davno sniva.
Samo vjetar negdje kanatima lupne.

Povratak (III)

Ko je, ko je
Ono dvoje
Malih tamo?
Vidimo im leđa samo.
Čini mi se, ona manja
Da se zove lepa Janja;
A kraj ove
Njena prija
Lepa Cvija.
S poljskog rada,
Sa livada,
Idu kući
Pevajući.

Povratak (IV)

Mrem... Sa mojih njiva eno drugi žanje...
Tamo više nema stare kuće moje –
Pod očevim krovom strana čeljad stoje,
I šljemena srpskih sve je manje, manje...

O lijepa polja! O lijepe luke!
Ne nosim vam ništa doli duše gole,
Žuljeva i rana, što peku i bole,
Nevolje i gladi i skrhane šljuke...

U tebi mi neće, moje rodno selo,
Pogladiti niko rukom mračno čelo,
Niti li će čuti moj vapaj bijedan...

Ja znam, ništa više za me nemaš tamo,
Ali jednu želju ispuni mi samo:
Pod granama tvojim o daj mi grob jedan...

Povratak iz polja

S korpicama punim mirisava cveta,
Iz polja se vraća Ljubica i Sveta.

Ljubica će korpu svojoj mami dati,
A brat njeni Sveta svome dragom tati.

Povratak iz raja

Oblače, amo! Primi me na krila
I sa mnom doli spusti se u letu;
Hoću da siđem na staru planetu,
Gdje mi je negda postojbina bila.

Pravo ti kažem, hladna svjetlost raja
S vječito istim svaki polet satre...
Željan sam zemlje i zemaljske vatre,
Željan sam ljudi i njihova kraja.

Hajdemo dakle! Ponoćnje je doba.
Oprezno! Otac spava! Tiho, tiše!
Prene li, biće vike kao kiše,
I svetom stopom zgaziće nas oba...!

Tako! Pogledaj, sve dalje i dalje
Ostaje nebo i nad nama ćuti.
Stari se mjesec kao limun žuti
I hladan pogled ozgo na nas šalje.

Mrgodno luta prostorima plavim,
Jer sudba vječno sa nebom ga sveza...
Oblače, lakše, mene hvata jeza,
Ja se sve bojim da s' ne strmoglavim!

Mnogi su sveci polomili nogu
Slazeći ljuđma i njihovoj stazi...
Ne vrdaj tako! Pobratime, pazi,
S jaukom da se ne povratim Bogu...!

Lagano! Tako! Sada mogu i ja
Mirno cigaru zapaliti koju;
Više mi miris ove biljke prija
No pjesme što ih heruvimi poju...

S pramenjem mekim plavkastoga dima
Najljepši san me pohodi i njiše,
Ovako duša spokojnije diše
I lakše teku stihovi i rima...

O plava gospo, što u gustoj svili
Kosâ nosite snježne georgine,
Sad bih vam pjevô najljepše tercine
Kad biste ovdje pokraj mene bili...!

No vi u raju ostali ste... Sveti
Ležite mirno pod božjim beharom,
Dok zlatni stražar u ruci s handžarom
Bdije i sve vas drži na pameti...

Ja znadem da vas vruće čežnje more
I krivo vam je što ko uz vas nije,
Jer vaše srce još mladošću bije
I vaše usne u drhtanju gore...

Oblače, kakvo to leprša jato?!
Čudesna svjetlost sa krila mu gori
I rasipa se kao meteori,
Kao zvijezdâ razdrobljeno zlato!

Ovo su duše nevine milošte,
Na poziv Oca što se u raj sele...
O zlatne tice, ponesite vrele
Pozdrave moje plavoj gospi...! Jošte,

Gle, neko amo kao vihor hrli.
Lucifer! Onaj s kim se sveti nose!
On divnu ženu, čije zlatne kose
Vijore, eno, snažnom rukom grli...

Krila mu plamte kao plamen vatre,
A strastan smijeh na licu mu titra;
Nebu se kesi i ruka mu hitra
Kô da bi htjela da zvijezde satre.

O ti što ropćeš protiv sunca sjajnog,
I žudno bereš, pun paklenih mašta,
Najljepše ruže iz božjih bašta,
Kako si sretan u prokletstvu Trajnog...!

Oblače, slušaj, već se vjetri gone,
Već čujem kako udaraju blizu!
Pogledaj, eno, u dugome nizu,
Planine streme, za vrh mjesec tone.

Evo nam zemlje! Kô požara plamen
Penje se sunce sve više i više,
Sav istok trepti od purpurne kiše
I ranih magla crveni se pramen.

Kakva ljepota! Gradovi i sela
U bezbroj boja trepere i rude;
Pjevaju šume, tanke svile blude,
I leptir kruži rijeke i vrela.

Slušaj! Već eno svijetla i čista
Molitva rana sa tornjeva zvoni,
I krotki narod u prah čelom roni,
Hvali i slavi sveto Slovo Hrista!

Kako ću sada, pri rođenju zore,
Posle tisuću pozdraviti ljeta
Veliki oltar gdje kandila sveta
Ljubavi oštre trepere i gore...!

O plava gospo, kako mi je žao
Što ovdje sada mi komšije nismo...!
Ja bih vam odmah napisao pismo,
I uz to buket kamelija slao...

Spočetka, znadem, vi ne biste htjeli
Nijednim znakom pokazati volje,
No kašnje, gospo, sve bi išlo bolje,
I vi biste sa mnom i pili i jeli...

O, što vas Gospod tako rano uze?!
Ali ja znadem, kô davnih vremena,
Još zemlja ima krotkih Magdalena,
Očiju sjajnih s florom tople suze...

Za molitve im s pobožnošću strogom,
I ja ću teški krst podići na se...
I mene moja ljubav će da spase
Od gnjeva božjeg... Sad, oblače, zbogom!

Pozdrav (I)

Spusti se sveta zraka, na zapad sunce klonu...
    Večernja molitva bruji tiho u svetom zvonu,
Već mrkle noći sjenka i s njome gusta magla
        Na grešni sv'jet se sagla...

Nijedne zv'jezde zračak da plavim nebom sine,
    Kivni se oblak motlja, svod neba krije vas;
U tužnom miru sve šuti, tek što iz daljine
        Zakrešti sovin glas...

Ja sam na pustom brdu. Oh, kako željno s njega
    Pogled mi leti tamo u sveti onaj kraj
Sa koga crni oblak i mrska tama bjega;
    Sokoli sivi' krili gone je u nepovrat,
        Slobode brane sjaj.

Pa zdravo da ste mi, oj smjeli sokoli sivi!
    Sa ovog tužnog kraja srpski vam šaljem glas:
Gonite složno tamu, nek vam sloboda živi,
        Nek sunce grije vas!

Pozdrav (II)

Kô željnu drugu i sa srcem brata,
O drago more, tebi širim ruke,
I u dnu grudi ćutim tople zvuke –
Zlatnijeh ptica rasapjevana jata.

Ovdje se gubi moj bol, moja tuga.
Sa tvojih vala, gdje svjetlila rone,
Slušam li kako mile strofe zvone,
U magli duše zatrepti mi duga.

I vazda kad se sa tvojih širina
Povratim domu uz pozdrav galeba,
Ja dragoj nosim srce puno neba,
Puno korala, perla i rubina –

Srebrno jato u duši se vije,
I šume jedra lađa raštrkanih,
I talas pljuska, svijetli se, bije,
I lomi hridi bola neskrhanih...

O drago more, tebi širim ruke,
Pružam ti srce obrvano tugom...
Šumi i prospi svoje tople zvuke,
I bol moj ogrni perlama i dugom...

Pozdrav Avali i Lovćenu

Svete gore, oj slobodo!
Divni zrače naših nada!
Na krilima duše moje
Pohodim vas, evo, sada.

Svaki kutak, svako stenje,
Gnjezdo tvojih tića vrli.
Svaki cv'jetak što te krasi,
Vjerno moje srce grli...

Ti Lovćene i Avalo
Dva ste stuba srpskom rodu,
Od kojijeh žudno čeka
Dan spasenja i slobodu...

Vi ste Srbu izvor živi
Sa kojim se snagom hrani,
Vi ste svjetlost što ga vjerno
Od očaja ljutog brani...

Još u vama Srbin gleda
Davnu sliku svoje moći,
I nada se, sveto nada,
Beloj zori iza noći...

Svete gore, oj slobodo!
Primte pozdrav vašeg Srba!
Nek vas vječno sunce grije,
Dušanovog svetog grba!

Pozdrav „Golubu" na Novu 1889. godinu

Evo minu deset ljeta,
Kako širiš lahkog leta
Preko srpskih strana,
Donoseći uv'jek milu
Nama pjesmu u tvom krilu –
Mehlem naših rana.

A sa pjesmom – naša snago –
Ti nam dade mnogo blago
Iskustva i moći,
I duši nam vrele nade,
Da blažimo teške jade
Usred tamne noći.

Pa hvala ti – milo ptiče!
Iz srca ti Srbin kliče,
Srbin s' kršnih st'jena,
I želi ti, da tvog leta
Preko srpskog širiš sv'jeta
Još dugo vremena!

Pa da učiš srpčad mladu
Svakoj sreći, dobrom radu,
U tom dobu tavnom –
Da im srpstvom grudi zgr'jevaš,
O prošlosti da im pjevaš
O Dušanu slavnom.

Da im skineš s' čela tminu
Da im bolji, lepši sinu
Budućnosti dani;
Pa da budu od koristi
Rodu svome – Srbi čisti,
Pošteni valjani.

Još ti jednom, milo ptiče!
S' kršnih st'jena Srbin kliče
Iz srdašca svog:
Leti, leti, širi leta,
Nek te sreća svuda sreta,
Nek te čuva Bog!

Pozni časovi

Kô kakva slika čarobna iz rama,
U tvoju baštu, gde šedrvan bije,
Ti mirno gledaš iz prozora, sama,

I naslonjena. Tiho miris vije,
Na tvoje leje mesečina pada
Topla i meka, i ruže ti mije

Srebrom... Ti ne znaš da preda mnom sada
Noć duga stoji, pusta, i u čami
S razvalinama... Iznad gluha grada,

Svud slepi miši kruže, i u tami
Buljina buče... I senke bez broja
Sokakom grnu, i svaka kuca mi

Rukom u prozor, kako prođe koja...
Ti ne znaš... Tvoju noć svetle dragulji,
Dokle iz tame sve u okna moja

Kô slepo oko pozni mesec bulji.

Pratilja vječnosti

Kad čuješ silni oluja tres
I gora lom,
Munju i grom;
Kad nebu tmine pritisnu grudi,
Razuzdan vihor pomamu budi –
Smrtniče, znaj, to je moj b'jes!
Vječnost je meni podigla hram,
Ja živim s njom,
Ne gasne nikad krvavi plam
U carstvu mom.
U vječnom toku vremena burna
Krećem se i ja spremna i žurna;
Nikakva sila, nijedna moć,
Upored sa mnom ne može doć',
Sa prvim stvorom ljudskoga roda
I ja sam došla s nebeskog svoda.
Pravedno vršim poziv svoj
Ja vjerno pratim Evin soj.

Ratar se muči po vas dan,
Krvavi znoj mu sa čela pada,
Mali mu odmor, kratak mu san;
I on se nada, presrećan nada –
I već je vr'jeme
Pupi mu sjeme,
I već se s klasom ljuljuška vlat,
Al' jedan mah
Moj ognjen dah
Sve sprži, zgori u pepô, prah,
I žetva ode u nepovrat.

Na mekom krilu, ljuljajuć' čedo,
Ljuba se nada i vojna čeka
S puta daleka...

Al' stani, stani! Eto me, eto,
Putniče moj!
Ura! Vjetrovi! Krvavi boj!
Padaj, sn'ježe –
Ledena kora nek zemlju steže!
Zatrpaj pute, uspješi mah,
I putnik pada – prestaje dah.

Pobjedom bogat, na zlatnom tronu
Vladar se smije, bogove hvali,
Što su mu svoje pomoći dali;
U talas sreće misli mu tonu,

Igra mu duša,
Vesô je, čio –
Život mu mio –
Radosno sluša
Naroda glas
U slavu njemu, u slavu i čas'.
I opet narod pozivlje svoj
U krvav boj;
Još mu je malo slave i sreće
Dalje se kreće,
Da svojih sila
Raširi krila.
Al' stani, stoj,
Podaniče moj!
I ja sam tu, i ja imam vlas'
Podignuť glas –
Ni korak dalje, ni jedan gred!
I gledaj, eno, strepi i pada
Vladar hiljada...
I leži kralj taman i bl'jed...

U času kad se veselje stvara
I stoji zveka punih pehara;
Kad pjesme lete,
Kolo se plete
I svirac budi cimbala glas;

Kad srce bije
Veselije
I grli druga drug;
Ja i tu stupam između vas
I sjednem u vaš krug.
Koraci moji nečujno grede
Kô sjenke bl'jede –
Ulazak meni svugdje je prost
Svakoga dana ja sam vam gost...

O meni samo ne zbor'te krivo
I moje srce je milostivo,
I ono ima iskrena žara
Što dobro stvara,
Nevoljnom stvoru ja bole skidam,
Poljupcem jednim rane mu vidam:
Gledajte samo
Užasa tamo,
Mračna je soba, prozora nema,
Zagušljiv vazduh otud se sprema,
Zidovi vlažni sa sviju strana,
Tu nikad svjetlost ne dođe dana,
A u toj tmini, u ciku plača.
Na golom podu, bez ogrtača
Sa bonom majkom dječica leže,
Memla ih bije i groza steže...
Gladna mu tičad, hrane im treba:
„Oh, majko, hljeba...!"
Ali ko čuje te slabe glase,
Muku, užase?
Ne čuje niko, ne čuju ljudi,
Nijedno oko suze ne budi...
Al' stan'te stan'te, tičići moji,
Utjeha vaša blizu vas stoji –
Hodite s majkom na moje grudi
Spavajte siti spokojno tudi!
Tako... I već je patnjama kraj.
Pošljednji minu uzdisaj...

Kad čuješ silni oluja tres
I gora lom,

Munju i grom;
Kad nebu tmine pritisnu grudi,
Razuzdan vihor pomamu budi:
Smrtniče, znaj, to je moj b'jes!
Vječnost je meni podigla hram,
Ja živim s njom,
Ne gasne nikad krvavi plam
U carstvu mom!
Sa prvim stvorom ljudskoga roda
I ja sam došla s nebeskog svoda;
Pravedno vršim poziv svoj
Ja vjerno pratim Evin soj.
Silna sam, gnjevna i strašna sva
Al' za to sam pravda jedina;
Ne činim nikad razlike koje
Jednako svakog sile će moje
Strt'!
Čovječe, znaš li ko sam ja?
Seja sam tvoja najbliža.
Kad si sa neba na zemlju pao
Prikladno ime sâm si mi dao.
„Smrt...!"

Prazna koliba

U kadulji gustoj prva zuji pčela,
Razmiče se tanka magla više sela.

Svud iz raštrkanih koliba dim plavi
U nebo se penje, da se jutru javi.

Samo u pristranku, na domaku hrama,
Istruhloga krova stoji kuća sama.

Iz nje nema dima da izbije stranom;
Jedno suho stablo pokrilo je granom...

I dok vrhom titra rani plamen zore,
I u polju trepti zlato žetve skore,

Ona samo tako truhne, čami, preda,
Prisluškuje, dršće, i u groblje gleda...

Praznik

U ognju jutra vrhovi se žare;
Kô u beharu gusta stabla neka,
U prazničkome ruhu narod čeka
Pred kapijama Gračanice stare.

I radovanjem bezbroj srca vreli'
Jeknuše zvona i s oltarske ploče
Svešteni otac liturgiju poče
I mirisima tamjana hram preli.

S krstom, gologlav narod u hram stupa,
I svaka duša u sjaju se kupa
I bogu leti na pojanje danas.

I zvona zvone, ljuljaju se sama,
Pjevaju dveri... Na domaku hrama
Pognute glave prolazi Arbanas...

Pred Bitoljem

Još jabuka sunca zaronila nije,
Kô da s vrha gleda ono carsko djelo,
Gdje vitezi, jači od džinova svije',
U Rijeku Crnu zagaziše smjelo.
Sa bedema riču topovi i grme;
A daleko, niz to polje vodoplavno,
Sa rijeke, zvoni pjesma kô od srme:
„Oj Moravo, moje selo ravno!"

Novembarska studen probija i reže.
Oni samo gaze i ne čuju više,
S meteriza, turskih, sve teže i teže,
Kako pljusak pada od olovne kiše.
Posrću i tonu, i visoko svrh ti'
Gomila se vija vrana jatô tavno,
A kô jedna poznata molitva još drhti:
„Oj Moravo, moje selo ravno!"

Svi upiru oči... Svima lice granu...
Gle, pred njima, kao bašta adiđara,
U večernjem sjaju zablista i planu
Stari Bitolj s gorom bijelih munara.
„Ura!", grmnu, jeknu... Za vrh sunca roni,
Po hrbatu greda rudi borje davno;
A s rijeke jošte topla pjesma zvoni:
„Oj Moravo, moje selo ravno!"

Pred ikonom Svetog Save

Na istoku zora plava
Prvim zrakom prosijava,
Iz ložnice ja ustadoh,
Pred ikonu divnu stadoh
  Svetitelja Save,
  Naše srpske slave.

Skrstih moje ruke dvije,
– Mlađano mi srce bije,
Pa iz čistog osjećaja,
S dušom mojom što se spaja,
  Molitvu sam dao,
  I nju otpjevao:

„Oj, ti srpski svetitelju!
Ispuni mi mladu želju:
Podaj Srbu snage, moći,
Izbavi ga crne noći,
  Nek mu sunce sja,
  Molim ti se ja!

Oj, ti srpski svetitelju!
Ispuni mi mladu želju:
Daj slobodu Srbu tvome,
Ukloni mu s glave grome,
  Silom tvojom daj
  Robovanju kraj...!

Oj, ti srpski svetitelju!
Ispuni mi mladu želju:
Bratstva mržnju, opačinu,
Sori, stvori u prašinu,
  Nek ih ljubav vodi,
  Nek se sloga rodi.

Oj, ti srpski svetitelju!
Ispuni mi mladu želju:
Nek se bratske duše spletu
Pa nek dižu školu svetu
  Rad poroda svog,
  Što im dade Bog.

Oj, ti srpski svetitelju!
Ispuni mi mladu želju:
Ubriši nam majci suze,
Daj joj spokoj, što joj uze,
  Onaj tužni dan,
  Tužni Vidov-dan!

Oj, ti srpski svetitelju!
Ispuni mi mladu želju:
Ukr'jepi me silom mlada,
Daj mi volje, daj mi nada,
  Srcu svježi žar,
  Pregnuće i mar!"

Pred kapidžikom

Kapidžik otvori, jer, moga mi dina,
Izvaliću direk i baglame tvrde,
Pa neka se na me svi alimi srde,
Jer za tobom, beli, umrijeh, Emina!

Il' si ljuta na me što po heftu dana
U mehani sjedim, niti drugo marim
No razbijam derte s bekrijama starim
Uz udare sitne tankih terzijana?

A ko ne bi pio...? Ko se jednom svrne
U tvoj sokak, pa ti vidi oči crne,
Taj se mahnit vraća domu i akrebi.

I kadija, valah, bekrija bi bio!
Da te jednom vidi, bukarom bi pio
I nikad se više avertio ne bi...!

Pred kolibama

Tebe što vijek svoj oblivaš znojem
I kao Titan zamahuješ krasnom,
Tebe što živiš u svom trudu časnom –
Ja slavim, evo, i hvalu ti pojem!

Ubogi druže dubrava i vrela,
Ti što te drače ubodima grde,
Pruži mi ruku da žuljeve tvrde
Ižljubim na njoj kô znak časnih djela!

Ja znam: ti samo do dna piješ čašu
I krvlju pojiš ovu grudu našu,
Hraneći srce viteštvima starim!

Ja znam: ti samo napajaš se nebom,
I svakog primaš sa solju i hljebom,
Pa tebe slavim, tebi blagodarim!

Pred modelom

Hoću li tebe svojim skromnim kistom,
O divna ženo, naslikati moći?
Kô žedna biljka što mre u samoći,
Za tobom i ja ginem žeđu istom.

Za usne tvoje meni sada treba
Krv zore rane i plamen rubina,
Za lice pjena sa morskih širina,
Za oči sunca i plavoga neba.

Al' uzalud podvig, zalud svaka boja,
Ne zna te ruka naslikati moja –
Ja dršćem, evo, pred ljepotam' tvojim...

Dršćem i gorim kô žar sred ognjišta,
I bacam kisto, jer ne vidim ništa –
Ovako blizu kad pred suncem stojim.

Pred proljeće (I)

Jošte samo malo dana –
   Prohujaće kô za čas,
Pa sa naših milih strana
   Veselja će brujit' glas.

Doće milo pramaljeće,
   žuboriće hladan vir,
Ono rosno meko cv'jeće
   Pružiti nam rajski mir.

Kroza dole i lugove
   Horiće se slavlja poj;
Navjestiće dane nove
   Vrjedni' čela skladni roj.

Zarudiće sv'jetla zora...
   Da joj čujem sveti gred –
Zime ljute, tog zlotvora,
   Rastopiće tvrdi led.

Kroza mutne oblačine
   Zasinuće sunčev sjaj,
Mile naše domovine
   Ozariće svaki kraj.

Oj doleti, pramaljeće,
   Iz sna dugog širi let!
Ti si puno milja, sreće,
   Daj nam, daj nam dragi cv'jet!

Oj doleti, pramaljeće,
   Čekamo te željno svi,
Tä bez tebe nema sreće
   Našoj bujnoj mladosti.

Tek u tebi, u milini,
   Blagovanja znamo sv'jet,
Oj proljeće, sini, sini,
   Daj nam onaj divni cv'jet...

Pred proljeće (II)

Kô duša kad se vrati utjeha, pokoj i nada,
Vedri se nebo milo. Radosni sunca gled
Razgoni zimske studi, na snježne gore pada
      I tvrdi topi led.

Već nam po koji glasak slavujak šalje mali,
I njime nježno budi svoj mili, znani gaj,
A s bujnog cvjetnog jutra prel'jeću skladni ždrali
      U dalek tamo kraj

Na vale Dunava plavog. Sa mladom dušom vrelom
Ljubim vas, vjesnici sveti oj doba radosnog!
Na lakom vašem krilu pones'te Srpstvu c'jelom
      Pozdrave srca mog!

Pred raspećem

Hoću da živim životom Čovjeka:
Hoću da ljubim, da trpim i stradam,
U svojoj Vjeri da se Dobru nadam
Štono će doći kô sveta rijeka

Da Grijeh spere! Moju kletvu niko
Dočuti neće, bace li se na me;
Na ljudsku pakost ja sam davno svikô,
I znam da sunce ne boji se tame...

Proročkim glasom budiću iz groba:
Istinu mrtvu i Slobodu roba
Što sputan sunca zavičajna žudi.

I krvlju svojom preliću sve pute
Idući tebi, i vjerujuć' u Te,
Uskrsli brate potištenih ljudi!

Pred zoru

Mrkla se ponoć gubi i tavna sjenka njena;
Suri se orô budi sred mrkih, golih st'jena
   I željno očekuje zoru i sunčev zrak.
Umukla mrska sova, sve ređi glas joj biva;
Daleko, daleko bježi, od svjetlosti se skriva,
   Od lika svete zore što kopljem lomi mrak.

Vedrije nebo biva. I gle, istok već rudi,
U cvijetnom mirnom gaju sjetni se slavuj budi,
   Istoku pozdrav šalje, sa pjesmom ljulja kraj
I zove zoru dragu da rodi danak b'jeli,
Da iz sna budi, diže oni divni i vreli,
   Okr'jepljen božjom silom, slobodni sunčev sjaj.

Oj, svani, svani, zoro...! Razagnaj tminu kletu!
Oh, daj nam, daj nam danak, svjetlosti iskru svetu,
   Tä dugo nas je trala ta kivna, teška noć...
Bolne su naše grudi... Daj nam svjetlosti nove!
Ostvari one slatke paćene duše snove.
   Oj, svani, svani, zoro, probudi silu i moć...!

Pređi Bosnu...

Pređi Bosnu i prebrodi Drinu,
Nećeš naći ravna mom dorinu!
U dorata griva je do tala –
Ne boji se uroka ni zala;
Na čelu mu ben bijel kô srma –
Ne plaši se zasjede, ni grma,
Niti vuka, niti li hajduka,
Niti puške, niti vike muške.
Pređi Bosnu i prebrodi Drinu,
Nećeš naći ravna mom dorinu!
Da mi dadu Čengijićâ slavnih
Svo Zagorje i pet sela ravnih
I još blago nebroj'no i mnogo,
Ja ga ne bih pregorjeti mogô,
Jer otkako dobrog jašem doru,
Svaki hair u mome je dvoru.
Sam ga vađam i s njime jaranim,
Sve ga travom đeteljinom hranim,
A đuls lijem pa mu grivu mijem,
Biser biram, sitne nižem grane
Na obođe dori na sve strane;
Jer sam, junak, isprosio blago –
Kakvo blago što je srcu drago!
Pa će skoro putovati doro
Mjestu ravnom Nevesinju slavnom,
Pred kapijom Ljubovića dvora
Da zarže, da dâ haber dóra:
Evo svâtâ, evo barjaktára,
Dajte ljubu moga gospodara!

Pretpraznočko veče

Sjutra je praznik. Svoju svjetlost meku
Kandilo baca i sobu mi zâri.
Sâm sam. Iz kuta bije sahat stari,
i gluhi časi neosjetno teku.

Napolju studen. Peć pucka i grije.
Ja ležim. Ruke pod glavom, pa ćutim,
I slušam kako granjem zamrznutim
U moja okna goli orah bije.

Tako na vrata sumornog mi srca
Sjećanje jedno udara i čeka
Kô drug i sabrat, kao duša neka
Što sa mnom plače i u bolu grca.

Negda u take noći, kada otka
Pomrlom granju zima pokrov ledan,
Ova je soba bila kô vrt jedan,
Gdje je kô potok tekla sreća krotka:

Kao i sada, pred ikonom sjaji
Kandila svjetlost. Iz ikonostasa
Suh bršljan viri. Lako se talasa
Izmirne pramen i blagoslov taji.

Sva okađena miriše nam soba.
Okolo žute lojane sviječe,
Mi, djeca, sjeli, kô kakvo vijeće,
Radosni što je već grudanju doba.

Pod tankim velom plavkastoga dima
U peći vatra plamti punim žarom,
I sjajne pruge po ćilimu starom
Veselo baca i treperi njima.

Uvrh, na meku šiljtu, otac sio,
Pružio čibuk, i dim se koluta;
Njegova misô nadaleko luta,
I pogled bludi sanjiv, blag i mio.

Uza nj, tek malko na šiljtetu niže,
Kô simvol sreće, naša majka bdije;
Za skori Božić košulje nam šije,
I katkad na nas blage oči diže.

U to bi halka zakucala. – „Petar!"
– Usklikne otac – „On je zacijelo!
On vazda voli govor i sijelo –
Otvorite mu...!" I mi svi, kô vjetar,

Trči i vrata prijevor izvuci.
I stari susjed, visok kao brijeg,
Tresući s ruha napanuli snijeg,
Javio bi se s fenjerom u ruci.

Svaki mu od nas u zagrljaj hita,
Majka ga krotko susreta i gleda,
A on se javlja, pa do oca sjeda,
I brišuć' čelo za zdravlje ga pita.

Sva novom srećom ograne nam soba!
Na svakom licu sveto, sjajno nešto.
Sučući brke, stari susjed vješto
Počô bi priču iz dalekog doba.

I dokle prozor hladna drma čiča,
Mi svaku riječ gutamo nijemi;
Srca nam dršću u radosnoj tremi
Sve dogod ne bi dovršio čiča.

Zatim bi otac, kô vedar sjaj dana,
Uzeo gusle u žilave ruke,
I glasno počô, uz ganjive zvuke,
Lijepu pjesmu Strahinjića Bana...

Meni je bilo kô da pjesme ove
Svaki stih posta pun behar u rosi,
Pa trepti, sjaje, i meni po kosi
Prosipa meke pahuljice nove.

O mili časi, kako ste daleko!
Vi, draga lica, iščezla ste davno!
Pusta je soba... moje srce tavno,
I bez vas više ja sreće ne steko'.

Kandilo i sad pred ikonom tinja,
I sad je pozno predbožićnje doba;
Al' gluha jama sad je moja soba,
A ja list sveo pod bjelinom inja...

Uzalud čekam... U nijemoj sjeni
Nikoga nema... Sâm, kô kamen, ćutim.
Samo što orah granjem zamrznutim
U okna bije i javlja se meni...

No dok mi mutni boli srce kose,
Kô studen travku uvrh krša gola –
Iz mojih knjiga, sa prašljiva stola,
Ja čujem šušanj kô viline kose.

Gle! Sad se redom rasklapaju same
Sve knjige stare, snovi čežnje duge –
Miču se, trepte jedna pokraj druge,
I njihov šumor kô da pada na me.

Sanjam li? Il' bi ova java bila?
Iz rastvorenih listova i strana
Prhnuše lake tice, kô sa grana,
I po sobi mi svud raziše krila.

Sve se svijetle...! Sve u bljesku stoje...!
Jedna okolo kandila se vije,
A neka bolno, kô da suze lije,
Pred slikom dršće mrtve majke moje.

Neke bijele kao ljiljan prvi,
Samo im zlatno meko perje grudi;
Neke sve plave, tek im grlo rudi,
Kao da kanu kap zorine krvi.

Neke mi pale tu na srce svelo,
Pa kril'ma trepte i šušte kô svila;
A jedna lako, vrhom svoga krila,
S cvrkutom toplim dodirnu mi čelo,

Kô da bi htjela zbrisati sjen tuge...
I slušaj! Redom zapjevaše one...!
I glasi dršću, tresu se, i zvone,
Mili i sjajni kô luk mlade duge:

„Ne tuži! S bolom kuda ćeš i gdje bi?!
Mi pjesme tvoje, i drugova sviju
Što svoje duše na zvjezdama griju –
Sveta smo živa porodica tebi!

Mi kao rosa na samotne biljke
Padamo tiho na sva srca bona,
I u noć hladnu mnogih miliona
Snosimo tople božije svjetiljke.

Mi združujemo duše ljudi svije'!
Mrtve sa živim vežu naše niti:
I s nama vazda uza te će biti
I oni koje davno trava krije!

Prigrli ova jata blagodatna!
I kada jednom dođe smrti doba,
Naša će suza na kam tvoga groba
Kanuti toplo kô kap sunca zlatna!"

I akord zvoni... Sve u sjaju jačem
Kandilo trepti i sobu mi zâri...
Iz kuta muklo bije sahat stari.
Ja sklapam oči i od sreće plačem...

Prezren

Još kao d'jete neiskusno
Nauči me majka draga
Prezirati djelo gnusno,
Otrov – sjeme crnog vraga.

Nauči me na pregnuća –
Smjele duše u poletu,
Odvrati me od bespuća,
Pokaza mi stazu svetu.

Nauči me krepit grudi
Sa nebeskom čistom nadom –
Prezirati odmet ljudi
Što se tuđim tove radom.

Nauči me pred silnikom
Uzgorenim stajať čelom,
Niť se klanjať igda ikom –
V'jeka živiť časnim djelom.

Nauči me boga hvaliť
Što dobrotu d'jeli samu,
Nauči me tamjan paliť
U istine svetom hramu.

I kad jednog tihog sanka,
U gorskome svetom miru,
B'jela moma milovanka
Dariva mi zvučnu liru;

Kad mi grudi zatalasa
Nake tajne moći sila,
Kad u dušu smjela glasa
Probudi se pjesma mila;

Kad istine riječ stiže
Među slaba ta stvorenja –
Na mene se kletva diže
Sa oblakom od kamenja.

Prezreše me slabi stvori,
Ne smjedoh se javit više,
Al' prezrenje me ne mori,
Blaženstvom mi duša diše...

U samoći i u miru
Spokojno mi vr'jeme leti,
Na grudima grlim liru,
Slavim majke savjet sveti.

A heruvim, duša čista,
Nad glavom mi gori leće:
„Nek se diže kletav' trista.
Istina ti propast neće!"

Pri čaši

Slava onim što su pali
Za slobodu rodne grude,
Kô zvezdama na visini
Da im večan život bude!
Mi ćemo ih u molitvi
Spominjati u sve dane,
I paliti tamjan njima –
Daj još jedan čokanj, Mane!

Iz njihove smrti svetle
U vekovne naše noći
Rasuše se luči zlatni
Naše zore, naše moći;
I u blesku dijadema
Propojaše srpske strane,
Snova sinu krstaš carev –
Daj još jedan čokanj, Mane!

Ovu sreću, ove dare
Hranićemo na vek veka
Nek još lepšim tokom teče
Naše slave bujna reka!
I nek jošte lepšim cvetom
Okite se naše grane
Svrh jezera i svrh mora –
Daj još jedan čokanj, Mane!

I u danu i u noći
Letićemo srca smela
Uz klisure i bregove
Na velika carska cela!
Kao Miloš, kao Marko,
Kao silni Strahinj-bane,
I ko devet Jugovića –
Daj još jedan čokanj, Mane!

Priča

Gdje se vito borje sa jasikom ljubi
I gdje vjetar struji sa visokih grana,
Gdje se bistri potok iz prisjenka gubi
Na svjetlilo zlatno proljetnijeh dana;
Tamo gdje 'no ljiljan kraj spomenka sniva,
Gdje se plahi jelen i košuta skriva –
Živilo je momče iz neznanih strana.

Strasno kao oganj, što veselo grije,
I njegove oči gorile su tako;
Nikad ljepše lice pogladilo nije
Povjetarca gorskog uzdisanje lako.
On bijaše vedar kô jezero ti'o,
Gdje se nikad nije mutni oblak svio,
Niti u dno grudi zavirio pakô.

Nebo, dan i sunce ljubavlju je zvao,
I potoke bistre i pjesmu iz luga,
A srebrni mjesec kad bi blistat' stao,
Frula mu je bila i milost i druga;
Za suze i kletvu nije srca davô,
Nit' je slatki otrov sa bolom poznavô
I nemirne snove što ih rađa tuga.

Ali jednog dana, u proljeće jasno,
Kad sunašce budi ljubičice blage,
Na grudi mu pade jedno čedo krasno
I poljupcem tače usnice mu drage;
A mlađano momče, kad joj oči zglenu,
U neznanoj čežnji zadrhta i prenu
Kao slabi listak vrh grančice nage...

On zna nebo plavo, zna sunašce jarko
Niz plavetna brda kad silazi ti'o,

Zna i jutro vedro i proljeće žarko,
Ali njezin pogled miliji mu bio.
On je mnoge snove u samoći snivô,
Al' ni jedan nije tako zlatan bivô
Kao što je sada njezin osmjeh mio.

I dani su tekli. Kô što vjetrić bludi
Pa miluje cv'jeće i s njim šapće ti'o,
Bludio je i on daleko od ljudi
I u guste sjenke s draganom se krio;
Od jutarnjeg sjaja pa dok nojca sađe
I dok zlatni mjesec za vrhove zađe,
Od plavog spomenka s njom je v'jence vio.

U razdanku jednom kad lutahu sami,
Rog lovački jeknu i žubor zavlada,
I košuta plaha u jutarnjoj tami
Pred hrtima brzim hitaše bez nada,
A mila, kô zora, kao istok plavi,
Knjeginjica sv'jetla sa pratnjom se javi –
Pa kad viđe momka, zadrhtala mlada.

Tȁ pred nju je mnogo vitezova kleklo,
Nju su mnoga usta sjajnom zv'jezdom zvala,
Mnogo joj je srce žarku ljubav reklo,
Ali svoga srca nikom nije dala.
No gle, sad pod sjenkom ove gore divlje
Radosno joj srce zakucalo življe
I pred divnim momkom zacipljeno stala.

„Oj neznanče mladi, ti ljepši od svije',
Primi ružu ovu i dvoru me prati:
Pod kopčama zlatnim za te srce bije –
Srce ću ti dragi iz njedara dati;
Prestolom i krunom i silama svijem,
I žarkijem suncem na kome se grijem,
Tebe, samo tebe, ja ću, dragi, zvati!"

„Hajde!" I on pođe – o, nevjera kivna,
A ostade moma prezrena i sama.
Za suzom je tekla ona suza divna
I pod lednom santom srce joj se slama;
Ali zaman suze, više sreće nema,
Samo prazni odjek njenom bolu sprema
Dolina i gora, noć i mrtva tama.

Tri puta je ljiljan venuo i cvao,
A njoj gora bješe i sastanak i druga;
Njezin sjetni glasak dragana je zvao
Kô što slavuj zove zvjezdice iz luga;
Ali slatka nada uzaman je bila,
Ona je i dalje jadne suze lila,
A smrvljeno srce morila je tuga.

I jednoga dana, kada istok plavi
Sa rumenim ognjem noćni veo zgori,
Bog čežnje i bola njoj se tiho javi,
Pa u zvučnu harfu jadnu momu stvori.
One zlatne žice – to su kose njene,
A zvuk što se s bolom s tankih žica krene,
To je sjetna duša što nam ljubav zbori.

I sada kad ponoć s mirnim sankom pane
I kad vjetar duhne u gorama jače,
Kad daleki mjesec svrh timora grane,
Pa se plave r'jeke u srebro oblače –
Tužno, kô da negdje anđô suze roni,
Kroz duboke sjenke njezin uzdah zvoni
I s bolom se gubi i kroz nojcu plače.

Prijatelju (I)

Dušanu Biliću

Po starome kovu i adetu starom
Sa prirodom iste upravljaju vlasti,
Sunce i sad grije onim istim žarom,
Pod kojim je Adam planuo u strasti.

U božjem radu pogreške ne stoji –
Izuzevši one što se ljud'ma broje –
I stoga se Gospod kritike ne boji
Od publike svoje.

U jednakom pravcu, kao što je vazda,
Tok vremena juri i noću i danju,
I Spasitelj blagi, koji Bitnost sazda,
Ne izdaje djelo u novom izdanju.

No u našem sv'jetu drukčije se leže,
M'jenjaju se stvari i njihove ćudi,
Svi duhovi danas savršenstvu teže,
Te bivaju mudri i koji su ludi.

Dvadeseti vijek – poštovanu damu –
Sve vrline krase, potrebne i dužne:
Majka može kćerku ostaviti samu
A da pošljedice ne iskrsnu ružne.

Moral je na visu, na najvišem visu,
(Samo što Nevinost sa fenjerom traže...)
Danas, bogme, cure kao prije nisu –
Držanje se njino sa vremenom slaže.

Gospođice slatke odista su mnogo
Odmakle od prvih prethodnica svoji',
Na spoljašnjost svoju one paze strogo,
Te po pravilima sve na njima stoji.

Smjerno nose glavu i prohode kruto,
Zastide se zdravo i obore oči.
A da ne bi kogod posumnjao u to.
Na licu im boja istinu svjedoči.

U ljubav im niko ne smije da sumnja,
Puno im je od nje i srce i grudi,
Pametne su, mudre i bistroga umlja,
Što u meni čisto ushićenje budi.

Pričaću ti, druže, kad ljubav navedo':
U ljubavni požar padao sam i ja,
Ljubio sam jedno milokrvno čedo,
Što joj crno oko tako blago sija.

Da, u oku njenom gledao sam nebo,
Ona mi je bila od života veće,
Slavio sam Sudbu, više nisam trebô,
Niti blagoslova, niti ljudske sreće.

U večeri tamne, kad slipimiš prhne,
Kad tolika srca u čeznuću gore,
Ja sam milovao njene kose crne
I šaptao s njome sve do same zore.

I dani su tekli, i ljubav je rasla
– Ja sam čisto zebô od velike plime –
I od svake sumnje duša mi se spasla,
Te ja bijah blažen i preblažen time.

I večeri jedne, u jesen je bilo,
Krenuo sam dragoj, pun ljubavne sile,
Po zemlji se bješe dosta magle svilo
I u magli bješe kuća moje mile.

Snivajući sreću o budućem braku,
Već sam stigô blizu i željno sam čekô,
No kao da sablja zazveča u mraku,
I do mene stiže šaputanje neko...

Prijatelju dragi, evo šta se zbilo:
Na vratima – ona stajala je s njime,
I njezino t'jelo punano i milo,
Drhtalo je čisto od ljubavne plime.

Šaptali su nešto, Bog bi znao šta su!
(Ja sam malo nagluv, pa ne čujem svašto),
A on svojom rukom držô je po pasu
I s poljupcem slatkim s njome se opraštô.

O, divna je bila, kô kruna od zlata!
A i on je bio momak vrlo zoran,
I ja – šta bih drugo? – prođem ispred vrata
I učtivo rečem: „Sluga sam pokoran!"

To je tako prošlo. Pošlje dva-tri dana
Evo ti mi pisma od ljubavi moje,
Hartija je bila suzam' pokapana,
A na njojzi slova još suznija stoje.

Za nj, u pismu veli, u tužnome tonu:
Da joj je prijatelj roditelja, i to
Da je – on slučajno, baš u veče onu,
Svratio se malo i za mamu pitô.

Pismo je veliko i u njemu hrpa!
Veli, da je vazda meni srce kreće,
I tužna je, veli, blijeda kô krpa,
Te ako ne dođem, da živite neće.

No, to nije bilo, milom Bogu hvala!
Ona se i sada među žive broji,
Dobra je i blaga, i krvi bi dala,
Te ljubaznost njena na cijeni stoji...

Ja sam ostô miran, jer događaj ovi
U modernom pravcu razvio se smjerno,
To je zahtjev doba i vremena novi',
Kojijeh se treba pridržavat' vjerno.

Prosvjeta je, bogme, učinila mnogo,
Poštenje je meti i vrhuncu stiglo;
Sad lupeža nema jer se kazne strogo,
Te se za to više prostorija diglo.

I sad samo sretam sve poštene glave,
Jer su svi pod ključem koji miru škode,
– A ako i tebe za lopova jave,
Ramenima slegni, pa hajd' kud te vode!

Istinu ti kažem: sve je u svom redu,
Pa i mi se Srbi primičemo meti,
Ja sam vrlo miran u tome pogledu:
U napred (ne celji) omladina leti.

Istina je živa, mi naraštaj mladi
Obraćamo na se uveliko pažnju,
Tu se bratstvo brati i o slozi radi,
Te pečemo sreću svi na jednom ražnju.

Vladamo se krasno, sve po higijeni,
Te biramo jela što se lako vare,
I solidnost naša baš je na cijeni,
Da možemo njome postiditi stare.

Ja u dugo odoh! No oprosti, brale,
Ushićen sam duhom i vremenom novim,
Svi današnji vijek poštuju i hvale,
Pa se i ja, evo, odužujem ovim!

Prijatelju (II)

Prijatelju! Znadem da su ovi puti
Na našoj planeti trnje što nas bode,
Da je malo staza što u bašti vode
Gde bokori šume suncem ogrnuti.

No nijedna tvoja noć još nije bila
Bez zvezda, jer njih je samo oblak skrio,
Za oblakom trepti njihov blesak mio...
Poleti, i njima uzneće te krila!

Da, život je memla robijaške kuće,
I njegovo trnje sve te para ljuće,
I cvetova nema da se tebi jave...

No ti imaš ruke! Snagom ruka goli'
Ostruge razgrni i krvlju ih poli,
I naći ćeš tvoje ljubičice plave...

Pritaji suze...!

posvećeno drugu P(eri) M(isiti)

Pritaji suze! Neka duša plače,
Al' tvoje oko neka sv'jetlo biva;
Zar ljudi znaju šta te suze znače
I onu ljubav što s' u njima skriva?

Onamo hajde – u svetinju mira,
Gdje čisti potok kroz dolinu stiže,
Gdje nježno cv'jeće laki lahor dira
I svet mu miris na krioca diže.

Tu neka suze padaju na cv'jeće
Što mirno cvjeta u sanjivoj doli,
Niko ih tamo razumjeti neće –
Suze su rosa koju cv'jetak voli.

Tu plači, plači i izvidaj grudi.
Al' kad se nađeš međ' ljud'ma, u krugu,
Ponosna čela, sv'ijetla oka budi,
Kao da nikad nisi znao tugu!

Prizrene stari...

Prizrene stari, kapije rastvori,
Po pragovima, sagove razgrni,
Skerletom teškim doksate ogrni –
Tvoje se Carstvo vraća! Gle, u zori,

Velikoj zori, Bog nad tobom bdije!
Prizrene! S pesmom srpskoga ustaša,
Žezlo to nose dva orla krstaša,
Mila dva brata, zlatne krune dvije...!

Zaljuljaj zvona neka Vaskrs jave!
S Lovćena tvrdog i Avale plave:
Sjutra, uz trube, pod stjegom u zori,

Vitezi silni, gromovi u boju,
Jezdiće gordo uz kaldrmu tvoju –
Prizrene stari, kapije rastvori!

Prizrenska noć

Po sobama više čiraci ne gore –
Svrh krovova pločnih šušti ponoć plava;
U sedefu čistom mjesečeve zore
S doksatima niskim stari Prizren spava.

Samo šći popova, Dinka, jošte, bdije
I jednako gleda iz demira svoji'
Na Bistricu hladnu, gdje konjica poji
Odocnjeli vojnik... Sve joj srce bije –

I kada bi samo mladi vitez htio,
Najljepši bi noćas njegov plijen bio:
S njim bi odmah Dinka tamo, preko gore.

Jao, kako drhti – kô lišće na grani!
Tresu joj se njedra, kuckaju đerdani
I trepte u sjaju mjesečeve zore.

Probudi li suze tvoje...

Probudi li suze tvoje
Tajni uzdah noći mrtve?
Poznaješ li da iz groba
Plače glasak tvoje žrtve?
Poznaješ li sjenku onu
Što kroz notnju tamu hrli,
Pa pred tvoje dvore slazi
Pa pragove tvoje grli?

Saznaje li oko tvoje
Njenu tugu što je mori?
Da li vidiš tamna sjenka
Kako dršće, kako gori?
Da li vidiš u tom plamu,
Što je vječnom žudnjom zgara,
Da se prizrak lica tvoga
Sa osmjehom nježnim stvara?

Ne, zaborav sve je skrio
Iz ledenih tvojih grudi,
Ti ne znadeš jadno srce
Da za tobom i sad žudi.
Ti ne znadeš da iz groba
Još se diže ljubav mrtva,
I da tebe i sad ljubi
Moje srce – tvoja žrtva...

Probudiću oganj...

Probudiću oganj od plamene strasti,
Poletiću ludo – da obvijem rukom
Tvoje vito t'jelo i da pijem slasti
Sa usana tvojih... Prećutaću mukom
Sve što sobom krije veo prošlih dana...
Ugušiću bole i sjećat' se neću
Lažne vjere tvoje – izvor mojih rana,
Što mi oko mute, što mi suze kreću.
Iz pepela mrtvog podignuću hrame
Uzdanja i sreće, pokoja i mira;

Povratiću snove iz grobovske tame –
Na prsima mojim zazvoniće lira
Da proljeće slavi uskrsnulih nada.
Da, sa usta mojih preletiti neće
Ni prekor, ni ruga, niti kletva jada
Za obmanu tvoju... Pun ushitne sreće,
Poletiću tebi, čist, bez sumnje crne,
Kô val što poleti kraju hridi one,
Pa je strasno ljubi, na njedra joj srne,
Dok razdrobljen o nju u bolima klone...

Prolaze dani...

Prolaze dani... Kô selice neke
Gube se oni u dugome nizu.
I jednom i ja počivaću blizu
Povijenih vrba, čempresa i smreka...

No moja duša naselju zvijezda
Prhnuti neće da odmara krila:
Ostaće ovdje gdje je sa mnom bila.
Tu, iznad grana i toplih gnijezda,

Rodne rijeke, dubrava i vrela,
Krševa, polja i ubogih sela,
Gdje raštrkane kolibe stoje –

S ticama one lepršaće lako,
I moliti se, i čekati tako
Na zlatno jutro Otadžbine moje...

Proletnja bura

Smrklo se. Kô vojske široke sa strana,
S hukom i besom silne bure stižu,
Sukobe se, krše, lome se i dižu,
I urlaju lišće kidajući s grana.

Ja strukom zavijen uvrh sela stojim;
Preda mnom se šiblje ogoljelo svija,
Kao da se snoplje posadilo zmija
Pa sikćući maše repovima svojim.

Evo pljuska. Sevnu. I porfira strele
Pokri i obasja vrh samotne jele,
I grom tuče. Jekom otpozdravljaju ga

Provale i ždrela, borovi i smrči.
Razbarušen neko bos niz polje trči.
I nad gorskim rtom eno izbi duga.

Proletnja noć

Sve neko kucka ti'o
Na okno srca mog,
Kô citra drhti glas mio
Pun zlata zorinog.

Slavuj! Šta tražiš druže?
Meseca sedefni sjaj?
Proleća zvezde i ruže?
Srebrni potok i gaj?

O, beži, beži, moj znanče,
Jer ovde zime je kut –
Sve moje cvetne naranče
Vihor je pokidô ljut.

Sve je tu pusto, i sve je
Vrtove pokrio led –
Svrh šedrvana sneg veje,
Iదršće jorgovan bled.

Prolog

Ukrijepi me, Muzo, i ozari
Plamenom zlatnim tvoje duše mile,
Nek srca moga propoju oltari
Pjesmama slavne pobjede i sile.

Hodi neka me tvoja nose krila
Po ognjištima što ih tiran uze
Kadno je majka tvrda srca bila
Pa od svog srca ne pustila suze...

Iskupili smo kolijevke svete
Pjesama, vila, naše slatke bajke –
Orlovi cara sada snova lete
Po zavičaju Jevrosime majke

Pjevaj i krotko bogu blagodari!
Gdje juče bjehu tamnice i noći,
Jutros blistaju visoki oltari
Naše svijetle slobode i moći.

Hodi i s njima proslavljajmo doba
Radosti, sreće, praznika i zore.
Nek nam srca prislužena oba,
U njihovijem kandilima gore...

Proljeće (I)

Gle krasote, gle ljepote
  Što se sada stvori!
Gle kako se ljupka, mila
  Tica pjesma hori.

Pupoljci nam sa svih strana
  Svoje glave dižu,
A mirisi raznog cv'jeća
  U grudi nam stižu.

Ljubičica krasna, mila,
  Širi liste svoje,
A slavujak kod nje stao,
  Umiljato poje.

Čelica nam laka, hitra,
  Oko cv'jeća l'jeće,
Proljeće je milo došlo,
  Mirovati neće.

Zabrujô je već i potok
  Studeni i 'ladni,
Vesel'te se sada i vi,
  Siromasi jadni.

Radostan je sada pastir,
  Pa uz frulu svira,
Oko njega milo stado,
  Pa travicu bira.

Ratari se sa svih strana
  Žure svojim ralom,
– Sada ima i leptira,
  Blago Niki malom!

Doletjela hitra lasta,
   Kroz zrak se vijuga,
Ponosito stao slavuj,
   Gleda je iz luga.

Hvala tebi, mili Bože,
   Na ovakom daru!
Još Srbinu uz proljeće
   Pošalj' slavu staru...!

Proljeće (II)

„Oh, vrati mi, vrati mirisno, ljupko cv'jeće;
Nek opet gorom, dolom zabruji pjesma sreće;
I listom nek se kiti skrhana pusta grana.
Tä dosta bješe muke, tavnih i mračnih dana,
Pod leda teretom silnim lome se moje grudi –
Proljeće ljupko vrati! O čuj me – milosno budi...!"

Očaja uzdah gorki iz duše zemlje puste
Nosaše ove glase kroz tmine magle guste
Pod krilo vječnog neba. I sinu sunce sjajno,
I niče kovilje gusto, zamire cv'jeće bajno,
Zemlju je čuo Bog! Zlaćano svoje krilo
Dolinom, gorom, lugom proljeće širi milo.

Svuda je život novi. Ala se nebo plavi!
Proljeća blage dane s osm'jehom ljupkim slavi.
Oh, da l' će tako uzdah iz srpskih bolnih grudi
Dočuti jednom nebo? I mjesto leda i studi
Darovat' Srbu svome proljeća danak b'jeli,
Oh, što ga tako želi...?

Proljeće (III)

Ogrijana suncem tičica se snaži;
Iz dubokih gora, ispod sjenka tavni';
Kô razuzdan konjic, u široke ravni
Hučni potok juri. Vjetrić cv'jetak traži,
Pa čašicu slatku dotakne i dirne
I, napojen srećom, gubi se i tone,
Dok s mirisnim šumom u daljini klone,
Kao uzdah harfe usred noći mirne.

List do lista strepi. Gle, na svaku granu
Kao da je pao po anđelak jedan,
Pa treperi krilom i svoj glasak čedan
Podiže u slavu veselome danu.
Sve kliče i zvoni; kô nevjesta mlada
Podmlađeno polje u raskoši sije,
Ljubičasto nebo s blagoslovom bdije,
I trudni se ratar slatkom plodu nada.

Al' ja što sam tako sumoran i nijem?
Zar proljeće toplo za me nema draži?
Šta mi srce želi, šta mi duša traži
Sa tom bolnom suzom što je sada lijem?
Ne znam... Pokraj mene sura avet stoji,
Pa nemilom rukom pokrov crne tame
Sa kikotom zlobnim razavija na me,
I nogama gazi pepô nada moji'...

Proljeće (IV)

Pod ljupkim žarkim zrakom propali tvrdi mrazi,
Iz sna se prenu gora, poljane, tihi lug,
Na lahkom zlatnom krilu proljeće milo slazi
Na zemljin krug.

I sve mu njedra širi, i sve ga željno prima,
A mili gost i dragi svakome pruža dar:
S vrhova tavnih gora magleni veo snima,
Potoku žubor daje a ruži njezin čar.

Pod v'jencem ljubičica s osm'jehom ljupke sreće
Nad budnim dolinama blaženi širi let,
I nestašnim zefirom zelenu travu kreće
I rosom kruni cv'jet.

Oh, sve je tako bajno kô misô duše mlade!
Širom nebeskog svoda lahka se ševa vije,
Tä sve je puno milja! U cv'jetne hajd'mo strane!

Slavujak pjesmom, cv'jeće mirisom zove nas;
Berimo kitno cv'jeće, slavimo blage dane –
Neka se hori glas!

Pod ljupkim žarkim zrakom propali tvrdi mrazi,
Iz sna se prenu gora, poljane, tihi lug,
Veselo, braćo mila! Proljeće evo slazi
Na zemljin krug.

Proljeće (V)

Nemoj, draga, noćas da te san obrva
I da sklopiš oči na dušeku mekom!
Kada mjesec sine nad našom rijekom
I na zemlju pane tiha rosa prva,

Proljeće će doći, i kô srebro svuda
Prosuće se miris plavih jorgovana;
I pahulje snježne padaće sa grana
U naš bistri potok što baštom krivuda.

Uzviće se Ljeljo nad našim Mostarom,
I svaki će prozor zasuti beharom,
Da probudi srca što ljube i gore.

Zato nemoj, draga, da te san obrva,
Dođi, i u bašti budi ruža prva
I na mome srcu miriši do zore!

Proljećnja noć

U ovom času, kad plavim svemirom
Ljupko i milo zvjezdice se zlate,
Kad anđô snova pozdravlja me s lirom –
U slatkoj tuzi ja se sjećam na te.

U ovom času, kad priroda sanja,
Meke sam tvoje milovao vlasi,
U ovoj noći – sa šumorom granja
Ljubavi naše tekli su uzdasi.

Na bujnom plamu mlađanih mi grudi
Počivala je tvoja glava mila,
A moja duša, što sad mrakom bludi,
Beskrajno milje svetih snova pila.

Ja nisam gledô nebo noći bajne,
Ni zlatna jata na njegovom visu,
Nebo mi bjehu tvoje oči sjajne
Gdje nikad zv'jezde umirale nisu...

Ti si mi bila sve što nebo krasi:
Sunašce sv'jetlo i zvjezdice drage,
Raj, u kom se čuju heruvimski glasi,
I slatki izvor duhovne mi snage.

Al' sve je prošlo kao sanak mio...
U ovom času, kad se glas ne hori,
Ja samac lutam, a duša mi ti'o
Kroz ljubav – suze tvoje ime zbori...

Proljetna zora

Tihi vjetrić grane kreće,
Po livadi rosa pala,
Sa istoka mila zora
Zrakom nas je obasjala.

Sva priroda pozdravlja je,
Raduje se njenom baju,
A hvalu joj male tice
Sa umilnom pjesmom daju.

Šarni leptir popaja se
Sa ljubice sjajne rose,
A čelice hitre, lake
U košnicu meda nose.

Carić mali na grančici
Od veselja sve skakuće,
Jer krilca mu ona mala
Obasjat' će sunca luče.

Podigle se mile laste,
Pa u čistom zraku l'jeću,
Katkad opet spuštaju se,
U potočić kril'ma kreću.

B'jeli janjci po poljani
Igraju se, travu pasu,
A uz frulu pastir svira,
Veseli se zore krasu.

Oh, zorice divna ljetna,
Ko te takvu nama stvara?!
Niko drugi, nego onaj
Što nam šalje svakog dara!

Proljetne tercine

Nabreklo drvlje mladošću i silom,
U svakom stablu ja čujem gdje bije
Po jedno srce dubokijem b'ilom –

I ćutim kako puni izvor lije
Novog života iz svakog udara,
što korijen trese, budi ga i grije.

Sve cvjeta, diše. Vijence behara
Povija vjetar i pahulje nosi,
I svuda trepti prva, mlada jara.

Blistaju strane u suncu i rosi,
Izbija loza, soče zdravi trsi,
I leptir kruži po polju i kosi.

Motika tuče, i u gole prsi
Suhog težaka duša neba vije,
I znoj mu kupi... Odjekuju vrsi –

Proljeće pjeva. No dok gospod bdije
I na svakom toplom srcu zemlju stiska,
Ja vidim kako jedan crv se vije –

Gmiže i puzi i polako griska,
Ovdje po dolu i tu po vrhuncu,
Travke i cvijet i korjenja niska –

Stabla i grane, zametak i truncu
Svaku; i gvožđe, zemlju i kam goli...
I vidim gdje se gladan penje suncu,

I crvotočina zlatna pada doli.

Proljetni dan

Gle, kako je danak mio
 Kako li sunce zlati!
Šarni leptir zagrlio
 Listak ruže umiljati;
  Kroz dolinu, gaj
  Razl'jeva se raj,
   Haj, haj!
  Razl'jeva se raj!

Po svježini čistog zraka
 Slatke pjesme trepti glas,
A vjetrića jata laka,
 Miomirnu nose slas';
  Kroz dolinu, gaj
  Razl'jeva se raj,
   Haj, haj!
  Razl'jeva se raj!

Hajde, lane, hajde, milje,
 Da beremo šarni cv'jet!
Ljubičicu, ružu, smilje
 Stavimo u jedan splet;
  Kroz dolinu, gaj
  Razl'jeva se raj,
   Haj, haj!
  Razl'jeva se raj!

Pruži mi pehar...

Pruži mi pehar vina i zagrij grudi mlade,
      Nek budu oganj, plam,
U talasima sreće nek tone srce bujno
      I gori dušin hram.

Kao što slavuj mali glasom ljubavi nježne
      Pozdravlja zorin sjaj,
Uvis dižući pehar slaviću i ja pjesmom
      Tvog lica čisti raj.

A posrnem li tako s napitkom duhovne snage,
      To nije grešna stvar:
Bogovi vino daju, pa slavimo ih sveto
      I ljub'mo njihov dar!

Pruži mi pehar slatki, u kome ljupko blista
      Veselja mladi bog,
A nebu nek se diže plamena pjesma moja
      U slavu oka tvog!

Puna duša

Puna duša, srce smjelo,
   A sa lica ushit l'jeće,
Slatkog milja bujno vrelo
   Kroz dušu se blago kreće.

Na pepelu mrtvih nada
   Boginja se mira budi,
Zagrijana krvca mlada,
   Napojene srećom grudi.

Šta mi vječnu goni tugu
   U svetinji noćnjeg mira?
Da li pozdrav, što u krugu
   S anđeoskih zvoni lira?

Ili pjesma, što iz granja
   Zvjezdicama slavuj poje?
Ne! To duša tebe sanja
   Na oltaru vjere svoje...

Pusta noći

Pusta noći, šta mi tako mami
Mutan pogled u dubine tvoje?
Sve daljine kriju se u tami,
A nebesa pod koprenom stoje.

Nigdje zraka od zvijezda sjajni',
Kô smrt hladna da ih rukom tinu –
Samo sjenke i duhovi tajni
Kroz noć blude, jave se i minu.

Sve je pusto; kô da vječnost stenje
I pritiska jedan teret sinji –
Teški sumor duh i misli veže,
A dosada mori ih i kinji...

Oj, ta gdje si, mjesečino plava?
Gdje si, pjesmo iz zelena luga?
Al' sve šuti i u smrti spava –
Svud je ponoć i duboka tuga...

Al' što vrisnu srce moje, što li
Hladna strava zače se u duši?
Što se suza s mutnog oka proli,
A jecanje davi me i guši...?

U daljini kuda tama bludi,
Vidim sliku nebesku i blagu:
Gladne zmije piju joj iz grudi
Svetu krvcu, i život, i snagu.

Sjajni v'jenac s božanskog joj čela
Pakô gazi, kida ga i pljuje,
A od biča, što je zloba splela,
Nad njom fijuk s užasom se čuje...

Grdni povor bestidnijeh duša
Sve je bliže do ponora goni;
Ona šuti i sa bolom sluša
Glas sudbine što nad njome zvoni.

I već kleca, posrće i pada
Kao Gospod na vrhu Golgote,
A iz oka, puna ljutog jada,
Krvava se jedna suza ote...

Al' ko vidi onu suzu, ko li
Čuje kletvu što je ona sprema...?
Mrtvo nebo... a na zemlji doli
Molitva joj utočišta nema...

Tužna sliko, kojoj demon uze
Sjajnu svjetlost i vijenac s glave,
Vojvodino Svetitelja Save,
I ja s tobom, evo, lijem suze...!

Vojvodino, domovino moja,
Majko moja, što mi život dade,
Srušen padam u naručja tvoja,
S tvojim jadom da dijelim jade!

Tvome plaču iz bolova sveti'
Moja duša istu suzu sprema –
S tvojom kletvom moja kletva leti
Strašnom nebu, jer tu Boga nema...

Put

(Posvećeno mome prijatelju i uzor-Srbinu Nikoli Babiću)

U daleke cv'jetne, mirisave kraje,
U predjele blage radosti, veselja,
Gdje proljeće ljupko vječno dane traje,
Pozove me davna moga srca želja;
I ljubeć' joj ruku „zbogom" rekoh majci,
Pa zaplovih morem u laganoj šajci.

Odskočilo sunce! A pučine plave
Lagani se vali igraju i pjene,
A u čistom zraku, više moje glave,
Po koji se galeb u daljine krene;
Oj lagane tice, vi putnici sretni,
Pratite me tamo do obala cv'jetni'...!

U tavnu beskrajnost, unedogled sami
Moje oko luta, divi se, i čudi;
A to pusto more sve me dalje mami
Sm'ješeći se ljupko, šireći mi grudi.
Oj nesito more, ne varaj me mlada,
Kao čedo majci predajem se sada.

I za trenut cigli i vrhovi gora
Iščeznuše oku, svud je pustoš prava,
Samo gledam more, nebo odozgora
I sunašce, što me ljupko ozarava;
Samo čujem vjetrić, kako tiho pirne,
Pa u jedra šajke lakim krilom dirne.

Putnička pesma

S prelomljenim kopljem sve lutam po svetu,
I oči mi jošte ne videše metu:
Oaze su moje trošni šedrvani,
Slatke urme grki suharci na grani.

Proleće je moje vejavica snega
I sumorna pesma kukavice s brega;
Večeri i zore: oblaci bez duge,
Noći: crne jame i kolevke tuge.

Sve su moje crkve katakombe blede,
Sarkofazi gnjili i krstače sede;
Sve molitve grubi smeh satanskih truba,
Grč i stisak pesti i škrguti zuba.

Samo jednom sreću na putu sam sreo,
Kad me njene duše osu behar beo...
Posle toga stenu, gde se trnje vije,
Nikad više sunce, ogrejalo nije...

S prelomljenim kopljem sve lutam po svetu,
No još oči moje ne videše metu:
Oaze su moje trošni šedrvani,
Slatke urme grki suharci na grani.

Putnik (I)

U prirodi miloj, gdje se grudi kr'jepe,
Ja poljane gledam i seoca b'jela,
Sa pozdravom slatkim tičje pjesme l'jepe,
Ljulja se i zvoni okolina c'jela.

Sa cvjetom se cv'jetak grli,
Kô da zbore tajnu neku,
Srebren potok poljem hrli,
Ljubeć' valom travu meku;
A vjetrići bujni sa gora i visa
Lepršaju krilom i na granje sl'jeću
I s punim putirom svježega mirisa
Gube se po klasju i šarenom cv'jeću.

Tamo pak u hladu, što ga lipa pruža,
Slatko čedo spava pokraj stada b'jelog,
Na usnama njenim gori rumen ruža,
I l'jeva se sladost od poljupca vrelog;

Raspuštene l'jepe vlasi,
Talasa se b'jelo njedro,
A bezbrižna sreća krasi
Njeno ravno čelo vedro.
Tu iz guste trave, što se kod nje svila'
Prepelica draga pjesmicu joj vije,
Pa se naglo prene i razvije krila
I u žitno klasje bježi, pa se skrije.

Bježi i ti, momo, bježi, da ne gledim
Tvoje rujne usne i bjelinu grudi,
Tvoju l'jepu čednost poštujem i štedim,
No čovjek sa srcem može da poludi...

Opiće se duša mlada,
Zamagliće oko moje,
Pa posrnut' mogu tada
Na preb'jele grudi tvoje.
Jer su tvoja njedra, tvoje usne male,
Vrelo bujnog milja, pehar rajske slasti,
Od koje se silno zdrave grudi pale
Munjevitim žarom nesavladne strasti.

Putnik (II)

Smoren pogled mutnog oka
   Već mi stiže burni grad,
Još dva do tri laka skoka –
Pred kapije dvoru mome
Na konjicu laganome
   Dojezdiću mlad.

Kopitom će konjic biti,
   Da pozdravi mirni dom;
A seja će suze liti
Kad otvori teška vrata,
Mile ruke oko vrata
   Sviće bratu svom.

Ah, zašto me, nado pusta,
   Tako varaš dan i noć...?
Moj konjicu, grivo gusta,
Skrati maha gredu svome,
Jer kad dođeš dvoru mome,
   Ti ćeš grobu doć'...

Tamo živog srca nije,
   Koje žarko ljubi nas –
Prazne sobe tama krije;
Tu me neće više zvati
Niti bratac, niti mati,
   Niti sejin glas...

Putnik (III)

Miloradu M. Petroviću

Na smiraju sunce kao vatra rudi.
Jedan crven oblak sâm nekuda bludi.

Hitno časi lete u dugome nizu;
Odmora mi treba, noć je evo blizu.

S balkonima ovdje vidim vile stare,
Pri zahodnom sjaju okna im se žare.

Naokolo bašte pune tiha mira.
Ozgo čujem pjesmu i zvuke klavira.

Na ova ću prva vrata skromno stati,
Zakucaću; možda konak će mi dati.

Za mene je dosta mjesto gdje na podu;
Postelje su meke samo za gospodu.

Idem...! Ali kuda? Što da budem ludom?
Gdje boljari sebra pripustiše u dom?!

Iz mramora ovih samo zima bije,
Kao da mi zbore: „Odlazi što prije!"

Onamo, pod vrbom, uz rijeku bliže,
Sa dva mala okna trošni dom se diže.

Po ubogu krovu mahovina raste
I pod staru strehu dolijeću laste.

Na domaku vrâtâ, ispod lisne šatre
Posjedala čeljad oko tople vatre.

Tamo, tamo iđem; tu je ljubav s Nebom,
Tu me orač čeka sa solju i hljebom!

Putnik (IV)

Ne mogu dalje! Ovdje ću stati,
Gora će meni pokoja dati.

Gora je vazda primala one
Što ljuto pate i što ih gone.

Noć je svijetla, meka i plava;
Miriše zemlja, miriše trava.

Popale sjenke, a kao srma
Planinski potok teče iz grma.

Preda mnom doli maleno selo
Pod tankim dimom u san se svelo.

Pred njim rijeka poljem krivuda,
I zrelo klasje njiha se svuda.

Ovdje pod jasen mirno ću leći
I san će tiho kô potok teći.

Miriši, goro, mirisom zdravim!
Pokri' me, nebo, pokrovom plavim!

Putnik (V)

Žega, i svrh gore zadnja magla tanča.
Ja se žedan penjem... Oštra strmen reže...
Gori vidim mjesta gdje izvore svježe
S plodovima rudim pokriva naranča.

Tamo mnogi putnik hladom rashladi se –
Nađe vrelo svoje i znoj s čela utra...
Nad njim se crvene plodovi kô jutra,
I kao kandila prislužena vise...

O, kako bih i ja svome vrelu htio,
I prilegô njemu, i tu žedan pio...!
No zaludu moje želje gori blude –

Za me neće biti izvora ni truncu,
Samo, žedan, 'vako gledaću vrhuncu,
Gdje plodovi slatki naranača rude.

Putnik na odmoru

Jovanu Protiću

Odmori se! Ovdje, gdje miriše smreka,
    Gdje se s nebom ljube ova brda plava,
Postelju ti mirnu nudi trava meka,
    A jezero modro blizu tebe spava.

Pun aprilski mjesec zaronio do dna
    Pa kô zlatna kruna blista se u vodi,
Okolo u sjaju trepte sela plodna,
    I san blagi pada i noć tiha brodi.

Nigdje duše! Samo kô da šapće neko.
    Po svilenoj noći to vjetar leprša,
I glas budna ćuka prolazi daleko,
    Negdje blizu sela, sa gluhoga krša.

No, šta moju dušu na molitvu vodi?
    Ko je diže sada uvis neba plava?
Polusrebren oblak što lagano brodi,
    U pramenju mekom što mu čedo spava.

Pod glavom joj snopak mjesečevih zraka,
    Duga joj se kosa po oblaku mrsi;
Na nju mjesec motri i zvijezda svaka
    I pred njome gorski saginju se vrsi.

I mlad krupan jelen na obronku čeka
    I lijepi pogled za oblakom šalje,
Oko njega trepti mjesečina meka,
    A srebrni pramen plovi dalje, dalje.

To putuje Ljubav svome Zavičaju
    Daleko na Istok, što je tako voli,
Pred oltarom neba, čista i u sjaju,
    Da prisluži sunce i Bogu se moli.

Radi...

Radi, juri, teci, leti,
  Jer je život kratkog v'jeka
Sebi, drugom sreću pleti –
  To je ponos za čovjeka!

Gledaj zv'jezde, sve se žure,
  Mjesec sv'jetlo sunce prati,
A koritom r'jeke jure,
  Potok mali neće stati.

Snagom svoga burnog leta
  Orô sjajnom suncu stiže,
Mala čela traži cv'jeta
  S djela djelu krila diže.

Radi, juri, teci, leti,
  Jer je život kratkog v'jeka
Sebi, drugom sreću pleti –
  To je ponos za čovjeka!

Raj

Na nebeskom svetom visu
Beskonačni živi sjaj,
Al' sve draži tamo nisu
Jer je u tvom srcu raj.

Oh, raširi dveri svete
Toga raja, gdje Bog sja!
Da u njemu, l'jepi cv'jete,
Vjerni anđô budem ja...!

Raj i milje...

Raj i milje, sunce, zv'jezde,
  Sve što ima Bog,
Preliva se, sja i blista
  U plamenu oka tvog.

Ti si slika, koja nebu
  Diže moga duha let!
Ti mi vjera, ti mi nada,
  Ti mi idol svet!

Tvoja ljubav nebo mi je,
  U tom nebu Bog,
Kom' se moli, kome služi
  Oltar duha mog!

Rajski talasi

Kad pogledam grudi tvoje,
Čini mi se kao da su
Dva goluba zaplivala
Svetog raja po talasu.
Ja poletim tice grlit'
Na srdašce moje vrelo,
Pa u talas svetog raja
Utopi se žiće c'jelo...

Ranjenik

„Handžar i koplje grudi su moje
Proboli evo – krvce je tek,
Ruka mi klonu, snaga mi panu,
Još samo što mi postoji jek...

Spušta se sunce za gore čarne,
Već skriva topli sa neba sjaj...
Još samo malo, pa noćca crna.
Tu će mi doći mog žića kraj...

Sklopiću oči, ukočen stati,
Za sve se rastat' od roda mog...
Ne plači, mati, ne plači, sestro,
Ko s' za dom bori, tog voli Bog!

Ja padoh, evo, al' slava stoji:
Za rod sam dao život i sv'jet...
Od moje miš'ce, od mača ljutog,
Mnogi je pao dušmanin klet!

Slavno je, slavno ginut' za narod,
Širit' mu staze kuda će poć',
I palit' zublju, nek vida daje –
Kroz gustu tamu, golemu noć!

Oj, srpska zemljo, koljevko mila,
Već neću mlađan gledat' te ja...
Gasi se luča sunašca moga,
Što nekad tako predivno sja...

Ali ću mirno ispustit' dušu,
Bio sam borac, trudbenik tvoj!
Gusle će mene vječito slavit'
Kô svakog – ko je Miloševa soj!"

To reče sveti ranjenik mladi
A srce stanu – umuknu glas.
I noć se spusti, mrtvom junaku
Na polju vjetar leluja vlas.

Raspusti svilene vlasi...

Raspusti svilene vlasi i zagrli me strasno,
Da pijem rajsku čar,
Nek gori oko tvoje i plamti lice krasno
Kô svetog ognja žar!

U slavu tvoga baja pjevaću, nek se hori
Pjesma u svečan mir,
A s tvojih usana malih, gdje slatki plamen gori,
Piću života vir.

Kô zvuk što zrakom mine, sve mre i sve se gubi,
Zlatni će časi proć –
Pa ljubi mene, ljubi, silno i strasno ljubi,
Svu dragu božju noć...

Kad b'jeli danak sine umoran neću biti,
Ljubav je slatki san –
Snova ću tebe grlit' i snova željno piti
Poljubac zamedljan...

Rataru

Očaj teški i gorki teretom grud ti slama,
   Niz mrko lice tvoje potokom teče znoj;
Na svakom putu tvome muka te čeka sama
     I patnja čitav roj.

A da l' se dade ruža ubrat' s vite grane
   Prije neg' njenog trnja ne osjetimo bod?
Pregnuća duša krepkih stvaraju vedre dane –
     U njima niče plod.

I tebi plod će niknut'. Kapljice tvoga znoja
   Uzaman neće biti, iz njih niknuti cv'jet,
I ti ćeš vesô jednom pozdravljat' polja svoja,
     I zbirat' plodak svet.

Ribari

Primite me tamo na ubogu lađu,
I neznana stranca nazovite drugom.
Na pučini sinjoj kad vas muke snađu,
I kad munje planu potamnelim krugom:

Ja ću da se patim i da s vama stradam
I da kušam borbu sa morem i nebom!
Hoću da se s vama i molim i nadam,
Hoću da se s vama istim hranim hljebom!

I u mutne noći kada bura reže,
Kada nimfe ćute u morskome bilju,
Ja ću s vama vući vaše teške mreže,

Da prekaljen tako, naporom i radom,
Jednom gordo pođem, s novom vatrom mladom,
Kroz maglu zlih dana svom zavjetnom cilju...!

Rob (I)

U tvrdom stegu lanca obje mu ruke stoje;
   U gusti mrak je bačen, ne vidi svjetlosti zraka,
Okolo njega guje i akrepi se roje,
   Memla ga bije jaka.

Ali mu ipak licem po koja radost sine:
   U nebo pogled šalje, molitvu bogu pjeva,
Sred ovog crnog mraka, sred ove mrske tmine
   U nadi srce zgr'jeva.

Nadaj se, patniče, nadaj, i sanjaj sanak sveti!
   U tvrdoj vjeri nade tješit' se, kr'jepit' znaj,
Tā bog će čuti molbu, puknuće lanac kleti
   I ropstvu biće kraj!

Rob (II)

Na obali burnog Tigra,
 Gdje tičiji pjeva hor,
U prisjenku gordih palma
 Visoki se diže dvor.

U blizini slavuj željka,
 Cv'jeće miri noć i dan,
Al' iz svojih b'jelih dvora
 Ne izlazi mladi kan.

Ljepšu pjesmu tamo sluša,
 Ljepši tamo gleda sv'jet:
Na srcu mu strasno diše
 Mila ruža, bajan cv'jet.

On joj gleda crne oči
 I grli joj viti stas,
A po njenom b'jelom njedru
 Prosula se gusta vlas.

Niko nije tako srećan,
 Niko nema taki raj,
Pa u sreći obeća se
 Pohoditi Sveti Kraj:

Da na grobu Prorokovom
 Dade hvalu srca svog,
Što mu taku divnu ružu
 Iz svog raja pruži Bog!

I dan svanu. Pred dvorima
 Nogom bije spreman hat –
Kao da bi mladog kana
 Svetoj Meki htjeo zvat'.

I kroz palme sunce sinu,
　　Nad Tigrom se glednu dan,
A uz pratnju vjernog roblja
　　Na put krenu mladi kan.

Kud god gledne, tu je ona,
　　Svud se vija njena vlas,
Svuda sreta oči njene
　　I svud čuje mili glas.

Za uzdahom uzdah leti,
　　Pa nad njome svija let,
Kô šareni mladi leptir,
　　Kad ga rosom mami cv'jet.

Već je sunce na zreniku,
　　Silno gori ljetni dan,
Pa kod jedne vite palme
　　S robljem panu sretan kan.

On odsjednu snažnog hata
　　I pod palmin stade hlad,
Pa svog Boga molit' ode,
　　Da mu štiti život mlad;

Da se vesô dvoru vrati,
　　Gdje ga čeka mio raj,
Da ga opet žudno steže
　　Njezin topli zagrljaj.

I tek što je molit' počô,
　　Zastade mu dušin dah:
U daljini dizao se
　　Gusti oblak, prhli prah.

Jel' to samum s hladnom smrti
　　Podigao poraz ljut,
Da sa grobom zaustavi
　　Pravovjernog sveti put?

Na koljena roblje kleče:
  „Pošljednji je ovo dan!"
A sa okom punim bola
  U daljinu gleda kan.

Gleda, kad će samum ljuti
  Spremiti mu hladan grob,
Al' iz praha, iz oblaka,
  Na konjicu niče rob:

„Gospodaru, vrat' se s puta,
  Ne pohodi Sveti Kraj,
Tvoja l'jepa nevjestica
  Tvog imena skvrni sjaj!

U nje nije srce jedno,
  Nije vjerna njena krv –
U tvom dvoru provlači se
  Tvojoj sreći štetan crv.

Gospodaru, drugi ljubi
  Njeno lice, njenu vlas –
Varaše te one oči,
  Varaše te onaj glas...!"

Zabolili mladog kana
  Crni glasi, crna v'jes',
A u bolu gnjev se stvori,
  Kô gromova silan tres:

„Jel' istina, robe, kaži?"
  „Ne bude li, krv ću dat'!"
Prah se diže, s mladim kanom
  Izgubi se brzi hat.

Leti konjic, za konjicem
  S robom stiže konjic vran –
Danak prođe, veče dođe,
  A u dvore mladi kan.

Konjic hrznu, cv'jet se trznu:
  „Bježi dragi, tu je grom!"
Pa lagano na kapije
  Izletila kanu svom:

„Što je lice tvoje bl'jedo?
  Što je mutan mili gled?
A na usti kô da stoji
  Strašan prekor, ljuti jed?

Jel' osveta razgnjevila
  Tvoje duše silan plam,
Da l' nevjerno roblje tvoje
  Nanese ti sjaju sram?"

„Šut', nevjero! Sa tebe je
  Moga neba pao dan..."
Pa nad njome oštrog mača
  Zavitlao gordi kan.

Mač poleće, ali ona
  Na mladu mu pade grud:
„O, ne kosi cv'jet sa mačem,
  Ne izriči grešan sud.

Za te ovo srce bije,
  Za te hrani vreo plam,
Ja za jednu ljubav znadem,
  Ja za jednu vjeru znam.

Nek svjedoče suze ove
  I udari srca mog,
Da je moja vjera sveta,
  A u vjeri ti si Bog!

Zaustavi silnu ruku,
  Nevinosti ne daj grob –
Kleveta su oni glasi,
  Lagao je crni rob.

Za te ovo srce bije,
  Za te hrani vreo plam,
Ja za jednu ljubav znadem,
  Ja za jednu vjeru znam."

Dirnuli ga nježni glasi,
  Dirnuo ga sjetan plač,
Pa u grudi vjernog roba
  Svoj, zavitlan, spusti mač.

Krv se proli, srce stade,
  Čistu vjernost stiže grob,
Tu pred kanom ležao je
  Vjerni sluga, stari rob.

Ležao je... A Bejaza
  Slavila je svoju moć,
I pogledom varala je
  Mladog kana dan i noć...

Rodio se Spas!

Vi, koji ste posred tame
   Svake noći, svakog danka,
Pa lijete suze same
   U nevolji bez prestanka;
Vi, nad kojim' pakô gori
   I pucaju munje jada:
Podignite čelo gori –
   Propjevajte pjesmu nada,
Nek zahori glas:
   „Rodio se Bog i Spas!"

Rodila se zv'jezda ona,
   Što će nove vjere dati
A s božjega sjajnog trona
   Blagoslov je vječni prati;
Rodio se život novi
   Da životom život dade,
Pa duh, što neznanjem plovi,
   Da istini dić' se znade.
Pojte jedan glas:
   „Rodio se Bog i Spas!"

Podignite čelo gori
   I pred zv'jezdom sjajna lika
Nek se jasna pjesma hori
   Uskrsnulih mučenika.
Ne plačite, vaše suze
   Blagi sjaj će ubrisati,
Svjetlost, koju tama uze,
   Božja će vam milost dati!
Pojmo jedan glas:
   „Rodio se Bog i Spas!"

Ručak

U izdrtom suknu, pod murvom kraj puta,
Prekrstio noge na rapavoj ploči,
I tu lomi komad hljeba otvrdnuta
I glavicu luka uza nj slatko smoči

Pod bremenom tvrdim, sve do pola dana,
Proveo je stari povijene šije,
Još mu sa široka lica namrežgana
I s runjava koša znoj curi i lije.

Pokraj njega česma oronula pljušti,
I prah vode, sjajan kao sedef sušti,
S dugama se raspe i na suncu umre.

I ćuteći sreću i blagoslov neba,
Zguren hamal žudno, uz tvrd komad hljeba,
Sluša kako nad njim s grana guču kumre.

Ruke

Sâm sedim ovde, na vrhu stene što nebu
Uskočiti bi htela,
I gledam dole uske puteljke i reku,
I naša uboga sela.

I vidim hrpu velikih, jakih ljudi
Na jutru vedrom i jasnom,
Gde zamahuju u tvrdu, zaraslu grudu
Motikama i krasnom.

Još je u zemlji ostalo korova dosta,
I svoje grube vreže
On je raspleo svuda, i mnoga lepa klica
Pod njima klonu i leže.

No one jake, one žuljave ruke
Sve će im razriti žile,
Jer one tvrde, nabrekle ruke nose
U sebi Hrista sile.

One su samo stradalnicima žednim
Pružile kreposti čaše,
I razbijale crna tamnička vrata
I teške verige naše.

One su s neba skidale lučeve svetle
Nedokučenom moći,
I sejale ih s purpurom krvi svoje
Po mraku Velike Noći.

One na našim guslama posvećenim
Višnje su zapele strune,
I sakovale od čista, žežena zlata
Sva naša žezla i krune.

One su juče na pobednome stegu
Donele orlove bele –
Da nam radosti i da nam slave naše
Slatku naforu dele.

One nas ruke krilate dižu i nose
I svojom snagom brane,
I one crne, blagoslovene ruke
Nas belim hlebom hrane.

Vi zlatne ruke kraljevskog pokoljenja,
Vi ruke časnoga dela,
Sa ove stene ja evo zasipam cvetom
Sve vas i vaša sela.

I skidam kapu i na kolena padam,
I sklapam dva svoja dlana,
I glasno pojem: vi, ruke životodavne,
Osana vama, osana!

Ruža (I)

U gradini ruža miri,
Na licu joj zorin sjaj –
Za nju samo vjetrić piri
I miluje slatki raj.
L'jepi cv'jetak, ruža b'jela,
Ona mi je misô cijela,
U oltaru duha mog,
Ona vjera, ljubav, Bog.

Kad u času noći mirne
Tajanstveni šumi let
I grančice tanke dirne,
Ja osjećam miris svet:
To u milju tihog sanka
Razvija se mirisanka,
I kroz granja bujni splet
Njena duša diže let.

Buji, miri, cv'jete b'jeli,
Pratio te rajski hor,
Svatovi ti v'jenac spleli
I doveli u moj dvor!
Na proljeću tvojih grudi
Da me vječno zora budi,
Pa da pjevam slatki poj:
Zoro moja, danče moj!

Ruža (II)

Juče bijah s tobom. Plavi dan se smijô
Pun sunca i sreće. Ti si zdrava bila;
Na njedrima tvojim leptir rosu pio
I svilena svoja odmarao krila.

Na bokoru sada tebe vjetar njiše
Uvehlu i mrtvu, dok zrak zorin rudi.
Spavaj! Tvoj drug leptir neće nikad više
Piti slatki život sa tvojijeh grudi.

Tek što te je Sudba na svjetlost izvela,
Tek što si ispila prvu kaplju slasti,
Od nenadne boljke ti si, eto, svela –
Umrla bez tople ljubavi i strasti.

Kako li je čudna volja našeg neba!
Kao kobac vreba svako život dani;
Ja vidim da Nebu zemlja zato treba
Žrtvama bezbrojnim da ga vječno hrani.

Ruža (III)

Svu, toplim poljupcem svojim,
Zorin me razvio sjaj;
U mladom blesku sva stojim
I žudno gledam kraj.

U meni snaga je vrela
I oganj pun i svet;
Sva moja njedra su zdrela –
Na žetvu čeka cvet...

Ja dršćem, ginem i žudim
U tihoj strani toj;
Od čežnje gorim i rudim,
O, hodi, leptire moj!

Ruži

Simvole blagi mladosti i sreće,
Ti sveta biljko zanosnoga mira,
Duša ti, evo, tihu pjesmu kreće –
Sa ljubav-žice tebi zvoni lira.

Volim ti njedra, što ih draži grle,
Za kojim' slavuj premire i žudi;
Nebeski miris tvoje duše vrle
Slatka je hrana mlađanih mi grudi...

Nekad sam vesô dolazio tebi,
Srce mi bješe u plamenu nada,
Al' sreća moja trajnog sjaja ne bi –
Srušenom vjerom pristupam ti sada.

Na ovom mjestu, pokraj ovog džbuna,
Prva je ljubav obasjala mene,
Ovdje je duša radovanja puna
Prhnula nebu sa miline njene...

Al' gdje je sada onaj anđô l'jepi?
Gdje vreo poljub sa usnica rujnih?
Kô noćni prizrak, što putnika kr'jepi,
Vidim je samo posred snova bujnih...

Daljina n'jema razdvaja nas sada –
U mrtvoj tami pogledi se gube,
Sudba je trgla cv'jetak našeg nada,
Srca se naša ne smiju da ljube...

Možda će vr'jeme zaborava krilom
Presušit' izvor bolnom uzdisanju,
Al' svakog časa sa ljepotom milom
Ti, dragaružo, sjećaćeš me na nju...

Sjećat' na noći zvjezdane i bajne,
Na b'jele ruke, usnice i grudi,
Na meke kose i na oči sjajne,
U kojim' nebo s milinom se budi...

Ružin san

Pitao sam ružu malu
Šta u tihoj noći sanja:
Da li danak, da li zoru,
Ili pjesmu milovanja.

A ruža se čisto trže,
Kao da je vjetrić krenu:
„Sanjam, sanjam, rajsko milje...
Slatki miris – kosu njenu."

S puta

I Pozdrav

Gle, zorica kako mlada
Na istoku budi dan!
Slatkom pjesmom tičjeg nada
Zaljuljô se gorski stan;
Cv'jet miriše, rosa blista,
Tiho šumi šapat lista –
Zeleni se gusti džbun.

Iz dubine gore kitne
Polju juri potok nag –
Biserne mu vale sitne
Svuda sreta cv'jetić drag,
Pa sa mekom travom skupa
U njima se željno kupa,
Slatke sreće pun.

Sve u krasno tone milje,
Svud treperi baj –
Sve putnike radost šilje,
Svud ga sreta raj;
Priroda mu širi grudi –
A lahor mu nježno nudi
Dragi miris svoj.

Oj, zorice! B'jeli danče!
Oj, lahore blag!
Oj, ubavi gorski stanče,
Oj, potoče drag!
Roso, cv'jeće na sve strane,
Na osvitku zore rane
Prim'te pozdrav moj!

II Selo

Odskočilo sunce sjajno
Pa prosulo žar,
Svud se budi veličajno
Plodak, božji dar!
Žito zrije, plod se sprema,
U ratara brige nema –
Hori mu se glas.

Pred kućicom sve veselo,
Igre komešaj –
Pjesmom huji c'jelo selo
S kraja do na kraj,
Sa cv'jećem se momci kite,
A momice ponosite
Ružom rese vlas.

A u hladu lipe cvjetne
Pastir svira mlad,
A sa njime tice sretne
Uskliknule nad,
Pa u sreći i u milju,
Sa pozdravom blagosilju
Zlatnih dana sjaj.

Oj, seoce s kitnim blagom,
Oj, ubavi kraj!
Oj, u tvome krilu dragom
Odmora mi daj!
Pa da slušam pjesme one
S kojih mlada duša tone
U blaženi raj...

III Odmor

Sunce žeže, već je podne –
Odmora je čas,
Kroz ravnice plodorodne

Ne čuje se glas;
Svako traži gustog hlatka,
Da na krilu sanka slatka
Okrijepi grud.

Pa i lahor savio je
Svoj lagani let,
Mirno guste trave stoje –
Ne njiha se cv'jet;
I na stazi nikog nije –
Neizvjesno što se vije
Tamo u krivud.

Stani, doro, znoj te kvasi,
Odmori se sad,
Evo vrela, žeđ ugasi –
Počini u hlad;
Sunce žeže, čelo gori,
Stani, doro, te s' odmori –
Stani, doro moj!

Na oči mi sanak sl'jeće,
Duša željna mir –
Tu gdje miri trava, cv'jeće
Gdje žubori vir,
Tu neka me sanak snaži,
A iz granja dušu blaži
Male tice poj.

Sa bratskoga brega

Ja prvi bejah što s klikom podigoh steg
S maglama da se bori;
I mojim klikom još se razleže breg,
I plamen moj jošte gori.

Na živom vrelu napunih krčag svoj,
I na krilima vere
Sve vas ponesoh u okršaj i boj,
Gde sunca lovor se bere.

Ja sruših tvrdi vekovne tame zid
I dugom u sjaj zaroni';
Izvorom zvezda slepima oprah vid
I boga videše oni.

S pobednim kopljem i s krunom na najvećem
Ja bregu sada stojim,
I svoju žetvu bogatu jošte žnjem
Sa zlatnim srpom svojim.

Ja prvi bejah što s klikom podigoh steg
S maglama da se bori,
I mojim klikom još se razleže breg,
I plamen moj jošte gori.

Sa mojih kad si otrgnuta grudi...

Sa mojih kad si otrgnuta grudi
Kô s vite grane ružičica mlada,
Kad tvoje oko drugog miljem budi
I poji slašću beskrajnoga nada,

O zašto, reci, svake noći tajne
Javljaš se meni, sjajna zv'jezdo l'jepa,
Zašto mi širiš tvoje ruke bajne
I što ti prsa tajni uzdah c'jepa?

Zašto mi snova budiš prošlost bilu
I nudiš poljub sa usana vreli'?
Zašto mi mećeš tvoju glavu milu
Na srce, gdje su bujni nadi sveli?

I zašto pjesmom tvoga jasnog glasa
Stvaraš mi spomen na sreću i milje?
U tebi kad sam gledô Boga Spasa,
Anđela svoga što ga nebo šilje?

Ostavi mene... Nad pepelom nada
Pusti me mirno da prol'jevam suze,
Il' mačem probi ove grudi mlade
I uzmi život kad mi srce uze!

Sahranjeno milje

Sahranjeno milje: na ružinom granju
   Ne njiha se cv'jeće – da leptira hrani,
Nit' se čuju zvuci ljubavnog pozdravlja –
   Hladna zima steže, hladni sviću dani.

Prsnuli putiri u kojim' se rosa
   Na uranku sjala kô biserje drobno,
Pod sumornim nebom duh poraza stiže
   I kroz pusta polja zajauče zlobno.

Kô da grudi steže dah grobovske vlage
   Kad kroz suho lišće mrazni vjetar du'ne;
Mrtvo šuma sniva i snuždeno ćuti,
   Kao kralj bez skiptra, bez v'jenaca i krune...

Ne treperi listak, niti slavuj sl'jeće
   Da u mirnom hladu slatku ljubav zbori,
Niti potok šumi, nit' se život rađa –
   Mrtvo je u zraku, mrtvo je u gori.

Ali moje srce osjeća i živi,
   Anđô mladih snova diže me i nosi
U v'jence od ruža – u zagrljaj tebi,
   Gdje se vjerom kr'jepim kô cv'jetak u rosi.

U jasno sunašce, tvoje oči blage,
   S okriljenom dušom pogledi mi lete;
Oko mene cv'jeće od najljepše šare,
   Pa se nježno cv'jetak sa cvjetićem plete.

Ja milujem pramen tvoje kose bujne,
   Pijem vreli poljub, što me u raj nosi,
A duša mi tiho sv'jetlog boga slavi
   Što mi dade cv'jetak kog' zima ne kosi.

Sanak male Vide

Al' sam l'jepo, majko mila,
Noćas snila:
Međ' cvjetići šarenkasti
Ja sam bila.

Oko njih je ljepuškasti
Leptir letô
I krunice mirisave
Ljubeć' kretô.

Pružila se ruka moja
Da g' uhvati
Ali zaman, brzo leti,
Mila mati!

I tičica divno jato
Skupilo se,
Pjesme im se preumilne
Svud raznose.

Kad najednom, iza gore,
Majko mila,
U duvaku tananome
Leti vila.

A u ruci nosi v'jenac,
Oh, milina!
U v'jencu je divnih ruža,
Divnih krina.

A na jednom krinu slova
Kô od zlata,
Slova vele: „Neka ljubi
Bratac brata!

Jer je ljubav temelj čvrsti
Svakoj sreći:
Gdje nje ima neće majci
Suze teći;

Vrelo snaga, vrelo moći
Iz nje lije,
I sunašce nju zasjava
Najradije.

Ona diže kroz mrakove
Do slobode!
Zato njeguj ljubav, slogu,
Srpski rode!"

Ja moradoh ove r'ječi
Triput' štiti,
Moradoh ih i naizust
Naučiti.

„Kad s' probudiš", vila reče,
„Da ih znadeš,
I kom treba pouk ovi,
Da ga dadeš."

I ja moram svakom pričat'
Što sam mala
Na vijencu b'jele vile
Nacrtala.

Sarajevski teferič

S balkona na durbin gledam. U dnu brega
Trebevića, gde se one staze dele,
Iz valova grana, kô stogovi snega,
S doksatima niskim vire kuće bele.

Niže njih, u bašti punoj ploda, gdi je
Oborila račve jabuka i sliva,
Visoki se plamen leprša i vije,
Kô Jabučilova pozlaćena griva.

Uz vatru je ražanj neki dedo, ko li,
Mahramicu loja svezô na vrh pruta,
Pa predano njome maže gori-doli
Pečenicu što je kao dukat žuta...

Na domaku vatre, gde travni velenac
Protkala je cveća svakojaka šara,
Okreće se kolo, kao živi venac
Od zumbula plavih, ruža i behara.

Ono muslimanke igraju, i veo
Grimizan i lahak vihori im s glave;
Sve su lepe kao plod rumen i zreo
Što savija grane sve dole do trave.

Jedna cura, sama sedeći na panju,
Harmoniku drži ponosno i holo,
I sve vedre oči osvrnu se na nju,
I po taktu svirca talasa se kolo.

Ićindija. Sunce aliđunsko grije.
Jedan konjik jezdi putanjom u strani;
A kolo se njiše, i sa grla svije'
Sevaju i trepte kićeni đerdani.

Sarajevskom odboru

za podizanje spomenika Simi Milutinoviću

Haj'te, sinci srpske majke,
Dičnog roda svog!
Blagoslovom staze vaše
Obasuće Bog.
Gde je volje, gdje je mara,
Sve se stiže, sve se stvara.

Haj'te, braćo, na rad sveti
Narod sprema vas,
Pa nek skoro, skoro svane
Taj željeni čas:
Da spomenik Velikana
Srbi slave sa svih strana.

Haj'te, braćo, bez okl'jeva –
Divan vam je put!
Svaki od vas biće hvaljen,
Cv'jećem obasut,
Kad zasija spomen vrlom
Geniju nam neumrlom.

Haj'te, snago, dična, mila,
Pokažite moć,
Da se cilju bratskom slogom
Uv'jek može doć.
Da je muka šala sama,
Kad je volje svetog plama.

Haj'te, ljudi! Oduž'mo se!
Tȁ bio bi rug,
Da našemu div-pjesniku
Ne vratimo dug;
Nek zablista spomen njemu
Na čast vama, rodu svemu.

Haj'te, sinci srpske majke,
Dičnog roda svog!
Blagoslovom staze vaše
Obasuće Bog.
Gdje je volje, gdje je mara
Sve se stiže, sve se stvara!

Sećanje

Po meni srebrnih jasika sen pao.
Tu je oni izvor gde sam negda bio,
Iz lipove kore kad sam žedan pio
I s tobom se dugo kroza šiblje krao...

Eno uske staze kuda smo se peli
Onamo, visoko, gde oblaci rude
I kô razderani plamenovi blude
I okrajkom zapnu za vrhove jeli.

Osvrćem se, gledam... I, meni se čini,
Kao da te snova vidim u blizini,
Uz izvor, gdje još trula klupa stoji.

I kao da čujem tice davnih dana,
I kao da vetar, tiho ispod grana,
Na me sipa behar iz nedara tvoji'...

Selo

U sjenkama vrba, kupine i grma,
Malena rijeka blista se kô srma.
Na obali čiča sa čibukom stoji
I dimove vuče i goveda poji;
Na domaku tamo, kuda staza ide,
Nekolike niske kolibe se vide;
Pred jednom, u hladu jabuka i dunja,
Jedna baba prede i pomalo kunja;
Nad njom se granje razraslo i splelo –
    Selo.

Popeo se petô na bunjišta mrka
Pa krilima bije, pjeva i čeprka;
U blizini hukti vodenica stara,
Pred njom sanjiv mlinar s nekim razgovara;
Dok u tihoj sjenci kupine i drače
Živo cvrčak cvrči sve jače i jače;
Na njegove tanke i srebrne glase,
Za visokim plotom, grokće jedno prase
I čeka da s grana pane voće zdrelo –
    Selo.

Na putanji, mokroj od skorašnje kiše,
Puna kola škripe sve više i više.
Usporedo starac tromo gazi putom
I volove, katkad, opomene prutom.
Prljavo dijete – unuče mu, ko li –
Viknu ga i strča sa brijega doli
I uza nj se privi veselo i žudno,
A starac se smije blago, dobroćudno;
Saže se i golju poljubi u čelo –
    Selo.

U prisoju žarkom, ispod brda gola,
Hrvu se i lome dva razrasla vola;
Skupili se momci, jaran do jarana,
Pa čekaju konac ljutoga mejdana.
Negdje ševa pjeva; poljem punim rose
Milo zvone zvuci naoštrene kose;
Dok brz konjic jedan u daljini rže
I u čopor grabi sve brže i brže.
Na istoku davno trepti jutro vrelo –
    Selo.

Seljančica

Evo vredne seljančice,
Naše Jeke!
Kosila je jutro celo
Tu, kraj reke;
A sad gleda ispod ruke
Kako tamo, sa dna luke,
Njojzi trči stado belo.

Seljanka

Pavlu Popoviću

Sneg pada i veje. U seoskoj luci
Sve je pusto. Samo, kao senka tupa,
Niz prtinu usku, sa štapom u ruci,
Pogrbljena, bleda, jedna žena stupa.

Stupa i jednako ispod borna čela
Pogleduje tamo u kosture iva,
Gde se na domaku reke, u dnu sela,
Seoskoga uče stan samotni skriva.

Nek vetrovi besne, nek mećave huče
I zasiplju smetom puteve ratara,
Ona svake dnevi odlazi kod uče,
Pa uči i sriče slova iz bukvara.

Svi se čudom čude u selu i zbore:
„Sirota, poluđe!" No svetla kô svila,
I čvrsta kô ralo što crnicu ore,
Sve je bliže cilju njena želja bila.

I skoro kad žita zašumeše jara,
Kad pod strehom lasta kliknu pesmu njenu,
Jedno jutro s učom oprosti se stara,
Niz pragove siđe i putanjom krenu.

Postigla je svrhu. U svakome kutu
Njezinoga srca nova snaga dršće,
Niti ona gdegod odahne na putu,
No s drenovim štapom korača sve čvršće.

Već je na kraj staze. Sada brvno vodi
Preko uske reke što krivuda lukom;
Starica ne strepi, ona napred hodi,
I slobodno hvata za doruke rukom.

Ispred vodenice, što naslanja na nju
Svoje račve sive jedan orah sveo,
Boži je i zove mlinar, i na panju
S dečakom sedi, sav od mliva beo.

No ona sve dalje korača, i samo
Katkad suhu ruku stavi iznad čela,
Pa pogleda bregu, gde, iz hrašća tamo,
S planulim krstom viri toranj sela.

Korača i nosi i radost i jade
U turobnoj tami svojih poznih dneva;
I još dva-tri koraka, pa pod bregom stade,
Gde spomenik s orlom dvoglavijem seva.

Prekrsti se, mermer celiva i oči
Podiže. Tu gore zlatna slova stoje.
I u prvom redu, na mramornoj ploči,
Ugleda imena lepe dece svoje.

Polagano sriče uklesana slova:
„Ratko, Đorđe, Dejan", pa grca i stane,
Srce stiska, zatim sriče, sriče snova,
A pri svakom slovu nova suza kane.

Pod krov njene duše, kô selica letom,
Vraćaju se svetle uspomene dana
Kad je decu divnu, kao stabla s cvetom,
Gledala kraj ornih plugova i brana.

Pred njom sviću jutra žetvena, i ona
Sve stubove kutnje, mlade kô kap rose,
I dične i svetle kô kraljevi s trona,
Gleda među klasjem sa odsevom kose.

Ona snova vidi sve večeri kasne,
Kad je u kolebi svaki kut grohotô;
Vidi sva tri sina, sve likove krasne,
Ognjište i vatru, verige i kotô.

Sve vidi i čuje. I ponori tuge
Pucaju sve dublje, jer, pusta i sama,
Sad koleba ćuti, i sad, mesto duge,
Kao paučina svrh nje visi tama.

Skupila se čeljad. Svi gledaju u nju,
S dubokim bolom skrušeni i sveli;
I svi ovu bledu seljanku u gunju
Suzama bi svojim utešiti hteli.

No starica samo trese se i grca
I upire pogled u spomenik beo,
Svrh kog ustremljeni orô svetlomrca,
Kao da bi majku ogrejati hteo.

I dani sve teku, a mramornoj ploči
Svako jutro, rano, u pojanje petla,
Tiho mati dođe, pa podiže oči,
Moli se i dugo sriče slova svetla.

I dok ona tako, skrušena i sama,
Pred mramorom stoji, tu, u vrhu sela,
I dok rana zvona zvone s tornja hrama,
Obruč zlatan dršće oko njenog čela.

Senke

Vi, senke, što sada po putima mojim
Urličete kobno, kô s razboja hrti,
Ma vi bile kandže svih beda i smrti,
Svejedno, ja vama na belezi stojim!

Ne tresu me više oštrohrte osti,
Ni jed zelen s vaših gubica što prska;
S vama ću u koštac, pa me poput trska
U pritegu vašem prsnule mi kosti.

Ne, vaš pomam nema snage da me satre,
Ja sam gore gde se carske rude kriju,
I na svaki udar raspu se i biju
Iz mojijeh stena iskre zlatne vatre.

O grmenje moje zube krši vreme,
I u njemu svaka hajka lava nađe.
Još su moje snage gorda jedra lađe,
Gde prosipa zora svoje dijademe.

Mičite se s puta! Iz kaljuže ove,
Gde se oreola čovečnosti cepa,
Ja na timor idem, kuda srce lepa
Kupe se i hrle na polete nove.

Onamo, na vrhu, kô dan jedan beo,
Ja ću s kopljem stati, ti, maglena hordo,
I kô požar zlatan, radosno i gordo,
Na bregu lepote izgoreti ceo.

Seoba

Pusto li ćeš biti, Nevesinje ravno,
Rasadniče Srpstva, kolijevko lâvâ!
Pusto, jer se, eto, seli pleme slavno –
A naša budućnost, gdje je ona? – Spava...

Vjerovasmo u nju kô u sveti ćivot
Vasilija svetog što klonule snaži;
Vjerovasmo u nju kô u vječni život –
Vjerujući u vas, o orlovi naši!

A sada vjera naša umire i gasne
Mutno oko gleda u nebo bez zraka...
Pred ikonom plaču javor-gusle jasne,
Jer ostade zemlja bez svojih junaka...

Braćo, zar vas duša nimalo ne boli?
Zar vam nije žao ovih polja ravnih
Gdje se jedno more naše krvi proli
I gdje leže kosti otaca nam slavnih?

Zar vam nije žao, na ognjištu onom
Gdje vas oganj grijô, što će tuđin biti,
Što će naše gore pogrebnijem zvonom
Odjeknuti tužno, a mi suze liti?

Il' ne znate da je izdajstvo junaku
Ostaviti zemlju gdje ga majka rodi,
Ostaviti brata, bez snage, u mraku,
S nevoljama dugim da sâm borbu vodi?

O, ne dajte, Srbi, da Vukova ljaga
Okalja vam obraz čist kô sunce s neba!
Ne idite, braćo, od rodnoga praga,
Jer mučenoj zemlji mučenika treba...

Treba muške snage i viteških ruka,
Treba Obilića i slobodnih lâvâ;
Treba vaše smrti i vašijeh muka,
Jer, tamo daleko, naša zora spava...

Seoce moje!

Seoce moje,
Miloto draga,
Kako si puno
Sreće i blaga!
Prepuno svega,
Što srce žudi –
U tebi miljem
Pune su grudi;
Iz svakog kraja, iz svakog džbuna
Čuje se pjesma ljubavi puna.

Tamo se klasje
Šenice nija –
U zraku gori
Ševa se vija,
Slatka joj pjesma
Radosno sl'jeće
Na brsno granje,
Travu i cv'jeće –
I sve je sluša i sve je žudi,
Milinom njenom pune ti grudi.

Pod gustom sjenkom
Drveta stara,
Vr'jedni se ratar
Sankom odmara;
Podglavlje njemu
Meka je trava –
Pokrivač šire
Nebesa plava;
Mirisni lahor čelo mu hladi,
Da sanak duši bolje mu sladi.

Gle, tamo opet
U dolji, niže,
Potočić kako
Veselo striže!
Pa pere none
Momice b'jele,
I valom šapće:
„Oj sele, sele,
Al' su ti none pune i b'jele,
Pa koga ne bi jošte zan'jele!"

Seoce moje,
Miloto draga,
Kako si puno,
Sreće i blaga!
Što srce želi,
Što duša sniva,
U tebi sve to
Na javi biva.
Iz svakog kraja, iz svakog džbuna
Čuje se pjesma ljubavi puna...

Sestra

Hladna kiša pada. Studen vjetar bije.
Mračni veo noći vasionu krije.
Sve u grobnom miru mrtvi sanak sniva,
Nijedan se glasak glasu ne odziva,
Poljane su puste, nestalo pastira,
Niti milozvučnu slavuj žicu dira;
   Sve je mrtvo, prazno, kô duša bez nade –
   Sve ti tugu priča, terete i jade.

Niotkuda java. Stravom duša trne,
A ja budan lutam posred noći crne;
Željno pogled leti u taj istok sveti,
Željno srce pita: da l' je danak meti?
Tä hoće li skoro kroza guste tmine
I sunašce zlatno nama da zasine?
   A u tome času iz te noći crne
   Zlokobna mi sova više glave prhne.

Al' šta čujem sada? Kakve usne glase?
Da l' nam mila zemlja tužno rasplaka se?
Il' anđeo sleti sa nebesa doli
I nad srpskom zemljom svete suze proli?
Ili soko cvili u toj kršnoj strani,
U duši mu sada rađaju se dani,
   Oni sveti danci kad je sunce sjalo,
   Po gori i dolji cv'jeće iznicalo?

Ne, na hladnom grobu, na golome kamu,
Gledaj jednu momu rastuženu, samu:
Mlado svoje lice u suzama kvasi,
Gruva mlade grudi, čupa guste vlasi,
A uz svaku suzu što joj licem tekne
Žalostiva pjesma tužaljka odjekne,
   I nošena krilom vihora pomamna
   Izumire tiho posred mraka tavna.

Oj, za kime žali to djevojče drago?
Da li otac, majka – najsvetije blago –
Il' joj mila seja u grobu počiva,
Il' za vojnom mladim suzice proliva?
Ne, anđelski glasak mome rasplakane
Tužno zbori: „Brate, moj bijeli dane!"
  A ti sjetni glasi sestrinskijeh rana
  Izumiru tužno posred mraka tavna...

Sestri

(Persi)

Kako bi mi bilo da još tebe nije!
Ti si cigli izvor kojim jade vidam,
Sejo, sunce zlatno, što me blago grije,
Kojim crnu ponoć s duše svoje skidam.

Kô proljetni danak, nakon dugog leda,
Kad se opet vrati pa lug cvjetať stane,
Tako i mom srcu opet sreća svane
Kad me tvoje oko sa dobrotom gleda.

Iskreni i čisti zagrljaji tvoji
Sa mutnog mi oka jadne suze gone,
Pa mi opet duša u san mirni tone
I vraća se bogu i pred njime stoji.

Stoji, pa se moli: da nad tobom bdije,
Da te vječno štiti od sumornih dana,
Da ti nikad srce ne osjeti rana,
Niť bola što život smrtnom mukom bije;

Da živiš i cvjetaš kao cv'jetak mladi
Što u tihoj doli sniva sanke svoje,
Da nad tobom uv'jek čedni slavuj poje
I dane tvog žića rajskom pjesmom sladi.

Sijači

Jutro. Bik riče. Iz široke nozdrve
Para mu bije. Odjekuju strane.
Zlatno, kô klasje zlatno kada dozre,

Izbija sunce, navješćuje dane
Ljiljana skorih. Šume pjesme vrela,
I ranim pupkom pupe gole grane.

Ovo su časi velikijeh djela:
Širom oranih, zamagljenih njiva
Vide se jaki roditelji sela.

Znoj im sa lica udara i liva,
Polako kraču kô da svaki stupa
Kovčegu svetom gdje ugodnik sniva.

Polako kraču. I dok magla tupa
Rastanjuje se, i dok sunce lije
Radosti zlatne iz crvenih kupa,

Svi mašu rukom iznad brazda tije' –
I prodrti im peševi rukava
Lepršaju se, šume, kô da vije

Vjetar u spletu sasušenih trava.
Meni se čini: kô da krila sklope
Svijetle ptice, i svrh ovih glava

Lebde i poju, a iz svake stope
Radnika krotkih, roblja naših dana,
Lovori, sjajni kô zlato kad stope,

Rastu, sviju se, pa vrsima grana
Poljube crna i znojava čela.
I kô da čujem: kako sa svih strana

Horovi zvone, i kô suza vrela
Svjetlost čudesna polako se sliva
Po podrtijem krovovima sela.

I svaki sijač kô da viši biva,
Raste, i svaki pod krstom se diže
Nebu... I na me, usred ovih njiva,

Kô razdrobljene zvijezde, sve stiže
I pada sjeme iz žuljavih ruka;
A ozgo Otac silazi sve bliže:

Uz pratnju silnih i čudesnih zvuka
Oreol sjajni On polaže viš' njih...
I svud iz neba, s vrhova i luka,

Zvoni i zvoni: „Osana vo višnjih...!"
Sja sunce, zlatno kô klasje kad dozre;
Bik riče ispod jela stogodišnjih,

I jutro kadi dimom jake nozdre...

Simzerla

S litica se gavran krije,
   Probija se santa tvrda;
Iz daljina svijetlije',
Kao sanak blag i mio,
Suzne magle plove ti'o
   Preko naših rodnih brda.

Ne umiri s tajnih jada,
   Zagrij svoje prsi ledne!
Čuj! Simzerla pjeva mlada,
Ona bijele širi ruke
I, uz mile, slatke zvuke,
   Darove ti pruža čedne.

Gle, prvjenac leptir mio
   Kosice joj meke ljubi;
Uz gukanje, nježno, ti'o,
Po sunašcu blagodatnom
U poljane čedu zlatnom
   Leću kumre i golubi.

Život, život! – kliču glasi,
   B'jele kite šapću s grana,
Šume gore i talasi;
A na polja i na luge
Kroz šarene trepti duge
   Zlatno kolo vedrih dana.

Zdravo, srećo! U zrak sveti,
   I bez bola i bez tuge,
Kô tica mi duša leti
I daleko tamo gubi.
Da izgrli, da ižljubi:
   Nebo, sunce, šarne duge!

Siroče

Ponoć je n'jema,
Nikoga nema
Kô da se sprema
Životu kraj,
Tek s daljnih strana
Kroz pustoš grana –
Kô smrtnih rana
Očajni vaj,
Vjetrovi ječe i hladnim dahom
Slamaju grudi samrtnim strahom.

Života nije,
Sve tama krije
Kroz dušu bije
Potajni led –
A na prag goli
Močnika holi'
Pristupa s boli
Paćenik bl'jed,
Paćenik tužan, što suze roni,
Siroče malo, kog' ponoć goni...

Mutne mu oči
Jad, strava koči,
I slabo kroči
I kucnu sad,
I čeka glasa
Utjehu, spasa,
Sred groznog časa
Život i nad,
Al' gluhi dvori, gospoda sniva,
Samo se ponoć vjetrom odziva.

Od silne studi
Stadoše grudi –
Samrt se budi
Iz carstva svog,
A u tom trenu
Nebo se prenu...
Anđô se krenu.
– Posla ga Bog –
Nad golim čedom raširi krila...
– Anđeo – duša majke je bila...

A sanak mio
Duši se svio
i zaspa ti'o
Paćenik bl'jed...
Nit' čuje studi,
Nit' vjetar hudi
Kako na grudi
Baca mu led...
A suho lice milo se sm'ješi
Kô nebo kad se oblaka r'ješi...

Jutro je veće,
Gavran se kreće
Kroz magle l'jeće
I traži strv,
Oj, gorkog java
Što suzu dava:
Siroče spava...
Smrzla se krv...
A sjajni dvori ne vide toga
Na pragu žrtvu neljudstva svoga...

Sjećaš li se srce...?

Sjećaš li se, srce, što je nekad bilo?
Sjećaš li se sada prošlosti i dana,
Kad si puno vjere, kao tiče milo,
Dizalo se letom put nebesnih strana?

Ugušeni zrače, u oblaku tuge,
Vihori i b'jesi slomiše ti krila,
Boravište tvoje bjehu šarne duge,
I tičija jata družina ti bila...

Kô nevini cvijet, puno čednog mira,
U zanosu milom grlili te snovi,
I kô akord mili anđeoskih lira
Budila te pjesma zvukom želja novi'.

Netaknuto burom borbe i spoznanja
Živjelo si mirno u želji i plamu,
Al' sve želje drage o kojima sanja
Razduvô je vjetar u poroz i tamu...

Ružičasti veo, kroz koji se žudno
Gledalo u prostor života i ljudi,
Rastrgla je java i poznanje budno,
Pa satana mrska sad pred nama bludi.

O, dajte mi nazad v'jenac prošlih dana,
Vratite mi čase, u kojim' sam samo
Osjećao ljubav i vjerovô sl'jepo
U ljude i Boga što boravi tamo.

Vratite mi srce, gdje bezbrižna sreća
Kô kandilo sv'jetlo sjaji se i blista,
U odjeku groma što se Boga sjeća
I vjeruje uskrs raspetoga Hrista.

Sjenke (I)

I

Kroz suze te gledam, evo,
O anđele sreće moje,
Ti si meni radost pjevô
Iz smirene duše svoje.
Ti mi bješe vedar kao
Plavo nebo u razdanku,
Al' s tvog lica odsjaj pao,
Nema raja u tvom sanku.
Nema mira u tvom oku,
Smrvljeno je srce moje,
U jad, tugu preduboku
Propalo je, propalo je...
Usne su ti tako mrtve,
Tako puste, pune jada,
Kao one hladne žrtve,
Kô mogila mrtvih nada.
Da, mogila, mogila si
Moj anđele, i ja i ti,
Dokle drugog radost krasi,
Dokle drugom zora sviti:
U čeljusti gladne zmije,
Vječnog bola mi stojimo –
Na tvom čelu v'jenca nije,
V'jenca, kog' si nekad imô.
Na mom srcu mira nema,
Mira, što je nekad bio –
N'jema sudba ponoć sprema
A briše nam danak mio.
Kô blijedo lišće n'jemo,
Otkinuto s vitih grana –

Mi venemo, dok svenemo
Na mogili mrtvih dana...

II

Sunce spava, zrak se krije,
Ispod neba magle brode;
Hladan vjetar drvlja bije,
Galeb pišti s mutne vode.

Umrli su vedri dani,
Umrle su pjesme jasne,
Umro cv'jetak na poljani –
Gle, i nebo mre i gasne.

I ti, jadno srce moje,
Umrlo si, izdahlo si;
Bolni izdah, dušu tvoju,
Hladna jesen vjetrom nosi...

III

Ja te gledam... Kroz tu tamu
Što je mutna jesen svija,
Gledam tvoju sliku samu
Što mi jadnu dušu vija.

Vidim tvoje vito t'jelo,
Gustu kosu, slatko lice;
Vidim tvoje grlo b'jelo,
Tvoje oči, trepavice.

I srce ti vidim kobno,
Pustoš gdje se zmije roje,
I gdje demon kliče zlobno
Nad razvalom sreće moje.

IV

Klela si se, a ja bijah
Pun radosti i pun nada,
Pa željano ruke svijah
Oko tvoga t'jela mlada.
Klela si se lijuć' suze...
Ja vjerovah, ah, vjerova',
Pa iz tvoje ruke uze'
Čašu jada i otrova.

V

Ne vraćaj se nikad više,
Nikad više srećo moja;
U mom srcu nećeš naći
Kutak mira ni pokoja.

Nećeš dignuť mrtve snove,
Vedru radost da me prati;
Tvoj zagrljaj nikad više
Ne može mi mira dati.

Zalud sunce pustoš grije,
Tu ne sinu cvjetno doba –
Ko oživlje hladnu žrtvu
Pod mramorjem hladnog groba?

Kô prelomljen bor u gori,
I ja tako trajem dane;
Zalud sine pramaljeće –
Bor ne širi lisne grane.

VI

Nebo hladno, sunce hladno,
Cv'jeće svelo, žubor stao,
Kô nevoljno čedo jadno
Žuti listak s grana pao.

Tužno šumi, kô da ište
Mrtvu sreću prošíh dana,
Al' nad njime vjetri vrište
I gavrani grakću s grana.

Tako pade vjera moja.
I nju jesen mrazom tače,
Pa sad svela bez pokoja,
Na tvom hladnom srcu plače...

VII

Volim gledat' čedo blago
Kad se ljupko smijat' stane,
A u oku plemenitom
Pramaljećnja sreća plane.

Ah, i ti se smijat' znadeš,
Tvoj osmejak toplo grije,
– Al' u njemu, čedo moje,
Bezbožni se demon krije.

VIII

Igranke će skoro biti,
Jesenje su duge noći;
Sve će cure kolu doći,
Moje čedo dođi i ti!

Dođi, dođi i povedi
Razdragano kolo lako,
I u srcu nosi pakô
I lukavo mene gledi...

IX

Pričala mi ruža svela,
Koju si mi nekad dala,

Nasred tvoga njedra b'jela
da je jedne noći stala.

Pričala mi da je neko
Milovao tvoje vlasi,
Sve do zore da je tekô
Slatki šapat, slatki glasi.

Pričala mi kako ti je
I poljubac neko iskô,
I ručice tvoje dvije
Strasnom snagom da je stiskô.

A ti nisi znala drugo
No poljubac slatki dala,
Grlila ga dugo, dugo
I svojom ga dušom zvala.

Pričala mi ruža svela...
A ja ružu plamu dadoh,
Crnu slutnju zbrisah s čela
I preda te opet padoh.

Ja te željno srcu stisnu'
I ljubih ti oči vrele,
Niť čuh kad moj anđô vrisnu
Nad pepelom ruže svele...

X

Ne vjerovah da u sebi
Nebo skriva svjetlost raja,
Al' kad stupih bliže tebi,
Ja se kajah, ljuto kaja' –
Jer kad spazih oči tvoje,
Ja pred tobom s vjerom staja',
Moje srce pjevalo je
Pred dverima svetog raja.

Ne vjerovah ni u pakô,
Al' mrak vidjeh srca tvoga,
Pa sam plakô, ljuto plakô
sa nevjere – pakla svoga.

XI

I sad pramen kose tvoje
Na svom srcu vjerno hranim,
I od crne svoje jave
Obmanom se crnom branim.

I u gluho, noćnje doba,
Kad gorčinu jada pijem,
Nad pramenom kose tvoje
Zaostale suze lijem.

XII

Pobjedilac kralj sam bio,
Ti mi bješe vlast i sila,
I u kruni alem mio
Ti si samo, ti si bila.

Za te stupah posred boja,
Za te dadoh more krvi,
Al' nevjera crna tvoja
Sa glave mi krunu smrvi...

Tad s kajanjem duše svoje
Preda me si tužno klekla:
Tvoje t'jelo drhtalo je,
A niz lice suza tekla.

„O, oprosti, o, oprosti!"
Molila si tužna, jadna,
A ja mrtav od žalosti
Stajah kao st'jena hladna...

XIII

Tvoje male ruke b'jele,
Koje su mi v'jenac plele
I pružale na sastanku
b'jelu ružu mirisanku;
Tvoje ruke, cv'jete mio,
Na koje sam nekad lio
Od radosti suze vrele –
Tvoje male, ruke b'jele
Sada su mi pokoj dale:
Raku su mi iskopale,
U raku sam hladan legô,
Hladnom rukom grudi stegô,
U grudima ljubav svoju,
U ljubavi sliku tvoju,
Dušu tvoju, srce tvoje –
Crnu raku smrti svoje...

XIV

Kad u gluho bude doba,
Ja ću ustat' iz svog groba,
Pa ću tebi usred noći,
Na sastanak opet doći.

Zagrliću tvoje t'jelo;
Tvoje kose, lice b'jelo,
Tvoje oči, grlo krasno
Ja ću ljubit', ljubit' strasno.

Pričaću ti bajke nove,
Vjernost, ljubav, slatke snove,
I sve drugo što će znati
Tvome srcu sreće dati.

Pa ću plavim cv'jetom jednim,
Što na humkam' niče lednim,

Iz pepela što se budi,
Zakititi tvoje grudi.

A kad sine zora vedra,
Trgnuću se sa tvog njedra:
Put do groba suzam' rosit'
I u srcu kletvu nosit'!

XV

S grobova se ploče dižu,
Mračne sjenke gori stižu,
I pod tamom noći mrtve
Skupljaju se hladne žrtve,
Pa se viju, jure, lete;
Magleno se kolo plete,
Poskakuje smrtno roblje,
Potresa se hladno groblje –
A uz tresak muklo poje
Tamni kostur sreće moje.

XVI

Ti večernje, tiho zvono
S tvojim zvukom, što sad bludi,
Moj duh, što je s jada klonô,
Iz mojijeh nosi grudi.

Odnesi ga i utopi
U srdašce čeda moga,
Tu nek vječno krila sklopi
Nad pepelom mrtvog Boga.

XVII

Zbogom pjesme radovanke,
Vedra čeda duše moje,

Vaše ruže mirisanke
Hladni vjetar raskidô je...

Blagi izvor, iz koga mi
Žuboriste svakog dana,
Sad u mrtvoj sniva tami
Kô na grobu suva grana.

Nikad više, nikad više
Neću snivat' vedre snove –
Moja ruka suze briše,
A na oči suze nove...

Tek kroz spomen mrtvih dana
Ja ću slušat' vaše zvuke,
Dok od bola i od rana
Ne prekrstim hladne ruke...

Sjenke (II)

I

Spram blijede mjesečine
ja ti gledam sliku krasnu,
Gledam tvoje oči mile
I u njima sladost strasnu.

Spram blijede mjesečine
Stara mi se ljubav budi,
Pa na usta sliku mećem,
I ljubim ti slatke grudi.

Ah, te grudi u kojima
Mjesto neba, mjesto boga,
Dželat stoji i sa ruku
Briše krvcu srca moga.

II

Ti mi bješe anđô pravi
I rajske mi pruža dare –
I pred moje oči stavi
Ružičaste naočare.

Ja sam kroz njih blažen gledô
Na svijet, ljude, i na stvari,
I na tebe, milo čedo –
Al' spadoše naočari...

I ja vidjeh: avet niska
Gdje poda mnom kopa zjalo,
I otrovnim zubom griska
Tvoje meko srce malo...

III

„O, smiluj se! Preklinjem te,
Nemoj nikom tajnu reći!"
Ne kidaj se, čedo drago,
Ja ću tajnu u grob leći.

U grob hladni, kog si sama
Iskopala, čedo moje,
U duboki, grob bezdani,
Tu, u jadno srce svoje.

IV

Usamljeno tiče malo
Ugleda me s grana goli',
Pa dršćući slabim krilom
Poče da me tužno moli:

„O, smiluj se, tičji druže,
Mraz me bije, zima goni,
Jedan kutak u tvom srcu,
Pokloni mi, o, pokloni!

U proljeće tvojih nada
Pusti ovo slabo tiče
Da klonula krila zgrije
I radosnu pjesmu kliče."

O ti jadno, tiče malo,
Ti ne traži srce moje,
Tu proljeća nema više
Gdje ledene sante stoje.

V

Iz jesenje noći tavne
Moj poznanik mjesec plavi,

Kao spomen sreće davne –
S blijedim se zrakom javi:

„Gdje je tvoje čedo smjerno,
Tvoj anđelak tako mio,
Na sastanku što je vjerno
S tobom slatke suze lio?"

Moje milo čedo smjerno,
Sada novu ljubav pije:
Sada drugog ljubi vjerno
I s njim slatke suze lije...

VI

Ja raskidam veo tavni
Što mi prošlu sreću sklanja;
Oživljavam ushit davni
Veseloga radovanja.

Zaboravljam da sam pao
Kô sa grane listak sveo,
I da jedan anđô zao
Nevjeru mi crnu spleo.

Opet mi se duša zgr'jeva
I kroz zlatne bludi snove –
Tako labud pjesmu pjeva
Kad ga samrt u grob zove...

VII

Što grakćete tako zlobno
Oko mene gladni vrani?
Traž'te tamo mjesto kobno,
Da vas lednom žrtvom hrani!

„Ne goni nas, tă mi znamo
Gdje se za nas gozba krije:
Daj nam srce, daj ga amo
Mrtvo ti je, mrtvo ti je!"

VIII

Kad se gluho doba svije,
Jedna avet meni kroči,
Pa lubanje spusti dvije
I tu paklen otrov toči.

Al' se kuca, al' se pije!
Iskapimo kapcu svaku,
A avet se gromko smije,
Pa mi crnu sprema raku.

„Ti podzemna sjenko tavna,
Pusta će ti želja biti:
Ja sam svikô već odavna
Smrt i paklen otrov piti.

Evo, gledaj!" Pa iz grudi
Trgnem bole srca svoga;
Avet vrisne, pa zabludi
Posred carstva maglenoga...

IX

Proklet bio onaj časak
Kad mi druga na um pala,
I kad moja duša mračna
Drugoj svoju ljubav dala!

Proklet bio trenut oni
Kada drugoj srce dao,
A i tebi, čedo moje,
Kada više vjerovao...

X

Sitna kiša tiho sipi,
Po nebu se tmine gone;
Kô uzdisaj tajne sreće
Moja duša u noć tone.

Leti, bludi i u magli,
Kô proljetni zračak plane;
Na prozore tvoje sleti,
Pa na zemlju mrtva pane...

Tako zv'jezdu nada vara:
Za željom se sv'jetla vine,
Pa sa neba tužna pada
I od hladne smrti gine.

XI

Ti ćeš lako s tugom proći
I vesela opet biti,
Nit' ćeš, zlato, u samoći,
U kajanju suze liti.

Ta nevjera – crni gr'jesi –
Trt' te neće, moja mila,
Tâ ti nikad i nijesi
Meni, zlato, vjerna bila...

XII

Okreće se kolo lako,
Zvučni cimbal mira ne da,
Ruka ruku steže jako,
Draga dragog milo gleda.

I ja dragu gledam mnogo –
Sa lica joj blagost grije;

Ko bi ikad reći mogô
Da u njojzi srca nije...?

XIII

Kod mene će gozba biti;
Izvrsno ću jelo spraviť –
Slatko će se vince piti
I vesela mladost slaviť.

Zboriće se šale krasne,
Družina je odabrana –
Pjevaćemo pjesme jasne
Sve dok svane zora rana.

Ne zakasni! Drage volje,
Moja mila, dođi i ti;
Da ti gozba prija bolje,
U društvu će i on biti...

XIV

Kad na gozbu dođeš meni,
Budi ljepša od svih vila:
Nek ti lice radost ljubi,
A na t'jelu šušti svila.

Pusti tvoje kose zlatne
Niz ramena nek se gube;
Nek ti živo oko plane,
A osm'jesi usne ljube.

Još na grudi cv'jeće stavi,
Cv'jećem kiti taj grob mrtvi,
Grob iz kog se samrt javi
Tvom draganu – tvojoj žrtvi...

XV

Kô cvijet je srce tvoje:
Tako njež an, blag i mio –
Mnogi leptir pijuć' slasti
Na njemu je blažen bio.

I ja jednom dođoh cv'jetu
Da iz nježne pijem čaše,
Al' ta čaša prazna bješe –
Leptiri je isisaše.

XVI

Kô da nebo nije nebo,
Kô da gladna avet vrišti,
I olovnom rukom hladnom
Zemlju davi, pa je tišti.

Kô da sunce nije sunce,
Kô da gore sami b'jesi –
Kô da čelo pogruženo
Natpakleni prže gr'jesi...

Kô da zv'jezde nisu zv'jezde,
Nego sjenke što se miču,
I nad mrtvim Stvoriteljem
Pobjedničku slavu kliču.

Kô da crni zloduh stiže
Moju jadnu dušu piti –
O, kako je mučno živit',
A na sv'jetu mrtav biti...

XVII

Dok je Boga biće svega,
I radosti i veselja,

I u srcu slatkih nada,
I u nadi slatkih želja.

Dok je Boga biće svega:
Zv'jezda, neba, čarolija,
Cv'jeća, raja, i anđela,
I sa njima slatkih zmija...

XVIII

Ja poletih sjajnoj zori,
U zori mi sanci sjali;
Ja poletih tebi, dušo,
Al' tvoj sjaj mi krila spali.

Krila spali i pomuti
Vječnom suzom oka oba,
I sahrani sreću moju
U provalu hladnog groba...

Tako tiče nebu prhne
Kad jutarnji zračak plane,
Pa pjevajuć' slatku radost
Gladnom kopcu u kljun pane.

XIX

Magle plove; s golih grana
Otimlju se suze drobne;
Vjetar bije s daljnih strana
I promiču tice kobne.

Vjetar bije s daljnih strana
I promiču tice kobne;
U tom vrtu s pustih grana
Čujem jauk pjesme grobne.

Čujem kikot sudbe crne,
Što kroz gustu maglu kreće:

„Doć' će opet pramaljeće,
Ali tebi, tebi neće..."

XX

Oj, živote, moj živote,
Kako si mi pust i tavan,
Kako si mi prekukavan,
Oj, živote, jade moj!

Sve mi ruže jesen ote
I u mračnu rasu tamu,
A ostavi pustoš samu –
Oj, živote, jade moj.

Ona, što ti rajem bješe
Duboki ti pakô dade
I otrova tvoje nade,
Oj, živote, jade moj.

Njene ruke razniješe,
S tvog vijenca zlatno cv'jeće,
Što se nikad vratit' neće,
Oj, živote jade moj...!

Sjeti me se...

Kad ti tajni glasak sjetni
  Mirnog sanka trgne slas',
Sjeti me se, cv'jete dragi,
  To je moje duše glas.

To je ljubav, što se diže
  Sa prestola srca mog,
  Pa se moli, da te srećnu
Vječno štiti blagi Bog!

Skender-begova sablja

Posvećeno milim čitaocima „Goluba"

Šta su munje, gromi šta su –
Kad zaplamte u užasu,
Svod nebeski tresuć' sav?
Šta je sila lanca stega,
Prema sili Skender-bega
Šta je onaj gorski lav?

Da, lavska je sila manja
Đorđevoj se ona klanja;
Pred njim puca stanac ljut!
Silnu četu Azijata,
U dušniku groza hvata,
Pred njim strepi kao prut.

Ima Đorđe, soko sivi,
Čudo jedno kom' se divi
Cio svijet, star i mlad,
Ima Đorđe sablju jednu
Čudnu sablju, izvanrednu,
Kojom spravlja vragu jad.

S njom pres'jeca oštre lance
I kamenje, tvrde stance,
Gvožđe samo, čelik ljut,
I konjica, konjanika,
Uzduž s'ječe oklopnika
Bez napora svaki put.

Po svijetu svako znade,
Pa i caru glas dopade

U prostrani Carigrad:
Kako Đorđe sablju ima
S neviđenim čudesima –
Njoj se divi star i mlad.

Časa neće čekat' više,
Sitnu knjigu Đorđu piše –
A željom mu sija glad –
U knjizi mi 'vako veli:
„Oj junače, Đorđe silni,
Daj mi sablju na ogled!"

Silan Mehmed dlanom lupa,
A pred njega vezir stupa –
Papuče mu ljubi đon,
I preklonjen pred njim staše:
„Zapovijedaj, sunce naše!
Rob sam vjeran", reče on.

Rado Mehmed progovori:
„Dobro pamti riječ cara
I svemoćni njegov glas:
„Đorđi nek se pismo nosi
Jer inače propao si,
Ne počasi niti čas!"

Stari vezir ljubi skute:
„Vjerno, care, služiću te,
Glavom jamčim vjeran rob.
Tvoja volja proroka je!
Ko je gazi proklet da je –
Na čengele našô grob!"

Dan za danom sve se niže
Dokle sitna knjiga stiže
Skender-begu junačkom.
Pismo čita, pa već gordu
Caru šalje svoju đordu
Da okuša snagu njom.

Kad Mehmedu sablja stiže
Sa svoga se trona diže,
Na licu mu sreće sjaj:
Sabljom s'ječe i okreće –
Al' nu muke: sablja neće
Da pres'jeca čelik taj.

„Haj, đaure, bezdušničev",
U pomamu Mehmed viče.
„Nije ovo sablja ta,
Kojom taka čuda stvaraš,
Ti Mehmeda samo varaš,
Evo ti je povraća!"

Kad se sablja vlastelina
Nazad vrati iz daljina
I u njegov stiže dvor,
Čudno Đorđu oko sije
Grohotom se junak smije
Na taj prazni carev zbor.

Pa mu piše: „Gospodare,
Od Stambola sjajnog care,
Ne preziri Đorđev dar,
Sablju sam ti darovao
Al' desnice nisam dao,
Nit' junački oganj, žar!"

Slatki sanče!

Slatki sanče, mili dragi druže
Mladalačke zanošljive duše!
Ao sanče, šta bi od nas bilo,
Da nas tvoje još ne tješi krilo?
Ti nas čaraš, ti nam duši stvaraš
Nove dane slavom obasjane,
Ti nam vraćaš uvehnuto cv'jeće,
Ti nam vraćaš ono sunce sreće
Što je davno s našeg neba palo,
Pa se u grob hladni stropoštalo.
Ti nam vraćaš, ao sanče mili,
Novu snagu izgubljenoj sili...
Ti nas dižeš na prestole moćne,
I od tame rastavljaš nas noćne.
Sve to, sanče, ti nam duši stvaraš,
Sve to, sanče, nama obećavaš.
Ali, sanče, sve je to badava:
Jer u grobu srpska sloga spava...
Prezrena je od sinova svoji'!
Usamljena s tugom dane broji...
Ao, sanče, sve je, sve badava:
Jer brat brata za zlato prodava,
Pljuje ime, vjere se odriče,
U duši mu crni pakô niče,
Ne zna Boga – ne znala ga sreća!
Krsta huli, Hristova raspeća,
Nevjernik je – svoju vjeru m'jenja,
Nema duše niť ima poštenja;
Sa jatom se tuđijem udruži
Pa na štetu roda njemu služi...
Rodu plete oštre biče muka –
Pratila ga kletva kao Vuka!
Koljeno mu utrlo se crno,
U ponora vječnoga posrnô,
„A zemlja mu kosti izmećala"
– Oj Srbine, tebi sreća cvala!

Slavni rod

Slava, oj, rodu tom,
Koji za ime mre,
I silnog neba grom
Slobodno gledat' sm'je!
Ni muka, pelen, jad,
Ni petstoljetna noć,
Ne ruše njegov nad
I sv'jetle vjere moć.
Orkan se diže, al' jak je brod,
Moli se Bogu svom –
Viteškog Srpstva rod je to – rod!
O, slava rodu tom!

Otkako sv'jeta sjaj
S prestola budi Bog,
Uv'jek je narod taj
Imao maha svog;
Nikada nije – ne!
Puzio kao crv,
Ponos mu bio sve –
Za obraz lio krv;
Slobodni orô širio je let,
Pred njim se sklanjô grom,
U sv'jetu bio najveći sv'jet!
O, slava rodu tom!

Kroz sunca jasni lik
Dokle se javlja Bog,
Svud će se čuti klik
Srbina, groma mog!
I horiće se, horit'
Pjesma i njegov glas!
I boriće se, borit'
Za ime, vjeru, čas'!

Vjetrovi, munje, rik b'jesa svog,
Gromova divlji lom,
Srušiti neće sjaj roda mog –
Oj, slava rodu tom!

Slavuju

Oj ti tiče milopojče,
　Laganoga leta,
Druže gore, druže luga
　I mirisnog cv'jeta!

Što umuknu s pjesmom slatkom,
　Što se snuždi, tiče?
Zar iz duše radost bježi,
　A tuga ti niče...?

Zar ti nemaš nade vrele
　Što ti srce zgr'jeva?
Zar ti nemaš nade vrele
　Što o dobru pjeva?

Gledajuć' te, čini mi se,
　Da je tvoja tuga:
Što bez cv'jeća vidiš goru,
　Vidiš pusta luga;

Što se vihor oko tebe
　Širi lomeć' grane,
I što tama gusta, crna
　Prati naše dane...

Al' ne tuži, milopojče,
　Nek te grije nada!
Vihor, jesen, zima, hala
　Vječno nam ne vlada.

Sa proljećem vratiće se
　Bujan život, snaga!
Tad će s' opet da zahori
　Tvoja pjesma draga.

Sloboda

Petru Kočiću

Ona će doći! Iz smrti, iz groba,
Iz muka naših vaskrsnuće nebu,
Da zbriše suze ostavljenog roba,
Što ranjen živi o krvavom hljebu...

Ona će doći! Ja vidim: kroz tamu
Probija svjetlost božanskoga lika,
Tirani gnusni dave se u sramu
Dok lanci pršte silnih mučenika.

Ona će doći, svijetla i čista
Kô suza majke, kao ljubav Hrista,
Da sužnje vodi iz tamničkih vrata.

Ah, moja duša već je ćuti blizu –
Ja vidim njenu božanstvenu rizu
I čujem ropac krvavih Pilata...

Slutnja

Skoro će, možda, sa pokrovom tame,
Studena zemlja popadati na me
I doći meni pošljednji minuti.

No moja duša ostaće da bude
Lagana ptica ove rodne grude,
Topla, lijepa, kô zorini puti.

Ovdje u kršu, gdje su drače tuge,
Iznad rijeka, zavičajnih vrela,
Oskudnih polja i ubogih sela,
Sviće gnijezdo od sunca i duge...

I svuda srca gdje razdrta stoje
Ona će bdjeti kô noću planeta,
I na svom krilu, skrušena i sveta,
Nositi nebu suze zemlje moje...

Smiraj

U strani zvona pre'odnikâ zvone.
Kô jedna krupna jabuka se spušća
Crveno sunce, i za greben tone.

Strmena šuma postaje sve gušća,
Prozirni suton obuhvata grane,
I sanjiv pada po zrcalu ušća.

Rijeka šumi. Trske uzdrhtane.
Pošljednja pjesma iz gnijezda zvoni.
I, meka, topla, raspe se i pane

Po putanjama... I dok nebo roni
Prvu zvijezdu nad tihom rijekom,
U meni raste grki pelen boni...

Ja sada mislim o dobu dalekom...
Mislim na noći, pune hrizantema,
Na vrt preliven mjesečinom mekom –

I na zvijezde što ih više nema...
Uza me boli pružali se moji
Kô mrki čopor pantera kad drema...

Ja ležim, evo, kô ranjenik koji,
I dok se gubi zvona jecaj ledan,
Nada mnom, draga, crni čempres stoji,

I povija se kô crn plamen jedan.

Snijeg

Pod nebom, na visu, gdje još stala nije
Prljava stopa zvjerova i ljudi,
Zahodno sunce spokojno te grije
I tvoje srebro kao vatra rudi.

Tvoj blesak crven kô crvena svila
Ja vidim kruži jedan orô stari,
I gleda zapad što se silno žari
I purpur baca na njegova krila.

I ti si sretan, počivaš u miru,
Sunce ti daje rumenu porfiru,
Al' tvoju sudbu ja znam, hladni care:

U ponor mutan sjutra ćeš se sliti,
I mjesto orla družba će ti biti
Rugobna žaba i muljave bare.

Snivao sam... (I)

Snivao sam... Sanka krila
Nosila me božjem raju,
Al' u tvome zagrljaju
Tek raj nađoh, zoro mila.

Snivao sam... Sanak lepi
U dvore me vinu majske,
Al' kô dahom duše t' rajske
Bolne grudi ne okrepi...

Snivao sam... Sanak bajni
Odnio me zv'jezda visu;
Al' mi oči vid'le nisu
Takvih zv'jezda, tako sjajni'.

Snivao sam... Al' tek sanak
Nebesko mi pruža piće,
Kad odmorim mlado žiće
Na grudi ti – raja stanak...

Snivao sam... (II)

Snivao sam... Noć je bila,
Nebo bilo zv'jezda puno,
A tih oblak plovio je,
Zlatan kao zlatno runo,
Il' kô da su blagi vjetri
U zv'jezdama polja plava,
Pronosili zlatni veo
U kom mila zora spava.

Naša brda blistala su
Od svjetlosti noćne tajne,
Kao da ih prepuniše
Zlatna žezla, krune sjajne;
A doline, ravni naše,
Kô dragi su kamen bile,
Kao da su s b'jela grla
Tu rasule đerdan vile.

Svijalo se golo granje
Kô da sluša božje slovo,
A na svakoj grobnoj humci
Rađalo se cv'jeće novo.
Brda, dolje, r'jeke plave
I potoka žubor mio,
Jednim zborom, glasom jednim,
Moljahu se Bogu ti'o...

Moljahu se Bogu ti'o
A zlatan se oblak povi
I propoja: „Radujte se,
Ja sam vjesnik dana novi'!
Ja sam vjesnik sreće, mira,
Mene k mrtvim Gospod šalje,
Da vaskrsno sunce javim!"
Pa otplovi nebom dalje.

A kô tica kada prhne
Iz krletke, mračnih žicâ,
I moja se duša uzvi
Za oblačkom put zv'jezdica;
I daleko u visini,
Gdje se zlatni pramen vio,
U svijetlim zvjezdicama
Molila se Bogu ti'o...

Snovi

Na tajnom mjestu, gdje smo nekad brali
   Mirisno cv'jeće pramaljeća sjajnog,
Pod krasnim v'jencem ružičica mali'
   Viđô sam opet mog anđela bajnog...

Kroz njene bujne raspletene vlasi
   Svježi je vjetrić lepršao krilom,
Kô čisto sunce, što nebesa krasi,
   Sjao je osm'jeh na licu joj milom.

A njeno oko bješe tako blago
   Kô prvi cv'jetak što ga nebo budi,
Sveto, kô ono uzdisanje drago,
   U pjesmi slavlja, što kroz ponoć bludi...

I sinu vjera i uskrsnu nada
   Slatka kô miris ljubice i smilja;
Sa pjesmom duša zaigra se mlada
   I kao potok razli se u milja...

I ja ljubljah tako silno, strasno...
   Kô zorin zračak onaj cv'jetak mio,
Al' kad me iz sna trže sunce jasno
   Na mutnoj javi ja sam suze lio...

Spomen

Gospodinu potpukovniku Živ. J. Rankoviću, komandantu 14. pešad. puka i komandantu mesta

Svi oni što su svetlilo naših dana
I naše radosti vrelo,
Što su u buri samrti i megdana
Kô bura stupali smelo:
U hramu moga srca i duše moje,
Kô svete ikone stare,
U odblescima zlatnih kandila stoje
I večno trepte i zare.
I Tvoj lik časni u njihovom okviru
Svetli se, greje i krepi;
I njemu, evo, tople psalme uz liru
Ja pevam, Junače lepi!

Spomenci (I)

I

Ne mirišu danci planinskijem cv'jetom,
Gle, malena tica kako slabim letom
Prelijeće lug,
A sjetna joj pjesma sa trepetom tone
U sumračni krug,
Pa smorena tugom na grančicu klone
I sa bolom gleda na uvelke one...

Oj, tičice moja, što te goni tama,
U bolima tvojim ti nijesi sama,
I ja sam ti drug:
Sa pjesmicom tvojom, što je tuga kreće
Kroz oblačni krug –
Moja duša bludi i sa suzom sl'jeće
Na mogilu dana što se vratit' neće.

II

Onamo, gdje lipa usamljena stoji
Odvode me misli uspomena moji';
Tu je mjesto drago,
Gdje sam snove snio, gdje sam ljubljen bio
Ljubeć' čedo blago.
Tu, gdje mnoge noći i večeri kasne
Iz mirne daljine slušah zvuke jasne.

Svaki trepet zvuka bješe sreća sama
I utjeha mila, koja bole slama
A podiže nad,
O, al' mile zvuke raznese mi tama

I jesenski hlad...
Samo lipa stoji, gole grane stoje
Nad pustinjom mrtvom davne sreće moje...

III

Po večernjoj magli, što suzice roni,
Sa crkvice naše glas molitve zvoni,
A ja bludim sâm
Njenom dvoru b'jelom, da joj s dušom c'jelom
Žarki poljub dam...
Sve do zore plave da sa dragom bdijem,
I na njenom srcu svoje srce grijem...

A vjetrovi hladni kô da s glasom sl'jeću
Ne odlazi tamo kud te želje kreću,
Uzalud su nade,
Dvor ti pustoš sprema, jer tu ruže nema,
Da ti ružu dade...
I mladost će minut' i godine preće
A tvoja je ruka zagrliti neće...

IV

Mila sliko njena, uspomeno draga,
Ja te vječno gledam... Ta dva oka blaga
Dva su sunca moja!
Gle, na milom njedru priljubljena stoji
Ona ruža moja...
Pod grocem b'jelim biserje se roji –
Kao tajne suze uspomena moji'...

Oj, vi oči mile, oj njedra, oj vlasi,
K vama u daljinu otimlju se glasi
Sa uzdaha mog...
Još su vaše draži sancima mi svijem
Neporušen Bog!
Na žrtvenik njima, evo, v'jenac vijem,
Zaostale suze na cvjetiće lijem...

V

Po žicama tankim na zlaćanoj citri
Krećahu se lako prstići joj hitri;
Njezin glasić mio,
Prateć' slatke zvuke po zvjezdanom krugu
Gubio se ti'o,
A u nježnu pjesmu, u zelenom lugu,
Slavujak je tiho pleo svoju tugu.

Pod prozorom malim stajô sam bez mira,
A kô sveti akord sa nebeskih lira
Bješe njezin poj,
I od onog časa samo za njom bludi
Strasan uzdah moj...
I kad noćca pane, i kad zora rudi,
Nju i slatke zvuke sjetno srce žudi...

VI

I doći će trenut... horiće se glasi,
Vijenac će obviť tvoje meke vlasi,
Zašuštaće svila...
Pod tankim duvakom odvešće te svati
Od majčinog krila...
Pred svetim oltarom ti ćeš mirno stati
I njemu ćeš vječno tvoju ruku dati...

Ako u tom času tvoje sreće mirne
Jedan tajni uzdah sa trepetom dirne
Tvoje lice blago,
Ne goni ga s kletvom, nek mu nije žao,
Već znaj, čedo drago,
Anđô moga mira da je tada pao
I uzdahom zadnjim blagoslov ti dao...

VII

Ne sjećaj se na me... U dalekom sv'jetu
Počivaj mi mirno kô rosa na cv'jetu;

Zaboravi glas
Ljubavi i vjere, što nas nekad zvao
Na zavjetni čas –
Zaboravi uzdah koji sam ti dao
Na rastanku vječnom, kad sam s bola pao...
Ne sjećaj se mene, niti moje tuge,
Veselo mi gledaj nebo, šarne duge
I zeleni kraj,
Jer u mojoj tuzi i sreća se krije
Kô proljećnji sjaj:
U njezinoj suzi nikad kletva nije,
Nego tvoja slika u kapljici sije...

VIII

Kad mi nikad više nećeš ruku dati,
Bar uzdahom tajnim na putima prati
Onog, koji strada...
I raširi njedra, kad se tebi vrati
Moja duša mlada.
O ti, što joj sreću i san mirni uze,
Orosi je kapljom tvoje mile suze.

Kad bi samo jedna tvoja suza pala,
Duša bi se moja u vedrini sjala,
A kroz blagi sjaj
Planula bi vjerom i grlit' bi stala
Izgubljeni raj,
Jer suzica tvoja rosica je čista,
Pod kojom i svela ružica zablista...

IX

I doći će danci pramaljeća vedra,
Gorica će cv'jetom okititi njedra;
Kroz zeleni gaj
Hor milih slavuja letiće sa grana
Da proslavi maj,
U svjetlosti zlatnoj nebeskijeh strana

Dizaće se himna uskrsnulih dana.

Sa uzdahom slatkim ljubičica mladi'
Doletiće vjetrić da nam čelo hladi,
A lagan mu let,
Kô uzdisaj mio, lelujaće ti'o
U dolini cv'jet...
Samo u mom vrtu lelujat' se neće
Pod rosicom blagom pramaljećnje cv'jeće...

X

Kad mi sjetna suza mutno oko rosi,
Uzdah moje duše na krilu je nosi
Na daleki put,
Uzalud je tamo s hladnim dahom bije
Mraz i vjetar ljut,
Ona trepti, sjaje, jer što ljubav grije
Ni u hladnom mrazu bez života nije...

Čuj, kad suzu moju uzdah ti donese,
Pa je sa svog krila polagano strese,
Daj joj njedra daj...!
Jer na njedru tvome proljeća su živa
I zlaćani maj,
A suza je rosa, što tek sretna biva
Kad na l'jepom cv'jeću umire i sniva.

XI

Kô da nije jesen, nit' se sumrak snio:
Pod mladijem grozdom sočni prut se svio,
A tičiji glas
Iznad modrih žita slatkom trilom zvoni
I pozdravlja nas.
Leptirica trepti i kô pramen snježni
Polagano pada na pupoljak nježni.

Gle, s grana se b'jele pahuljice roje,
Pa se nježno pletu u kosice tvoje,
A ja blažen stojim,
Pa ti v'jence vijem i svu dušu grijem
Poljupcima tvojim...
Oj snovi bez mira, al' varati znate,
Da na mutno oko novu suzu date!

XII

Ako moje pjesme spomenom te more,
Pa bez sanka bdiješ sve do same zore
Ugušiću poj –
Čedo duše moje, što grli bez mira
Sjajni prizrak tvoj,
Zvuk, što u tvom srcu tihi pokoj dira
Probuditi neće nikad moja lira.

Iskidaću žice... Kô dan kad se gasi,
Nek pod nebom umru pošljednji uzdasi
I pošljednji poj...
No suze će moje biti moji glasi
I uzdisaj moj;
I kad umre, pjesma umrla mi nije,
Jer besmrtnost njena u suzi se krije...

XIII

Sahraniću ljubav. U pokoju svetom
Pokriću je dušom i uvelim cv'jetom,
A tičica roj
Pozvaću iz luga, da nad njome slije
Oproštajni poj,
I sunce ću molit', da vječito grije
Na mogilu mirnu što mi ljubav krije.

Oj, putniče, ako u proljeće sjajno
Nanesu te puti na to mjesto tajno:

O, ne gazi cv'jet,
Što će tude mirit'. Ljubavi umrle
To je sanak svet,
U kome se blago njene draži grle
I mila čistota njene duše vrle...

Spomenci (II)

I

Gdje si, mila ruko, što me grlit' znade,
Što mi jednim stiskom novi život dade
I otvori raj,
A mlađano srce pretvori u snove,
U plamen i sjaj?
Gdje si, ruko mila...? Usred noći ove
Kroz suze i tugu tebe srce zove...

Zove te sa plačem, uzdahom i vriskom,
Da mu snova digneš, sa vrelijem stiskom,
Blaženstvo i moć.
Zove te, al' nigdje odziva mu nije,
Svud je mrtva noć...
Samo gusta magla sitne suze lije
Kô da moju tugu u svom mraku krije...

II

O, zašto se javljaš meni,
Kad mi duša sanak sniva?
Što u tvojoj miloj zjeni
Žalosna se tuga skriva?

Što me kroz noć staneš zvati,
Šta ti sjetni glasak ište?
Ja ti nemam ništa dati –
Ja sam mrtvo pepelište.

Sve što imah ja ti dado':
Misli, dušu, ljubav, snove,

I srce ti pružih mlado,
Da te svojim nebom zove.

Sve ti dadoh, tek u oku
Zaostale suze krijem,
Pa i njih ti eto dajem,
Nad mrtvom ih srećom lijem...

Srbadiji

(Na petstoljetni Vidovdan)

Srbadijo, vatro živa,
   Srbadijo, orle moj!
Nebo ti se razgaljiva,
Sve se većma gubi, skriva
Petstoljetna mrska tama,
Sa kopljem je svjetlost slama
   Veseli se, pjesmu poj!

Utri suze čemer-jada
   Nek umukne gorki vaj,
Uskrsnuće tvoja nada,
Što je gaji duša mlada;
Tvojih milih svetih snova
Rodiće se zora nova,
   Rodiće se Srpstvu maj!

Patili smo petsto ljeta
   Al' je tako htio Bog:
Da nas sudba goni kleta,
Da okuša da l' će znati
Srbin borbu održati,
I kô soko sa vrleti
   Trzat' lanac vrata zlog.

Haj, budi se, moj sokole!
   Već je blizu jadu kraj –
Zaboravi teške bole,
U budućnost smjelo brodi,
Digni slogu na prestole,
   Tâ ona te sreći vodi –
Ona rađa slave sjaj!

Srbima u Mitrovici na Kosovu

koji su započeli zidati crkvu, Hram Svetog Save

Ja ne snivam... moju dušu
Anđeoska dižu krila,
Pa Kosovu leti ravnom,
Da vas grli, braćo mila!

Da vas grli, i da ljubi
Vaše lice, vaše čelo,
Na koje je mutno doba
Mučenički v'jenac splelo;

Da vas ljubi, da vam suzom
Svoju velju radost kaže:
Blago rodu, blago zemlji,
Gdje se bratac s bratom slaže!

Vi ste braća, vi ste ljudi,
Zažižnici srpske zore –
Svete sjenke sa Kosova
Blagoslov vam danas zbore!

C'jelo Srpstvo danas kleči
I krst časni meće na se,
A molitva čista, sveta
U visini talasa se:

„Daj im, Bože, volje jake,
Da izdržat' muke mogu,
Da dovrše sveto djelo,
Posvećeno tebi – Bogu;

Pa kad kube sjajnog hrama
U tvom jarkom suncu sine,
I zabruje zvona sveta
Jasnim zvukom sa visine,

Čuj molitvu njinog srca,
Čuj im želje, čuj im glase...
Pa nek jekne Šar planina:
Srpstvu zora rodila se!"

Srbin živi

Nek je palo bezbroj četa,
    Nek Kosovo slavu ote,
Još misao živi sveta
    Kroz sve jade i strahote.

Nek oluja doba ovog
    Progoni nas, kida, mrvi,
Još je groma Dušanovog,
    Jošte Srbin ima krvi.

Ima krvi! Vjere ima,
    Što mu snagom dušu hrani:
Jad ga goni v'jekovima –
    V'jekovima on se brani.

Svaku stopu zemlje mile
    Krvlju svojom topio je –
Ali krila muške sile
    Spravna svetom cilju stoje.

Sa gusala odjek sveti
    Krv mu kreće, srce snaži,
Pa nek zlotvor mukom pr'jeti
    Srbin živi – svoje traži.

Nek je palo bezbroj četa,
    Nek Kosovo slavu ote,
Još misao živi sveta
    Kroz sve jade i strahote.

A kad Srbin sloge žarom
    Pričesti se jednog dana,
Zabrujaće slavom starom
    Sveta zvona sa Dečana…!

Srbinovo oružje

Kad ostavi Srba sreća,
   I goni ga sudba crna,
I tužnome, mjesto cv'jeća,
   Pruža oštra v'jenac trna;

Kad mu ime, vjeru, časti
   Gazila je zloba vraga,
Pod nasiljem pakla strasti
   Služila mu seja draga.

Kad pod ada stravom mrskom
   Zemlja mu je suze lila,
A njegovom krvlju srpskom
   Zmija dušu krijepila.

Za odbranu časti, vjere
   Trzao je Srbin mača,
Da slobode cv'jeće bere –
   I dušmane da nadjača;

Da satanu gadnu smrvi
   Prezirô je muke ljute;
Gazio je more krvi,
   Širio je slavi pute.

Al' oružja jačeg ima
   Što nam crnu ponoć slama,
A okove ropske snima
   I vlast sile pruža nama;

Provodi nas kroz mrakove
   Do dvorova moći slavne,
Slobode nam zlatne, nove
   Budi vedre, sv'jetle dane.

To oružje što sve slama
  Čili duh je punan moći;
Bistri razum, gdje se tama
  Nije svila, nit' mrak noći;

Što od sebe sve odbije
  Što je sramno i prezreno;
Što pred srdžbom sudbe nije
  Lednom tugom oboreno;

A s branika svetog prava
  Ne odstupa, ne skriva se,
Sa smjelošću gordog lava
  Trpi muke i užase.

To oružje, što sve ori
  I do zlatne vodi mete,
Čisto j' srce, u kom gori
  Žar istine, pravde svete.

Što se trudi da saplete
  V'jence slave rodu svome;
Da razagna tmine klete,
  Što mu majci grudi lome.

S tim oružjem, darom neba –
  Napr'jed, brate, svud bez straha!
To oružje tebi treba
  Srbadijo, munjo plaha!

S tim oružjem smjelo hodi
  I cilju ćeš bliže biti,
To oružje sreći vodi –
  Sa njime ćeš pob'jediti!

Srbinu

Neka zima čini čuda,
Nek rasiplje snijeg svuda,
  Proljeće će doć'.

Neka nebo magla prati,
Sunašce će zasijati,
  Ružičasta moć.

Priroda će opet tajna
Raspučiti njedra sjajna,
  Darivat' nam med.

Zabrujaće potočići,
Zamirisat' baj-cvjetići
  Svuda upored.

Pa nek zima čini čuda,
Nek rasiplje snijeg svuda,
  Proljeće će doć'.

I patnika, sirotana,
Koga gone sa svih strana,
  Neće satrt' noć.

Ne malakši bolom, jadom,
Već se uzdaj čvrstom nadom
  U božju pomoć!

Srce

Iz doline reke, iz kopalja trska,
Putanja me vodi u goletne strane.
Noć. Poju slavuji, i na brsne grane
Kao sedef bela mesečina prska.

Već me evo vrhu. Svuda krš i same
Dve-tri smreke šume na rapavoj ploči.
Kô blage i tople materine oči,
Lepe greju zvezde i gledaju na me.

Uz Neretvu, dole, behar se razgrozdô;
Pun fenjera stari Mostar trepti ozdo,
Spava. Mesečine pokrilo ga platno.

Moje srce leti, i kliče, i gori,
Prostorima kruži i, kô meteori,
Po rodnome kraju rasipa se zlatno...

Srcu

Ne boli me, ćuti! Neka mine sad
I bol rana tvojih, i nemir, i jad!

Povratak slavuja i grličin poj
Nek užegu snova mrtvi oganj tvoj!

Slušaj! Polja šume, povija se klas,
I mrtve iz groba božji zove glas.

Oživi! Još jednom proslavimo gôd
I berimo ruže i ljubavni plod!

Il' labudsku pjesmu, bono srce, daj
I pozdravi njome moj ubogi kraj...!

Sreća

Ne djeli se sreća
Kao komad hljeba,
Ne koristi čekat'
Nit je zvati treba.

Ako imaš ruke
Koje lene nisu,
One će te dignut'
Do sreće na visu.

U valjanom radu
Uv'jek sreća stoji,
A taj sreće nema
Ko se rada boji.

Ko o sreći sneva
A djelati neće,
U vrtu će imat
Koprivu ne cvjeće.

Za to radi, djelaj,
I trudom se snaži,
Ako hoćeš sreće
U radu je traži!

Srećno, braćo draga...

Srećno, braćo draga – uzdanice mlada,
Srećan nam početak valjanoga rada;
Srećno ovo delo u kome se plete
Venac sloge svete!

Za mlađanih dana, dok nas snaga kreće,
U vrtove srpske posadimo cveće,
A čupajmo korov što nam sreći smeta
Od toliko leta...

Pogledajte širom domovine naše,
Pogledajte njive što nam hleba daše:
Svaki grm i kamen mile zemlje ove
Na delo vas zove!

Zove vas na pute, koji sreći vode,
Zove vas na trude, koji plodom rode,
Zove vas da slavi poleteti znate,
Da joj svetlost date.

Da, svetlost, koja će zagrejati grudi:
Da budemo braća, da budemo ljudi,
Da krenemo putem dičnih neimara
Srbovih oltara!

Srećno, braćo draga – uzdanice mlada,
Srećan nam početak valjanoga rada;
Srećno ovo delo u kome se plete
Venac sloge svete.

Srpče pred slikom Obilića

Mnogo ima zv'jezda slavni',
Koje srpskim nebom sjaju,
Al' sve zv'jezde, Obiliću,
Tebi prvo mjesto daju.

V'jekovi su mnogi prošli,
Mnoga carstva tama krije,
Al' junačko djelo tvoje
U zaborav palo nije.

Srpske gore, srpske vile
I Kosovo polje ravno,
Tebi kliče i popjeva
Obilića ime slavno.

Tvojom smrću ti si sebi
Hram besmrtne slave dao,
I sa tvojom krvlju svetom
Sveto si ga osvještao.

Iz te krvi cv'jeće niknu,
Nad kim b'jele vile bdiju,
Pa mirisom njegovijem
Srpske duše vječno griju;

I sve duše, koje silno
U srbinskoj želji gore,
Tvoje dično ime znadu
I imenu slavu zbore.

I ja slavim ime tvoje,
Sv'jetlo ime srpskog tića,
Pa se toplo molim Bogu:
Daj nam Bože Obilića.

Srpska himna

Bože, na polja
Zemlje ove
    Vaskrsa zlatnim suncem sjaj!
Pobedu, vence
Slave nove
    Kralju i rodu srpskom daj!

Verom otaca
Što slobodu
    Preliše krvlju, daruj nas!
Da nam u svetu
I u rodu
    Ostane svetlih dela glas!

Kô šarna svetlost
Duge pune
    Što s neba goni crni mrak,
Nek dragi kamen
Srpske krune
    Spasenja srpskog bude znak!

Nek beli orô
Prene, sine,
    I nove slave da nam plod;
S Avale plave
Nek se vine –
    Jedinstvom svetim spase rod!

Srpska majko, uzdamo se u te...!

Ko će Srbu da podigne hrame
Zlatne sreće umrloga doba.
Što ih sruši i rasu u tame
Bratska mržnja, sujeta i zloba?
Ko će opet da zasadi cv'jetom
Perivoje domovine mile?
Ko li lučom krunisat' je svetom,
Uzdignuti na nebesa sile?
Ko će guste razagnati tmine
Što joj tugom sveto čelo mute?
Ko će opet da je slavi vine?
Srpska majko, uzdamo se u te...!

U tom času, kad mrske zlikovce
Trijumf diže i v'jence im plete,
Kad se duša prodaje za novce,
A umire zrak istine svete;
U tom dobu, kad se besram budi
I povorke paklenijeh zmija,
Kad uzoru laž i podlost sudi,
A nevinost grešna sablast vija –
Ko će nama nove nade dati
I melemom vidat' rane ljute?
Ko će narod da složi, da zbrati?
Srpska majko, uzdamo se u te...!

O ti majko, srpska majko mila,
Gaji, njeguj, sokolove male,
Nek Srpčići budu rodu krila,
Što će snova vjeru da zapale!
Razbudi im mladalačke grudi
Čistim žarom rodoljublja sveta,
Neka budu uzori i ljudi,
Nek su čeda orlovskoga leta!

Nek se vinu dušom u visinu,
Kuda tebe svete želje vode –
Pa da Srbu ljepši danci sinu,
I uskrsne mrtvi bog slobode...

Srpska vila

Kad se ponoć svede, kroz zvjezdice sjajne
Anđô rajskog mira krene pjesme tajne:
Uz visoko st'jenje, kuda orô l'jeće,
Djevojče se jedno tajanstveno kreće;
Njezin suzni pogled u daljinu bludi,
U očajni uzdah slamaju se grudi.

Kô u poznu jesen listić blagog cv'jeta
Tužna je, blijeda njena slika sveta;
Zlaćane se vlasi po grudima gube,
Pa se kadgod tiho sa vjetrićem ljube;
A miris se prospe, kô da na sve strane
Pomenak se budi i ružice rane.

Katkad ruke skrsti, puna svete boli
U nebo pogledi, kô da s' bogu moli,
I na st'jenje klekne s prekidani dasi,
Pa ga ljubi, ljubi, i suzama kvasi;
Zatrese se st'jenje kô da s' gromi gone
I podmukli tutanj u dubini tone.

Ko si, sveto čedo, što te nemir budi?
Da l' nevjerna ljubav ranila ti grudi?
Il' si, zrače blijedi, siroče bez snage
Pa suzama tužnim tražiš svoje drage?
Ne, iz suze što je srpska majka lila
Stvorilo se čedo – stvorila se vila.

Plači, sliko sveta, kô siroče bludi
Koga niko vjerno ne prima na grudi;
Zalud more krvi i gomile žrtav':
Smrznulo se nebo, spasitelj je mrtav...
Plači, vilo sveta, suzam' st'jenje kvasi –
Rasuo se v'jenac što ti čelo krasi...

Srpske rane

Plavo nebo, visina ti tvoji'
I sunašca što nas žićem poji,
I tako ti one vječne tajne,
I večeri, i zorice sjajne,
De mi reci, ko Srbu pomože,
Da se dosad održati može?

Je li imô Srbin kakvog brata
Da mu vjerno vjernu ruku hvata,
U nevolji, kad mu propast pr'jeti
Da s njim gine i s njim da se sveti,
Da mu čuje lelek i jauke,
Pa slobodi da raširi ruke?

Nebo ćuti... al' kroz srpske gore
Iz grobova odjeci se hore:
Niko nije Srbinu pomogô,
I ko može i taj je odmogô! –
Sunce jarko, i ti s nama zbori,
Šta Srbina tako slavnim stvori?

Sunce prenu, a kroz zrake sjajne
Čujem pjesmu, čujem glase tajne:
„Srpske rane Srbu su pomogle,
One samo održat' ga mogle
A da Srbin bojao se rana
Ne bi imô ni zore ni dana...

Srpske rane, što se svetit' znaše,
Srpske rane sve Srbinu daše!"
Pa čuj, brate, čuj, Srbine živi,
Nek i odsad sunce ti se divi:
Ne plaši se krvavijeh rana –
Časnog znaka sa časnog mejdana!

Srpski anđeo

Šta jeca tako bolno kroz mrtvu ponoć ovu?
Otkuda glasi l'jeću tuge, očaja hladna?
Da li umrlu majku gola siročad gladna
Iz groba zovu?

Da li slavuja milog za drugom boli biju,
Ili to granje pusto za svojim lišćem žali?
Ili za cv'jećem rosnim oni potoci mali
Suzice liju?

Ne! Nadzemni to su sveti i bolni glasi,
Što ih tišinom noći lahora krilo kreće:
Nad tužnom zemljom ovom to srpski anđô l'jeće
I suzama je kvasi!

Srpsko momče

Pod krilom noći blage sve slatki sanak sniva,
Tek bistri, mali potok biserne vale sliva
Sa daljne cvjetne gore, ljubeći rosno cv'jeće,
U r'jeke čisti tok;
Uz blagi njegov žubor ljupka se pjesma kreće
Slavuja sićanog.

Na cvjetnoj obali r'jeke, na mekoj gustoj travi
Samcato momče leži i gleda veo plavi
Tihanog, vedrog neba s trepetom zv'jezda sjajni',
Oh, kako blagi lahor hladi mu vruće čelo
Mirisnim krilom svojim, kako li ljupko zvoni
Slađana pjesma slavlja po n'jemoj vasioni!
Al' njemu grudi mlade, to žarko srce vrelo,
Uzdasi lome vajni.

Nit' miris cv'jeća majskog milinom dušu spaja,
Nit' ono plavo nebo prepuno svetog sjaja –
Sve mu je pusto, n'jemo, kô hladne smrti dom –
Silna se čežnja budi u srcu njegovom...
Šta žudi momče ovo? S čega je tako sjetno?
Il' bi kraj blaga pusta, bogatstva bilo sretno?
Il' bi mu tada licem zrak sreće sinô prave
Da pjesmom njega slave?

Ne! Bogatstvo, raskoš, slava – ništavnost njemu to je
Čuj, njegov tihi glasak molitvu svetu – što je
U zv'jezda šalje sjaj:
Slobodu svetu samo, oj zračak milosti tvoje
Srbinu, Bože, daj...!

Srpskoj omladini na Balkanu

Šta nam treba u tom času,
Kad se svuda tama mota,
Kad nam srpsko nebo plače
Bez svjetlosti i života?

Šta nam treba u tom času,
Kad smo kao list na grani
Sa vihorom sudbe hladne
Porušeni – raskidani?

Šta nam treba u tom času,
Kad se s tuge i žalosti
Na Kosovu krvavome
U grobovima tresu kosti?

Šta nam treba u tom času
Kad nemamo vjernog druga,
Kad i bratac, najbliži nam,
Imenu se našem ruga?

Šta nam treba? Zar skršćeni'
Ruku čekat ljepše dane,
Dok sudbina smiluje se
Na krvave srpske rane?

Je li ikad zlatnim plodom
Urodila njiva koja,
Dok je nije ratar vr'jedan
Natopio r'jekom znoja?

Zar bi ikad u košnici
Onog slatkog meda bilo,
Da čelica nije mala
Umorila svoje krilo?

Da, u radu sreća leži
Orô k' nebu krilom stiže,
A nas neka naše djelo
U nebesa svjetla diže.

Omladino, nado svjeta!
Tä čuješ li glase neba,
Đe ti viču, đe ti zbore:
Za pobjedu borbe treba!

Omladino, krvi sveta!
Drago perje sokolovo!
Tä od tebe majka ište,
Narod čeka sunce novo...

Budite se tići sveti,
Nek vas djela djelu vode
Podignite hram u kom će
Uskrsnuti Bog slobode!

Srpskom ocu

Slatko ti spava maleno čedo –
  Pupoljak divni, nerazvijen cvijet,
Slatko ti sniva, tiho počiva –
  Sanak je njemu najljepši svijet.

A brižna majka, lebdeć' nad njime,
  Pjesmu mu pjeva, kr'jepi ga njome,
I ti ga gledaš, a suza eto
  Zablista jedna u oku tvome.

O, znadem suzu – iz bola duše,
  Razum'jem bore na čelu sjetne;
Ti tiho šapćeš: „Spavaj mi, sine,
  U sanku čase uživaj sretne;

Kad ljeta tebe na noge dignu,
  Minuće sanak, spokojstvo blago,
Gledaćeš, nebo, al' nebo tamno,
  Plakaćeš, čedo, očeva snago!

Na svakom putu, na svakoj stazi,
  Kuda te želja vodila bude –
Trnje će tebe sretati samo,
  Grudi ti slamat' ledene grude;

Slušaćeš uzdah očaja gorkog,
  Iz grudi gora, doma ti mila,
Na grobu srpske propale slave
  Slušaćeš kako tuguje vila..."

Ti tako veliš, oj oče srpski,
  U bolu jada, očaju tešku –
Pa zašto tako salamaš jadom
  Viteški sine, dušu vitešku?

Ne tuži, stani, pa vrlog sina
   Uzdanje tvoje, zlaćanu nadu,
Zarana jošte uči ga, svjetuj
   Za borbu dušu nek sprema mladu!

Uči ga oče: da mukom samo
   Dižu se hrami slave i sreće,
Da muke samo i teški trudi
   Daruju ploda mirisno cv'jeće.

Uči ga: neka pred silom groma
   Kô stanac kamen ne drhti, str'jepi;
Nek mladu dušu nebeskom pjesmom
   Guslara slijepa snaži, kr'jepi!

Pa kad ti sinak utubi r'ječi,
   Kad pojmi smisô očevog zbora:
Sl'jediće stazom, što nebu vodi,
   Gdje ljepše sviće danak i zora!

Stara pjesma

Svake te noći grlim, i tvoj sam dušom vas,
I ne znam druge pute,
I snova, draga, svaki čas
Zaljubljujem se u te.

Ljeta su burna prošla, mladost mi uze Bog
Kô jesen ruže ljetne,
Al' i sad u dnu srca mog
Širi se oganj Etne.

Još, ljubeć' tebe strasno, kô sunce orô mlad,
Klonuo duh mi nije;
Još polet snova, bol i nad
Mladošću mene grije.

Možda će skoro, draga, negdje na grobu mom
Procvasti ruže ljetne,
Al' u tom srcu silom svom
Plamtiće oganj Etne.

I v'jekovi će mnogi kô jedan trenut proć',
A ja ću živiti jošte,
Grliti tebe svaku noć
Žarom nove milošte.

Stari iguman

Kad pogledam tebe i krševe tvoje,
Domovino draga, potištena slavo,
U očima mojim samo suze stoje,
Pa kroz suze gledam ono nebo plavo...

O, koliko munja, moja zemljo slavna,
Pališe ti svete, izmučene grudi?!
Kroz v'jekove mnoge i vremena tavna
Bez Boga i raja satana ti sudi...

Niz strmene pute, što ponoru vode,
Tvoje hrabre sinke kivna sudba goni –
I nad tvojom glavom samo mraci brode,
Tvoja sjajna zv'jezda samo suze roni...

Pa ima li jednog kamena i klanca
Gdje potekla nije krv sinova tvoji'?
No zaludna borba, posred ropskog lanca
Zakovana i sad sloboda ti stoji.

Pa sva muka naša za drugog je bila:
Drugi s polja naših pobrao je plode,
Za drugog se naša jadna krvca lila –
Krv i snaga naša sve za drugog ode...

I ti jošte trpiš... kroz stoljeća tavna
Samo jad i čemer na tvome nebu vlada,
No, tješi se, domovino slavna,
Još umrla nije vjera što se nada!

Kad se spusti veo ponoćnjega mira
I iščeznu glasi života i jave,
S voštanicom stupam u hram manastira
I pred sliku stanem svetitelja Save.

No sa usta svojih ne oživim glase.
Skrušen mirno gledam lik ikone sjajne;
Suze, vrele suze moje oči kvase,
One tiho šapću glas molitve tajne.

A u tome času pred ikonom svetom
Zatrepti plamičak pun nebeskog mira,
No to nije anđô: sa zlaćanim letom
To je čista duša srpskoga pastira.

I dok moje oči kvase suze same,
Njeno blago lice rajski osm'jeh krasi,
Pa mi stupi bliže i pogleda na me,
A pod mirnim svodom zahore se glasi:

„Ti što časnom krstu sveti tamjan pališ
I u srpskom hramu propovjedaš slovo,
Ti što vjerne duše blagog Boga hvališ –
Ne kloni pod lancem kog' je demon skovô!

Ne kloni pod jadom kog' ti narod trpi,
Nek ti staru dušu sv'jetla vjera blaži,
Iz muka i jada novu snagu crpi
I slobodnim slovom duhove osnaži.

Minuće oluja što ti narod prati,
Domovina tvoja neće suze liti,
Ja se za nju molim i Bog će joj dati
Slobodu i snagu što će vječna biti.

Vjeruj u te glase i dalje prosl'jedi
Trnovitu stazu mučeničke jave,
Sa prestola sjajnog blagi Gospod gledi
Vojvodinu dragu svetitelja Save...!"

Stari sejač

Ovamo, deco! Za rala i brane!
Pred nama njive neorane stoje,
Puste, bez ploda, bez lepote svoje,
A korov, eno, pao na sve strane.

Gledajte: svuda, kao više groba,
Svrh njih se kobni gavranovi krile;
A mi svi nemi, kô trupine gnjile,
Slušamo kako grakće ta grdoba.

O deco, gde su vaše ruke? Gde je
Vaš polet? Gde je ona vatra stara,
Što svetla dela i čudesa stvara,
I jedro zrnje po brazdama seje?

Zar više nema uzornoga sveta,
Što s bola dršće kada zemlja plače
Plesniva, sparna, puna grube drače,
I bez ijednog lovora i cveta?

Greh je to, deco. Zar u senci hlada
Ležite mirno oprućenih ruka?
Ustajte, neka sa polja i luka
Odjekne snova svetla pesma rada!

Ovamo, deco! Za rala i brane!
Pred nama njive neorane stoje,
Puste, bez ploda, bez lepote svoje,
A korov, eno, pao na sve strane.

Stojan (Kovačević)

Kô hrast što niče iz goleti one
Gonjenoj tici da skrovište bude –
I ti si nikô iz djedovske grude
Da budeš branič onih što ih gone.

Kô vihor mladi od grma do grma
I ti si tako, uzvišena čela,
Kružio, lave, od sela do sela
Mrtve da budiš... Tvoja sveta krma

Bješe sloboda... I u vječnom boju
Za nju si davô krv i dušu svoju,
I svaki korak njoj rane te stoji...

Vaj, sada kad nas sindžir tuče,
Ko će da krha tamnice i ključe,
Kad tebe nema i orlova tvoji'...?

Stojanu Novakoviću

Uz hridi života i studene jave
Pod svojijem krstom i ti si se peo,
No pred mrazom nisi saginjao glave,
Jer bog tvome srcu dade oganj vreo.

Kô orlovi jaki iz rodnih gnijezda,
Čija srca nigda zadrhtala nisu,
Letio si gori... I sada na visu
Stojiš, kô hrast jedan, pod spletom zvijezda...

Kako li nas toplo tvoja duša grije
Usred ovih kobnih i sumornih dana!
Nad nama kô stablo blagoslova bdije,
I mi svi plod zlatan beremo joj s grana...

Nek je blagosloven onaj trenut mio
Kad te sjajna rodi njedro srpske grude!
Tā ti jedan, starče, dostatan bi bio
Pa da srpski narod vazda slavan bude!

Po gorama našim, po polju i luci
Prosuo si uma svijetle planete...
I mi danas, evo, kô ocu dijete,
Svi stupimo tebi s kapom u ruci.

Blagoslovi, starče! Nek naraštaj cio
Velik djelom bude kô ti što si bio!

Strašna je ovo noć...[2]

Strašna je ovo noć!
Ogrnulo se nebo pokrovom crnim,
U dimu oblaka mjesec tinja,
A divlja pučina sinja
Urla, vrije i bjesni
I pjenu baca u svod nebesni;
Po obalama cvile
Drveta tamna,
Povijaju se tužno – kô crna majka
Nad odrom sina svog...

Strašna je ovo noć!
U maloj prašnjivoj sobi,
Što jednim oknom gleda
U mutnu pučinu morsku,
Na samrtnom odru leži mi brat,
Leži pjesnik moj,
Leži slavuj moj.
S dušom se bori
I u me gleda
Blagim i krupnim očima.
Mršavo, ispijeno lice
Smrtnom vatrom gori.
On pomoći od mene ište,
Zove me: „Brate, pomozi!"
A ja mu uzmem ruku,
Blijedu suvu ruku,
Hladnu kô mraz,
I tješim brata svog,
A u meni se kida duša,
I grcam i gušim suze,
Da ih ne vidi on –

---
[2] Odnosi se na noć smrti njegovog brata Jakova, koji je umro 9. decembra 1905. u Malom Lošinju. (Prim. ured.)

Rođeni brat moj,
Rođeni pjesnik moj.

O, kamo sreće da mjesto tebe
Na odar leći mogu,
Da ti oduzmem sve muke i bole
I u tvom oknu snova
Da vidim onaj žar
Mladosti, sreće tvoje!
Al' sve što mogu
Jedno je, bore moj,
Što se nad tvojim odrom
Svesrdno molim bogu:
„Čuvaj mi, bože, pjesnika mog!
O, čuvaj, bože, slavuja mog!
I ne daj da 'vako mlad
Ovdje, u pustom kraju,
U tuđem zavičaju,
Zaklopi oči mudre!
Vrati mu mir, snagu i nade!
Ne ubi', bože, slavuja svog,
Što tako divno
Pozdravljat' znade
Svijetlu zoru tvoju,
I ishod jasnih zvijezda,
I govor plavog mora,
I smiraj sunca tvoga!
Ne ubi', Bože, srce ovo
Što svakog ljubi!
U njemu teče čisti izvor
Istine svete;
U njemu sija sunce
Pravde i ljudskog dobra –
Ne ubi', Bože, slavuja svog!"
Tako ja mislim, molim se tajno,
Al' tamo daleko, ćuti bog
Kô hladni kamen, kô dželat mračni...

Strašna je ovo noć!
Ogrnulo se nebo pokrovom crnim,
U dimu oblaka mjesec tinja,
A divlja pučina sinja
Urla, vrije i bjesni
I pjenu baca u svod nebesni;
Po obalama cvile
Drveta tamna,
Povijaju se tužno – kô crna majka
Nad odrom sina svog...

Strašna je ovo noć!
Ovdje, u pustom kraju,
U tuđem zavičaju,
U maloj prljavoj sobi,
Na jadnim rukama mojim
Umire pjesnik moj,
Umire slavuj moj...

Stražar otadžbine

Suro st'jenje, visoko kamenje
Uzdiglo se u oblake sive;
A gdje st'jenje u nebo se penje,
Tamo smjeli sokolovi žive.

Često oblak u grom se pretvara,
Krše trese, u prah da raznese,
Al' sokolu srce se ne para:
Protiv sile silom uzdiže se.

Krilom bije, oblaku se vije,
A slojevi razmiču se tavni,
Sunce sine, pa mu opet grije,
Suro st'jenje od v'jekova davni'.

Jeste l' željni sokolovog krila?
Eto krila, eto duge šare!
Eto duše, što bi kadra bila
Poginuti za roda oltare...!

Na kamenu rodila ga mati,
Od kamena mišica mu tvrđa,
A materin blagoslov ga prati,
Jer mu srce izdajstvom ne rđa...

Pr'je bi glavu, neg' djedova slavu,
Pr'je bi život, nego narod dao,
A kad pane, besmrtnost mu svane,
Jer je muški za svoj narod pao.

Suro st'jenje, visoko kamenje
Uzdiglo se u oblake sive;
A gdje st'jenje u nebo se penje,
Tamo smjeli sokolovi žive!

Jeste l' željni sokolovog krila?
Eto krila, eto duge šare!
Eto duše, što bi kadra bila
Poginuti za roda oltare...!

Sukob između Vuka i Miloša

Lepo ti je okom pogledati
Gospodara slavnog car-Lazara
Kad prošeta sa dva zeta svoja,
S Brankovićem i sa Obilićem,
Kao soko među sokolima!
Ponosi se Lazo zetovima,
Milo mu je biti među njima,
S njima hodit', s njima lov loviti,
S njima piti, s njima besediti;
Ponosi se njima sva tazbina,
Ponosi se carevina cela,
Čuveni su i van carevine
Sa junaštva i svoga gospodstva.

Jedno jutro, u svetlu nedelju,
Poranio srpski car-Lazare,
Poranio s Vukom i Milošem
Lov loviti po gori zelenoj;
Na dobre se konje posadiše,
A za njima sluge i sokoli
I hitreni hrti i ogari,
Odjezdiše poljem kruševačkim
U Jastrebac, u goru zelenu,
Kad je podne bilo prevalilo,
Al' eto ti slavnog car-Lazara
I sa njime Vuka i Miloša,
Vraćaju se s Jastrepca planine.

Gledala ih carica Milica
Sa čardaka na tananoj kuli,
I sa njome do dve mile kćeri,
Vukosava i lepa joj Mara;
Kćerima je tada govorila:
„Vidite li, moje kćeri drage,

Gde nam jezdi naš mili babajko
Iz junačkog lova sa planine?
Tä srećan je sada i doveka
Uz dva zeta, dva siva sokola!
Jedan mi je po junaštvu čuven,
Po junaštvu i muškoj lepoti,
A drugi je po kolenu slavan,
Po gospodstvu i po starešinstvu;
Blago Lazi koji ih imade!
Oni su mu vazda desna ruka,
Oni će mu branit' carevinu."

Rasrdi se Brankovića ljuba,
Srdito je majci besedila:
„Mudra ti si, moja majko mila,
Mudra jesi, ali zboriš ludo!
Gde je gavran nalik na sokola?
Gde je sluzi biti gospodarom?
Gde se Miloš može merit' s Vukom?
Miloš ti je sluga u Lazara,
A Vuk drži zemlju i gradove
Gospodar je zemlje Hercegove;
Branković je roda gospodskoga,
Rodila ga od grada gospođa,
A Miloš je roda seljačkoga,
Prosta ga je seljanka rodila,
I kobila mlekom odojila,
Stoga zovu njega Kobilićem;
Što ga hvališ da je dobar junak,
Ne bi smeo na megdan izići
Brankoviću, mome gospodaru."

Majka muči, ništa ne govori,
Bira reči da kćer'ma ugodi,
Al' govori sestra Vukosava:
„Istina je, sejo, što govoriš
Branković je od starine čuven,
Gospodskoga roda i kolena,
Rodila ga od grada gospođa;

Mog Miloša rodila seljanka,
A kobila mlekom odojila,
No kobila junačkoga soja:
Obilić je junak od junaka,
Dva bi Vuka na sablji razneo."
Ciknu Mara kano ljuta guja,
Vukosavu rukom ošinula.
Koliko je lako udarila,
Prstenom joj lice nagrdila,
Obli krvca njeno belo lice;
Stade mlada grozne suze liti,
I otirat' crnu krvcu s lica,
Pa odšeta u zelenu baštu
Gde se, jadna, sita naplakala.
Malo bilo, dugo ne trajalo.
U dvorište dojezdi Lazare;
Pod njim konja prihvata Milica,
Brankoviću ponosna mu ljuba,
Nema koga da Milošu primi.
Stade junak brižno pogledati,
Obazre se i tamo i amo;
Tada priđe gospođa Milica
Da prihvati konja pod junakom,
Al' joj Miloš prihvatit' ne dade,
Već pogleda u zelenu baštu,
Te ugleda svoju vernu ljubu,
Gde proliva suze niz obraze;
Skoči Miloš sa konja viteza,
Pa pohita u zelenu baštu.

Pita ljubu Obilić Milošu:
„Što je tebi, draga ljubo moja?
Koja ti je golema nevolja
Te prolivaš suze niz obraze?
Otkud krvce na belome licu?
Ko je tebi nagrdio lice?"
A verna mu ljuba odgovara:
„Moj Milošu, mili gospodaru,
Zlo ti sam se tobom pohvalila,

Sestra mi je nagrdila lice..."
Pa mu kaza što je i kako je.

Kad dočuo vojvoda Milošu,
Planu junak kano oganj živi,
Kroz srce mu vrela krvca jurnu,
Pa poskoči na noge junačke,
Jednim skokom iz zelene bašte,
Drugim skokom te pred Vuka stiže,
I ovako njemu progovara:
„Moj pašanče, Brankoviću Vuče,
Tvoja ljuba, ponosita Mara,
Uď'rila je moju Vukosavu,
Prolila je krvcu niz obraza,
Te je mladu gorko ucvelila;
Ti ćeš, Vuče, prekoreti ljubu,
Poučiť' je da je milostivna,
Kô što sestri svakoj dolikuje."
Odgovara Brankoviću Vuče:
„Da lud li si, Obiliću Miloše!
Vidim danas gde pameti nemaš!
Gde ti hoćeš što ne može biti:
Da gospođa, Brankovića Mara,
Svije glavu ispred Kobilićke?
Ako ju je jednom udarila,
Starija je sestra i gospođa,
To joj, pašo, zameriť' ne mogu."
I reč po reč, oni usplamteše,
Vojvode se ljuto zavadiše.
Trže sablju iz korica Vuče,
Aľ' mu Miloš ustupiť' ne hoće,
Sevnu sablja u njegovoj ruci,
Na sablju mu sablju dočekao;
Stoji zveket ljutoga oružja,
Iz oštrica živa vatra seva,
I odleće po komad i komad.
Aľ' je Miloš junak od junaka:
Zamori se Brankoviću Vuče,
Zamori se i klonu mu ruka,

Pade sablja u zelenu travu;
Prepade se Brankoviću Vuče,
Pleća dade a bežati stade.
Al' poskoči Obilić Milošu,
Sustiže ga dvoru na vratima,
Za bela se grla dohvatiše,
Nosiše se po mermer-avliji;
U Miloša srce je junačko,
On obori Brankovića Vuka,
Obori ga na zemljicu crnu.
Priskoči im tast, car-Lazare,
Prepade se pogubiće glave,
Pa ovako njima govorio:
„Nemojte, deco, bog vas ne video,
Man'te s' kavge, daleko je bilo!
Šta će o nam' reći drugi ljudi?
Smejat' nam se kano deci ludoj!
Bijete se i krv prolevate,
A Turci nam na kućnome pragu!
Kad uludo pogubite glave,
Ko će nama branit' carevinu?"
A Milica govori Milošu:
„Nemoj, zete, da od boga nađeš!
Da nam kuću u crno zaviješ,
Da nagoniš bedu i nevolju!
Junaštvo je tvoje preveliko,
Tvoje ime svetlo na divanu,
Slave tvoje nadaleko nema,
Zar je hoćeš, za nevolju našu,
Mrčit krvlju svoga pašenoga?
Ne, Milošu, ne ogreši dušu,
Sramota je pred bogom i ljud'ma."

Pusti Miloš pašenoga svoga,
Pokloni mu život na megdanu,
Pa ovako njemu govorio:
„Ustaj more, Brankoviću Vuče,
Digni sablju, podiči se s njome.
Pa se hvali svojoj vernoj ljubi

Da ti ne smem na megdan izići
Mogô bih te sada pogubiti,
I ljubu ti u crno zaviti,
Ali neću, jer smo prijatelji,
Pođi zbogom, ne hvali se više."
Tad govori slavni car-Lazare:
„Prođ'te s' kavge, moja deco draga!
Hajte sa mnom na gornje čardake,
Da se žedni napojimo vina,
Da zborimo kano prijatelji,
Da živimo kako dolikuje."
Pa uđoše u bele dvorove;
Miloš ode svojoj vernoj ljubi,
Da je teši i da je miluje.
A Milica setna, nevesela,
Od jada je zabolela glava,
Sve se boji: ovo na zlo sluti!
Sve se boji: dobro biti neće!
Al' se Vuče beše zarekao,
Zarekao, bogom zatekao,
Da se hoće osvetit' Milošu;
Što rekao, to je učinio:
Znano vam je ime Brankovića.

Sunča se...

Prestala je zima,
Led, i vjetar klet,
Svud se trava prima
I šareni cv'jet.

Pod ubavom gorom
U dolini toj,
Večerom i zorom
Bruji slavlja poj.

Ljepši sviću dani,
S neba bježi mrak,
Već suncu ne brani
Da razvija zrak.

Blista sunce milo,
– Divan li mu sjaj!
Sveto svoje krilo
Pruža na naš kraj.

Tamu goni c'jelu –
Otima joj vlast;
Listom kiti jelu
I visoki hrast.

Oh, kako se tješe
Sirotani sad!
Na sunce se sm'ješe
Topi im se jad.

Eto, jednog sjedi
U ritama vas...!
U tuzi i b'jedi,
Našao je spas.

Veselo se smije,
Sunce njemu sja!
Zgr'jeva ga i grije
Ljubav božja.

U slabačke grudi
Gdje ga tišti jad,
Sada mu se budi
Spokojstvo i nad.

Ne prati ga više
Onaj vjetar klet,
Slobodnije diše,
Miliji mu sv'jet.

Već izmožden nije,
Snagu dobija,
Njega sunce grije –
Ljubav božja.

Oj hvala ti, slava,
Božja ljubavi,
Ti s' utjeha prava
Sirotana svi'!

Tä niko ne znade
Milosno kô ti,
Sirotanu jade
Gorke tješiti.

Pa hvala ti, slava,
Božja ljubavi,
Ti s' utjeha prava
Sirotana svi'!

Susret

U ranom dobu, kada s čežnja tajnih
Treperi duša, s njome sam se srio
Na izvorima gora zavičajnih.

U njenoj ruci pun je kondir bio
Sunce... Ja klekoh... I dokle me grije
Njen pogled, ja sam žedan sunca pio

U duši začuh slatke melodije,
I sve mi sjajem čudesnim zablista,
Milo i toplo, kao nigda prije...

Zavjesa spade... I ljepota čista
Ukaza mi se na svome oltaru,
Pod spletovima lovorova lista...

I ja zatreptah u sreći i žaru.
I vidjeh gdje se gore uzdrhtane
Oblače tiho u duginu šaru...

Pune rubina poviše se grane,
I kô da širok jedan veo sjajni
Pokri visoke grebene i strane...

U ranom dobu, kada s čežnja tajnih,
Treperi duša, s njome sam se srio
Na izvorima gora zavičajnih...

Od onog časa njezin korak mio
Ja svuda čujem, i sve mislim na nju,
I s njom u srcu nosim svijet cio...

Noću, kad mjesec topi se po granju,
Ona mi dođe na doksat kô neki
Šum tajni. Mirno, u čudnom treptanju,

Uza me sjedne, i njen veo meki
Šušti uz moje bokore doksatne,
Kô srebrn šušanj zvijezda daleki'...

Puna dobrote tihe, blagodatne,
Pruži mi ruku i kô sestra prava
Priča mi svoje pripovjesti zlatne...

Znaš li zvuk harfe kada podrhtava
Od slatke čežnje...? Tako dršćem i ja
Na svaki glas joj do razdanka plava...

U zoru ode. Tamo gdje se svija
S makovima crvenim raž zdrela,
I zvoni pozdrav ranih melodija:

Stane i motri na uboga sela,
Na kolibice, gdje magla blijeda
Pokriva suha radenička čela...

Pošlje je vidim: penje se i sjeda
Na hladni greben i gori, s vrhunca,
Očima suznim moju zemlju gleda...

Odem li tamo gdje pod granjem bunca
Srebrni izvor, nađem je gdje bdije
Nad ljiljanima punim zlatna sunca...

Siđem li doli, jezeru, gdje vije
Miris jasmina i ljubica skori',
Vidim gdje naga rukom pljeska, bije,

I kao rana zora kada zori,
Njezino tijelo od sunca i rose
U srebrnijem talasima gori...

O, kako milo šušte njene kose
Pod oreolom, i meni se čini
Nagdje na zlatnu planetu me nose...

Gledam i strepim... Šumore jasmini,
Svilene ptice sleću iz gnijezda;
I moja duša nad njom, u visini,

Leprša – puna duga i zvijezda...

Susretoh je...

Susretoh je pokraj bistra vrela,
U gorama pod visokom jelom;
Kosa joj se po njedru rasplela
Kô zrak sunca po mramorju b'jelom.

Njeno lice ne miluje sreća;
Sjetno oko, oboreno krilo,
Kô da tuži, kao da se sjeća:
Što je bilo, što je davno bilo.

Njene ruke vijence ne pletu,
Skrstila ih na nevine grudi,
Kô da šapće molitvicu svetu
Što je tuga sa uzdahom budi...

„Vilo moja, vilo roda moga,
Što si stala i u bolu svela?
Zar već nema cv'jetka nijednoga
Za vijence što si nekad plela?"

Vila prenu pa podiže krilo,
Suza blisnu na oči joj plave:
„Ima cv'jeća, v'jenaca bi bilo,
Ali gdje su za vijence glave...?"

Svani, svani

Svani, svani, zoro bela,
Daj nam svetli danak – daj!
Nek poteku sreće vrela
Kroz Srbinski mili kraj...

O, razgoni tmine klete,
Sa patničkog roda mog...
Nek zagrme himne svete,
Davnog sjaja Srbinskog!

Nek Dušanov orô beli
Širom neba digne let!
I zagrli rod mu celi
Stare slave željni cvet...

Sa Avale, Durmitora,
Sa Lovćena visokog,
I sa celi' srpskih gora
Nek slobode sine Bog...!

Svani, svani...! Bože sile,
Daj nam snagu, grom i moć...!
Otadžbinu majku milu
Neka mine tamna noć...

Sveta je pjesma...

Sveta je pjesma što kroz ponoć zvoni
  Sa zlatne lire anđelića b'jeli';
Svete su suze, što ih veče roni
  I nježnom cv'jeću na listiće d'jeli.

Sveti su boli što kroz dušu stižu
  Setrice mlade kada žali brata;
Svete su misli što pjesnika dižu
  U daljne sfere, u zvjezdana jata.

Svet je i šumor lahorovog krila,
  S pjevanjem slavlja što dolinom bludi,
Al' koja viša svetinja bi bila
  Od suze, što je čista ljubav budi...?

Sveti Sava na Golgoti

Sa ovoga mjesta, đe grešni ljudi
Raspeše tebe, o Hriste naš!
Molim se tebi iz čistih grudi
Da mome rodu pokoja daš!

Štiti ga, krepi; na svakom djelu
Milosti tvoje daruj mu moć!
Vodi ga miru i sreće vrelu
Razgoni tamu i mrklu noć.

Žarom pregnuća, vjere i nada
Njegovog duha raširi let!
Ne daj mu klonut u sili jada –
Za slavu nek je slobodan mret!

Ljubavlju, slogom, napoj ga, krepi.
I blagoslovi sav narod moj!
A divlji dušman nek mukom strepi
Kad Srpstvo stane u jedan stroj!

Svijetla je misô moja...

Svijetla je misô moja kô nebo sv'jetlo što je
        Kada ga sunce krasi,
Kô zora sv'jetlog maja, kad dižu himne svoje
        Slađani šumski glasi.

Čarobna kao sanak što ga u svome raju
        Nježni anđelak sniva,
Kô topla ljubav što se u tajnom zagrljaju
        Mlađanog srca skriva.

Čedna kô golub b'jeli; kô ljubičica plava
        Prepuna slatkog mira;
Dična kô lavor-v'jenac što ga pjesniku dava
        Boginja zvučnih lira.

Čista kô blage suze što ih u veče tajno
        Planinski cv'jetak lije,
Jer ti si misao moja, ti moje nebo sjajno,
        Sa kog' me sunce grije!

Svijetla noć

I

Noć je bila jasna, i topla i meka,
Kô da je po zemlji padô svilen veo.
Ishodni se mjesec javljô izdaleka,

I u modro nebo sanjivo se peo
Iznad oštrih rta, dubrava i sela;
I bijelu svjetlost svu kô da je htjeo

Prosuti u plavu maglu što se splela
S vrbama na međi rijeke. Sa strana
Šumila su žita. Tihi vjetar s vrela

Pun je bio duše pospalih ljiljana,
I na med i crven sag kukurijeka
Mirisô je vazduh. Pod pokrovom grana

U polju je budna ležala rijeka.
Sâm sam lutô, niti koga gdjegod sreto',
Niti li sam čuo glas ni hod čovjeka –

Sve je bilo tiho, spokojno i sveto.
No onamo, gori, na grebenu, na kom
Bor zeleni šumom pozdravljaše ljeto,

Vidio sam njega. Sjedio je... Lakom
Svjetlošću je sjao njegov lik i kosa...
Noć nikada nije u čeznuću takom

Pripila se zemlji, niti li je rosa,
Strepeći na listu, tako sjajna bila...
Nebo i zvijezde, golet, vrh i kosa,

I razraslo žito gdje se njiše svila –
Sve kô da se uza Nj priljubiti htjelo,
Kô dijete majci usred topla krila...

A on, duša svega i Uvir i Vrelo,
Sjedio je gori visoko nad lukom.
Pred njim harfa bješe... I dignuvši čelo

Spram jasnih zvijezda, on lagano, rukom,
Taknu zlatne žice od kose planeta,
I zapoja... Mekim i čudesnim zvukom

Ispuni se nebo, zemlja, šum drveta,
Ponori i vode, i sve sjati poče...
I ja vidjeh kako, ispod trnospleta,

Staro groblje prenu, digoše se ploče,
I bezbroj kostura, dižući sve jače
Svoje šture ruke, muklo kliknu: „Oče!"

II

Ja sam slušô, drhtô... I kad lako tače
Pošljedni put žice: niz golet, što bode
Oštrortom hridi i bodljama drače,

Nečujno kô misô mirni Hristos ode,
I spusti se doli u luku i sela,
Gdjeno se „klasovi tiho u san svode".

Ide... Stane... Sluša šum grana i vrela –
Sanja... I u slatkoj čežnji kô da dršće...
Svija granje, ljubi... i kô da bi htjela

Sve njegova duša da obgrli čvršće
I upije u se: noć, mjesec što brodi,
Rijeku, i vrbe, polja i raskršće,

I putanju usku što u selo vodi...
Ja gledah... I dok mi sve čudesno blista:
I zemlja i svjetlost mjeseca po vodi,

Još jedanput vidjeh zamišljena Hrista
Gdje kroz žito prođe i pogladi ti'o
Rukom uzdrhtane vrhe ploda čista...

Sjutra svud je poljem ječam zlatan bio...

Svijetli dan

– Alegorijska scena –

Lica:
Vila Srbije;
Vila Crne Gore;
Vila Kosovka;
Duh Karađorđev;
Hor vila;
Hor naroda.

Avala. Sunce se rađa. U daljini čuju se praznična zvona i pojanje: „Tebe Boga hvalim!" – Kad pjesma bude dovršena, Avala zablista i mnoštvo vila doleti.

Vila Srbije:

Svanulo je! Evo dana!
Sestre moje sa svih strana,
Hoďte u moj zagrljaj!
Za nas više tuge nema,
Bog nam blagi, evo, sprema
    Novu sreću, novi sjaj!
Ispuni se želja davna:
Na unuku Đorđa slavna,
Kao sunce, sv'jetla, čista,
Lazareva kruna blista
Da slobodom grije nas!
Zdravo naša snago nova,
Zdravo srećo Srbinova,
Zdravo,
Slavo,
Kruno sjajna!

  U tebi je roda spas!

Hor vila:

Ispuni se želja davna:
Na unuku Đorđa slavna,
Kao sunce, sv'jetla, čista,
Lazareva kruna blista
Da slobodom grije nas!
Zdravo naša snago nova,
Zdravo srećo Srbinova,
Zdravo,
Slavo,
Kruno sjajna!
  U tebi je roda spas!

Vila Crne Gore pristupa vili Srbije.

Vila Crne Gore:

Danas širom Srpstva leti
Tvoje sreće odjek sveti,
Pa i srce moga borca,
Moga brata Crnogorca,
  Danas silni grije žar.
Primi, sestro, cjelov ovi,
Neka Gospod blagoslovi,
Neka čuje nas:
Nova kruna
Sunca puna,
Kroz visoke lovor-grane,
Blistala nam na sve strane
  Uz vaskrsnih zvonâ glas!

Hor vila:

Neka Gospod blagoslovi,
Neka čuje nas:
Nova kruna

Sunca puna,
Kroz visoke lovor-grane,
Blistala nam na sve strane
    Uz vaskrsnih zvonâ glas!
Vila Kosovka pristupa vili Srbije.

Vila Kosovka:

Od Kosova, od Vardara,
    Gdje robovski dršće glas,
Gdje krv brata, sa handžara
    Dušmanskoga, traži spas,
I ja dođoh, sestro, vilo,
Da pozdravim slavlje milo,
I sa onih tužnih polja,
Tužnih polja od pokolja,
Kuda mutan oblak plovi,
Donosim ti cvijet ovi.
Kô amanet bratski, sveti,
U v'jenac ga kralju pleti!
U njemu je sila jaka:
Tu su duše svih junaka
A te duše danas zbore:
„Blago nama, biće zore,
Na unuku vođe slavna
Našeg cara kruna sjaje,
Sv'jetla kruna, suncu ravna,
Nama sveti pozdrav šalje:
Ubrišite s oka suze
I jad što vas tako pati,
Što Kosovo nekad uze,
Kosovo će opet dati!"

Hor vila:

Ubrišite s oka suze
I jad što vas tako pati,
Što Kosovo nekad uze,
Kosovo će opet dati!

U daljini čuje se klicanje naroda: „Živio kralj! Živila kruna!"

Vila Srbije:

Gdje si, slavo, roda velikoga?
Probudi se iz počinka svoga,
Hodi, Đorđe, sad je Vaskrs novi,
Na unuku krunu blagoslovi!

Avala silno zablista i Duh Karađorđev pojavi se. Mnoštvo naroda sa svih strana pristupa s kapom u ruci.

Hor vila i naroda:

Raduj se moćni, silni i jaki,
    Veliki Vožde naroda svog!
    Podvige tvoje, žrtve i muke
    Obilnim darom dariva Bog!
    Tvoja se slava snova vinu,
    Iz groba Đorđe, Pravda sinu
    I dušom dahnu Srb:
Na sv'jetlom čelu unuka tvoga,
Kô jarko sunce sjajna, čista,
Pogledaj, Đorđe, kako blista
Ta slavna kruna, taj slavni grb!

Duh Karađorđev:

Bože, o Spase, što iz groba
    Podiže nekad narod ovi,
Pobjednim lavom stvori roba,
    Srbiju moju blagoslovi!
O, blagoslovi krunu, Bože,
    Unuku mome daruj moć.
Da vjeran rodu uv'jek može
    Na sv'jetla, nova djela poć'!

Hor vila i naroda:

Bože silni, što iz groba
    Diže nekad narod ovi,
Pobjednikom stvori roba,

Pomiluj nas! Blagoslovi!
Blagoslovi i podari
   Srpskom kralju moć i sjaj!
Ti mu slavom v'jek ozari,
   Ti mu, Bože, sreću daj!
Blagoslovi! Sred megdana
   Da možemo gordo stati,
I, u času strašnih dana,
   Krv i život za dom dati!
Da duh lava topolskoga
   Ne prokune nigda nas!
Širom roda velikoga
   Nek nam slavan bude glas!
Blagoslovi! S tvog oltara
   Daruj braći sloge trajne,
Da pod skiptrom svog vladara
   Umom teku v'jence sjajne!
Nek djedovske kosti svete
   Raduju se u snu svom,
Gdje unuci suncu lete
   I lovorom kite dom!
Blagoslovi! Gromkom silom
   Smeti vraga, što zlo sluti;
Da nam nikad zemljom milom
   Ne zavlada dušman ljuti!
Blagoslovi i podari
   Srpskom kralju moć i sjaj!
Ti mu slavom v'jek ozari,
   Ti mu, Bože, sreću daj!

Za vrijeme pjesme sine svjetlost i obasja Karađorđev duh, a zatim mnoštvo anđela sleti i drži vijence nad glavom Karađorđevom. Kad se pjesma svrši, zavjesa lagano pada, a u daljini čuju se zvona i pojanje: „Tebe Boga hvalim!"

Svijetli put

Noć. Mirišu smreke i kadulje svježe.
Mir. Ne pjeva slavuj sa noćišta svoji',
Samo hučna voda kroz ždrijelo reže,
Dok crn krupan jelen nad ponorom stoji.

Nad njime visoko, iz prozirna vela
Od srebrne magle, sv'jetlo lice bdije,
I u zlatnom letu na uboga sela
Nečujno i krotko svoj blagoslov lije.

I u tihoj sreći sve trepti i sija
I voda i kamen, džbun i vršak grana,
Kao da se nebo bliže zemlji svija
I sâm Gospod hodi preko mirnih strana.

To putuje Ljubav svome zavičaju,
Na Istok, daleko, preko brda goli',
Pred oltarom neba, čista i u sjaju,
Da prisluži sunce i Bogu se moli.

Svirač

Ne, po vašem taktu gudalo ne vučem!
    Melodije moje teku s Vrha sama,
Gdeno zora suncu svojim zlatnim ključem
    Otvara portale, i makovi cvet
S nedara mu baca na pragove Hrama,
    U kraljevskom plaštu gde ga otac svet
    Isprаća i sprema na nov sjaj i let.

Moj zvuk rađa samo drhtaj mojih struna –
    Sâm izbija kao vrelo reka plavi'.
S vihorima živi uvrh gorskih kruna,
    I s lučama kruži naš ubogi kut...
On je žižak onih koje memla davi
    I rodne im bašte mraz ubija ljut,
    Po očima traže duga svetli put...

U skrovištu, gde ga zlatne vatre krepe,
    On ne čeka nikad na tapšanje vaše...
Njemu vence viju oreade lepe,
    I uz harfe slažu hvala čedni poj...
I kô kaplje sunca ljiljanove čaše,
    On u sebi hrani svetih iskra roj,
    I dar od njih prima i oreol svoj...

On žeđ vinom gasi iz svoga krčaga,
    Sluhom svojim sluša reči s reka tajne...
On je moje delo, moja krv i snaga,
    Moja sreća, radost, i bolova glas...
S njim ću i umreti jedne noći sjajne,
    Kad uspeva reka, grm, polje i klas,
    Grleći, o drage moje strune, vas...

Šegrče

Nemam zlata, nemam para,
Niti polja, niť dobara,
  Niti kuće, niti stan;
Da zaslužim sebi hljeba
Trudiť mi se, trudiť treba
  Neprestano svaki dan.

Dok još svaka duša živa
U spokojstvu, miru sniva,
  I slađani grli san:
Ja se moram sanan dići,
Ne okl'jevať, žuriť, stići
  Mog majstora u dućan.

Moram čistiť, moram mesti
I prašinu s robe stresti,
  Napuniti vodom kup,
Da se majstor ne razjari
Da me bičem ne opari –
  Da ne bude: tupa, lup...!

Ali to je jad i b'jeda
Što mi majstor dahnuť ne da –
  Uv'jek pazi na rad moj,
Gnjevno viče da se žuri!
A ja moram, pa sve curi
  Niz čelo mi r'jekom znoj.

Više puta sve po dlanu
Žuljevi se dizať stanu,
  Svaki kao vatra vruć...
E, tad mi je najmučnije,
Srcu mi se tuga svije –
  Čini mi se da će puć'...

Al' ja muke sve pretrpim
I obuću dalje krpim –
  Uzdišući umoran,
Neću da me majstor ruži,
Neću da se na me tuži,
  Neću da sam ukoran.

Tä jednom će muka minut',
Ljepše će mi sunce sinut' –
  Proniknuti sreće cv'jet;
Ljepši će mi svićat' dani,
Sa radošću obasjani,
  Miliji će bit' mi sv'jet.

Kad naučim zanat sveti,
Sreća će mi da doleti
  Sa čela mi otrt' znoj;
Kad naučim: od zanata
Eto srebra, eto zlata!
  Gospodar ću biti svoj!

Oh, kako će srcem tada
Da mi velja radost vlada
  Kad mog truda vidim plod!
Zlatnom zrakom pratiće me
I u radu i u svemu
  Vječnog neba blagoslov.

Nemam zlata, nemam para,
Niti polja, ni dobara –
  Tä pravi sam sirotan.
Al' radeći – sve ću steći!
Sve se bliže – sreći stiže,
  Sve će vedrij' bit' mi dan!

Šerifa

Istom sunce sjeknu. Kô plava kadifa,
Prostrlo se nebo, a vita i laka,
Niz očevu baštu, po ćilimu maka,
Pjevajući hodi jedina Šerifa.

Na nju zrelo voće smije se sa grana;
Leptiri je prate, prvi zraci miju;
Po petama golim nanule joj biju,
A pod grlom trepte odblesci đerdana...

Gle, zembilju punu krupnih zerdelija
Na ramenu nosi, a sve joj se vija
S glave jašmak crven, kô sabah na visu.

Aman, što je kršna, i sjajna, i vedra!
Što li joj se tresu ona pusta njedra,
Nabrekla kô šipci što još prsli nisu...!

Što plačeš, cv'jete...?

Što plačeš, l'jepi cv'jete,
Kad b'jeli mine dan
I krilom ljubavi svete
Nježni te grli san?

Da l' tvoja suzica l'jepa
Sunčevi želi sjaj?
Ili ti dušu c'jepa
Ljubavni uzdisaj?

Ne plači! Kad blagi zraci
Zorinog čeda dignu noć,
Ti boni, sjetni znaci
Sa tvog će lica proć'.

Al' suze, što ih kreće
Tajna bol srca mog,
Ubrisat' nikad neće
Zrak sunca zlaćanog.

„Što te nema...?"

Kad na mlado poljsko cv'jeće
  Biser niže ponoć n'jema,
Kroz grudi mi želja l'jeće:
  „Što te nema, što te nema...?"

Kad mi sanak pokoj dade
  I duša se miru sprema,
Kroz srce se glasak krade:
  „Što te nema, što te nema...?"

Vedri istok kad zarudi
  U trepetu od alema,
I tad duša pjesmu budi:
  „Što te nema, što te nema?"

I u času bujne sreće
  I kad tuga uzdah sprema,
Moja ljubav pjesmu kreće:
  „Što te nema, što te nema...?"

Što zastaše grudi moje...?

Što zastaše grudi moje,
Kao da im nesta daha,
Kao da su promrznule
Od sumora i od straha?

Ćuti, ćuti, milje drago,
Sad mi duša u raj stupa,
Posred mora – oka tvoga
Zaljubljena krila kupa.

Tä ko može...?

Tä ko može preoteti
  Šarnog cv'jeća mirisove?
Ko li duši mladalačkoj
  One divne slatke snove?

Tä ko može na put stati
  Osvitku nam rujne zore,
Što pod krilom sunce nosi
  Da pozlati naše gore?

Ko sokola može nagnat'
  Sa vrleti, sa visine,
Da ponižen, malodušan,
  S crvi puzi sred prašine?

Tä ko može oduzeti
  Slavujeve slatke glase –
Onu pjesmu što sa njime
  U gorici rodila se?

Tä ko može srce moje,
  Tvoje blago iščupati,
Tvoju nadu, što kroz krvcu
  Mladalačku silno plamti?

Niko! Niko! – Kucaj, srce,
  Jače, jače, nadu stegni!
Kucaj, srce, pa sa nadom
  I u groba hladnog legni!

Tamni trenuci

Ne hvataj, draga, više rukom belom
Za moje stablo. Zatresti se neće,
U slatkoj žudnji i sa snagom celom
Po tebi lepo da razaspe cveće...

Gledaj, u njemu sada gnezda viju
Pauci kobni i crv grize, dube...
Otrubile su sve njegove trube
Vihora, strasti i čeznuća sviju.

Ono sad misli samo da je varka
Sve ovde što je, a istina sušta
Jedino ona crnoriđa barka
Sa nama što se izgubi i spušta

Tamo gde Lete val huji i ječi...
Ono sad misli: prave sreće čaša
Na tom svetu da je smrt naša,
Jer kroz nju bogom biva sin čoveči...

Vaj, sve je vetar i zvuk praznih reči...

Taraboš

Juriš! Na vrhe pobijmo barjake!
Planina jeknu, trese se i slama.
Sve jurnu, kô da zmajeve gorštake

Uz grm i krše nose krila sama.
Napred! Na juriš! – Sve grmi, kô diva
Pobune mračne iz bezdanih jama.

Noć je duboka i sve dublja biva;
A tamo, preko krša i drveta,
Strukama gustim što ih magla skriva,

Penju se oni. Vrsi bajoneta
Po mraku sjeknu kô odblesci zore
Lom. Zemlja d ršće. Iz crnih kubeta

Nebu svud sikću šrapneli i gore.
Granata praska i sa greda svije'
Hrnjage stena s tutnjavom se ore.

No nigde strave ni uzmaka nije –
Zaludu strmen sve to više biva
I bura smrti jauče i vije:

Tamo, gdje nebo reže golet siva,
Penju se oni. I gora se slama –
Napred! Na juriš! – Sve grmi, kô diva

Pobune mračne iz bezdanih jama.

Tema

Urednik mi piše: on bi pesmu hteo,
Pa po sobi hodam s rukama u džepu,
Smišljam. Šta bih počô? Noć, mesec i stepu
Gde s kopljem na belcu juri konjik smeo?

Il' da tražim temu u dnu srca, gde je
Negda bilo puno bašta i fontana,
A sad groblja ćute ispod suhih grana
I s prašinom snega samo vetar veje?

Ili da opišem Srba i Hrvata
Slogu i Jedinstvo...? Kako budna oka
Stojimo na straži i kô slepa stoka
Svi gonimo sreću sa našijeh vrata...?

Kako se Srbija, da bi bila s Bratom,
U temelje Bratstva uzidala sama?
Kako s njenog bleska sa nas ode tama,
Pa sad Braća na nju bacaju se blatom?

Neću. To je tužno... Ja ću druge građe
Potražiti. Idem na prozor. Po putu
Ima hrpa tema i u svakom kutu
I kraju Mostara po koja se nađe.

Eno, moj komšija, što već u svanuće
Galami, pred svojim dućanom na panju
Ispečenu ovcu raseca i na nju
Sve zove i viče: „Vruće meso, vruće!"

Jednome seljaku, tu odmah, na sredi
Mosta, pod bremenom drva sivac pao;
Rasulo se bilje, stari seljak stao,
Gleda neće li mu ko pomoć' u bedi.

Mimo nj neko dete, što mu rita gruba
S leđa visi, đugum nosi, peva nešto,
I u dno đuguma šakom tako vešto,
Hitajući česmi, kô uz doboš buba.

Onamo na uglu, pred krčmom *Tri Leje*,
Neka žena leži pjana, a sve jače
Mrljavo i bledo njeno dete plače,
Majku zove, a svet gleda pa se smeje...

Na raskršću, eno, kraj zgrbljene babe,
Sa drvenom nogom stoji jedan slepi,
Svira – bolje: prosi. Negda „heroj lepi"
Što je oslobađô nas ružne i slabe...

Nad rekom, gde kumre guču zore cele,
Vidim čardak begov. Vidim ispod sviju
Prozora mu uskih penju se i viju
Slatkovine bronze crvene i bele;

Iz prozora srednjeg, u odelu što je
Kô grimiz, kô šipak sazreo na grani
Jedna cura maše, a njeni đerdani
Sevaju i siplju zapaljene boje.

Eno i Podhumlja starog, u beharu,
I puteljak vidim vijugav i beo,
Kuda sam se na breg sa Dučićem peo
I sa njime čekô na šokicu Maru...

Eto hrpa slika, eto hrpa tema,
Pa sad treba sesti i pisati samo...
No čekaću veče i otići tamo
U luku kraj reke, gde nikoga nema.

Kada zvezde planu i po tihoj luci
Razlije se bela mesečeva srma,
Ona će mi doći iz gustoga grma –
Moja oreada sa harfom u ruci.

Kao blesak lepe i kraljevske krune
Sva će ona sjati, i sa mnom uz reku
Sesti će da meni, umornom čoveku,
Srce krepi pesmom i zvucima strune.

Slušaću je strasno, neka slatku česmu
Svojih trila slije u dno duše moje –
To će biti tema... Sa čarobne boje
Njenih reči željnu ugrabiću pesmu.

Težak

Zamahujem. Svuda kupina se splela
Pa mi zemlju krije...
I na mrke grude sa mojega čela
Sve kap po kap lije.

Ja ću ovdje jedro posejati zrnje
Što će ploda dati,
Visoka i zlatna, i gde beše trnje
Lepota će sjati...

Pa kada me skoro anđeoske strune
Zovnu s ovog sveta,
Ja ću mirno poći u vrtove pune
Zorinoga cveta.

I tamo u vrtu radosti i poja,
Gde su suncu vrela,
Mene će moj otac, moj car, i vlast moja,
Pitati za dela.

A ja, slušajući zorine slavulje,
Samo ćutim, stojim.
I gospodu svome pokažem sve žulje
Na rukama mojim.

Iz njih kad pročita svu povest čoveka,
Radošću će sjati,
I tamo gde teče rajska zlatna reka
Mesta će mi dati...

Težaku

Kako li je sveta kaplja što se sliva
S tvog čela i topi brazde tvojih luka!
Gledaj kako od nje zlatno more biva
I šumi pod svetlim dlanom božji' ruka.

Šumi tiho, blago, more tvoga klasja,
Sabrate i druže, bolji od svih drugih...
U nimbusu sunca ono tebi zasja
Iz oblaka muka i napora dugih.

Poj i hvali Oca blagodeti svete,
Sa dna duše tvoje nek molitve lete –
Kô da si u času pričesnoga hleba.

Gle klasove kako gladi božja ruka!
Gle kô carska kruna kako trepti luka
I peva pod plavim šatorima neba!

Ti

Moje je srce u čađi i u garu
Napuštena i bedna kuća stara,
Gdje samo gladni crv kapije šara
I paučina visi o duvaru...

Odletele su ispod krova laste;
Tu sad jato kobnih ptica grne.
Po avliji se pletu travke crne,
I svakog dana novi pelen raste.

Nemo i pusto... Kroz skrhana okna
Vetrovi viju sa prašinom, dok na
Pragove gnjile povija se trnje.

Samo ti stojiš u dvorištu sama,
I kobne tice padaju kô tama
I s tvoje ruke crno zoblju zrnje.

Ti si...

Ti si ona sila sveta
   Ti si onaj Bog,
Što si digla nebu, visu
   Krila duha mog!

Ti si zv'jezda, tvome zraku
   Sl'jedi putnik mlad,
Ti mu digla mrtvu vjeru,
   Oživila nad!

Ti si nebo, u tvom oku
   Sunce, raj i Bog!
Pa i ova pjesma moja
   Dar je sjaja tvog!

Ti si čedo...

Ti si čedo sa rajskog visa,
A to me je čedo b'jelo
U sv'jetove cv'jeća i mirisa
Odnijelo!

Ti si cv'jetak kog sve draži krase,
A u čašu cv'jeta mila
Srce moje i duša se
Utopila...

Tici u zatvoru (I)

Tico moja, tico mala
   U zatvoru,
Zar ti srce, malo srce
   Jad ne mori?

Zar te boli ne slomiše,
   Što te tudi
Zatvoriše, usamiše
   Gr'ješni ljudi?

Zar ti jošte i u ropstvu
   Sija nada?
Zar je žica zlokobnica
   Ne savlada?

Tä zar ti je pjesma jača
   Od svih zala,
Te još i tu pjevat' možeš,
   Tico mala?

„Tä zar može ljubav
   Zatrt' koja sila,
Ljubav što se u gorici
   Razavila?

Zar i pjesmu može kogod
   Da zaguši,
Dogod traje iskre žara
   Još u duši?

Zar ko može iščupati
   Miris cv'jetu?
Zar bez nada može živit'
   Rob na sv'jetu?

Nad i ljubav pjesme moje
    Snažaju me –
Bogu lete, Bog ih čuje,
    Bog razum'je."

Tici u zatvoru (II)

Gledam tebe, tico mala
   I skučene tvoje dvore,
Pa se pitam: kako ti je
   Bez tvog druga i bez gore?

U tavnome sjenu kruga,
   Gdje se bol i tuga slama,
Zar ti srce jošte živi
   Milim glasom u pjesmama?

Lahki polet tvoga krila
   Svezala je žica pusta;
Mjesto gore nad glavom ti
   Tvrdih žica mreža gusta.

Izumrli slatki časi
   Kad se ono sunce rodi,
Ti sa grane pozdravljaš ga
   Slatkom pjesmom u slobodi.

A sad tude, u zakutku,
   Međ' zidinam' mračnog dvora,
Niti znadeš kad je veče
   Ni kad sunce budi zora.

Ista uv'jek tavna sjenka
   Na žičani dvor ti sliječe,
A ti pjesmu milu pjevaš
   Kô da j' srce puno sreće.

Trubadur

Moje je nebo, moje zore plave,
Moj purpur ruža i glas iz gnijezda,
Moj šum rijeke kad se časi jave
S povratkom tihim večernjih zvijezda...

U meni gori jedna sveta vatra,
I moje srce sve grli i ljubi...
Snagu mi duše nikada ne satra
Zamahom kobnim života bič gubi.

Gord sam i sretan što se vazda mogu
Uzdići vječnoj ljepoti i Bogu,
I božjeg srca biti jedan deo.

Ja ćutim vatru svetu i rijetku –
Moja je duša u svome začetku
Obukla na se sunca zlatni veo...

Tvoj uzdisaj

Kad s uzdahom duše tvoje
Vjetrić digne laka krila,
I sa tihim lepršanjem
Stigne sjaju neba mila,

Više nije lahor blagi
Što nebeske traži vise –
S uzdisajem duše tvoje
U anđela pretvori se.

Tvojih ruža nema...

Tvojih ruža nema,
    Prošlo zlatno doba –
Samo ljuta drača s gole grane bode.
Gdje je polet snova? Kuda radost ode?
Tamo gdje su mrtvi, gdje je grob do groba.

Ovdje u samoći,
    Gdje se ljubav zače,
Ne čeka te draga, umrla je ona...
To ne pjeva slavuj, glas pogrebnih zvona
Negdje u visini to jeca i plače.

Šta ćeš više ovdje?
    Čekaš li trenute,
Da ti snova dođu s jutrom sreće tvoje?
Ne varaj se! Groblja bez odziva stoje,
I umrli tvrdo u pokoju ćute.

Tvojih ruža nema.
    Go se bokor njiše.
Na zorinom vjetru180 viewing paused drhće grana bona.
Slušaj! Eno zvoni glas pogrebnih zvona,
Zaspi snom nebesnim i ne ljubi više.

Tvrda stijena

Usred mora nesitoga, gdje vječiti pokret vlada,
  U pomami srdžbe ljute nemilosnih gordih vala,
Gdje umorna mnoga šajka sred ponora hladnog pada –
  Tu je tvrda st'jena stala.

Ne straši se ona kada na nju gnjevni vali jurnu:
  Sokoli se nad njom viju – njeni sinci vjerni, mili!
Snažnijem je krilom brane, kličuć' jasno pjesmu burnu,
  Prkoseći morskoj sili.

A spasenja anđô blagi nad njom svoja širi krila,
  Krijepeć' joj sinke vjerne, sokolove, munje prave!
A slobode pjesmu svetu bijela joj hori vila,
  Kiteći je v'jencem slave!

Oj ti tvrda, sveta st'jeno, primi pozdrav srpskog sina!
  I dalje mi smjela budi, kad se more na te hiti!
Tä ne boj se, ti si jaka! Bog te gleda sa visina,
  Desnicom te moćnom štiti!

U album

Ne varaj sebe ni razum svoj,
Život je samo na zemlji toj.

Poslije njega nijedan glas
Iz praha neće podići nas.

Vjeruj u onu istinsku Moć –
U vječnu Samrt i njenu Noć.

U grobu negda, ja dobro znam,
Trunuće s nama i Otac sâm.

Ovdje je samo Pakô i Raj;
Ovdje je Izvor, ovdje je Kraj.

U bolesti

Haj, to nebo, puno sjaja
  Što je meni nekad bilo,
U pučinu samih vaja
  Sada mi se pretvorilo.
Hram se nada srcu ruši –
  U njemu se oganj gasi,
A u bolnoj, mladoj duši
  Samo tuga i uzdasi.
Pod koprenu guste tame
  Zaspalo je sunce moje...
Ne sm'ješi se ljupko na me,
  Propalo je...

Sanci mili rajskog slada,
  Zar bijaste samo varka?
Ne grle mi dušu sada
  Ona vaša krila žarka.
Ni vas nema; iščeznuste
  Na krilima maha živa.
Posred bola, tuge puste
  Vaš ljubimac sad vas sniva.
Oh, kako bi duša mlada
  Željna bila da s' okrili,
Pa da opet leti s vama,
  Sanci mili!

Oh, ne hiti, nit' me gledi,
  Mračna smrti vječno gladna,
Od kose me još poštedi,
  Ne spremaj mi groba hladna;
Poštedi me do tog časa
  Dok s' ispuni nada živa
Dok ne vidim svetog spasa
  Da mi mili rod cjeliva.

Pa kad bude u slobodi
  Da mi narod slava nosi:
Tada smrti, hodi, hodi,
  Život kosi...

U dubini duše moje...

U dubinu duše moje
Tvoj premili pogled pade,
Kao poljub sunca vrela
Na njedarca ruže mlade.

Oh, to sveti zračak bješe,
U kom rajsko milje leži:
Svaki duše osjećaj mi
Razvi se u cv'jetak svježi.

I sada je duša moja
Perivoj, gdje cv'jeće miri –
Svaki cv'jetak tebe sanja,
Tebi svoja njedra širi!

U gaju (I)

Vjetrić piri
Ruža miri,
  Po njoj trepti rose sjaj;
Slavuj poje
Pjesme svoje
  Ljulja mili zeľni gaj.

Ja na travu
Mirisavu,
  Legô – slušam njegov poj,
Pa u grudi
Mojim s' budi,
  Divnih želja čitav roj:

Srpče svako,
Čilo, lako,
  Da imade srdašce,
Da je čisto,
Kao – isto
  Slavujevo srdašce.

Da se glasi:
Da ga krasi
  Bezazlenost, divni cv'jet!
I da ima
Pred očima,
  Boga, što nam stvori sv'jet.

Da mu s' moli,
Da ga voli
  Kao Srpstvo, jezik svoj,
Da ga slavi
Kao pravi,
  Taj nevini slavlja poj!

Često tako –
Hitro, lako
  U zeleni odem gaj,
Od miline,
Srce sine –
  Pjeva, jer tu vidi raj!

U gaju (II)

Tamo, tamo, nadaleko,
Gdje miriše cv'jeće meko,
Zeleni se pruža gaj,
A u gaju čisto vrelo,
Pa žubori preveselo
  U daleki žureć' kraj.

Svakog jutra, svakog dana,
Prije sunca obasjana
  Čio trčim u taj gaj,
Gledam rosu što se čista
Po cvijeću bajnom blista
  Kô alema dragi sjaj.

Pa sred mile te tišine,
U cvijeću i miline,
  Slušajući tičji poj,
I ja pjevam: „Bože mili,
Od varvara, oj zakrili,
  Mili srpski narod moj".

Bog će čuti molbe moje,
Svete želje što se roje,
  U mom srcu svaki čas:
Daće Srbu snage, sile,
Zakliktaće srpske vile
  Varvarima na užas!

U goricu...!

Hajd'mo, hajd'mo gorici,
U zahladak njen,
Hajd'mo, brate mileni,
S bratom zagrljen.
Po gorici cv'jeće,
Po gorici trava –
Tu je stanak sreće,
Tu je radost prava!
Hajd'mo, hajd'mo gorici,
Našoj miloj gorici!

Hajd'mo, hajd'mo, lagano –
Nek je vesô skok!
Preskočimo džbunove,
Potočića tok!
Neka znojca tekne,
Mi smo Srpčad jedra;
Nek pjesma odjekne
Sve do neba vedra!
Hajd'mo, hajd'mo gorici
Našoj miloj gorici!

Hajd'mo, hajd'mo gorici
U za'ladak njen,
Tu je cvjetak divotno
S cv'jetom zagrljen.
Vrijeme se kreće,
Hitno lete časi;
Hajd'mo brati cv'jeće
Nek nam mladost krasi!
Hajd'mo gorici
Našoj miloj gorici.

U jutarnja zvona

Ti opet kucaš u prozor moj,
Pa šta mi nosiš, dane?
Pregršti sunca, harfe, i poj.
I s belim cvetom grane?

No ja radosni ne čujem zvuk
Što topi pokrove snega –
Skrhanu harfu i grobni muk
S tvoga mi donosiš brega.

Po stubovima doksata mog
Ti drače penješ mi grube –
Zar ove vence udeli bog
Onima što ga ljube?

Kao i juče, kô svaki put,
Kad zvono jutarnje bije,
Ti pružaš meni krčag, a ljut
U njemu sičan vrije.

Jutros je tako zelen i kap
Svaka mi dušu zgrči,
Kao da nosi prosjački štap
I lebac jede sve grči.

Sa tvoga daha seče me led
I padam, kô s lišćem žutim
Na bregu svelih stabala red
Pod sekirama krutim.

I nigde zgreva... Svrh odra mog
Samo kandilo rudi –
Ne gasi! Nek se u blesku bog
Još smeje svrh rana ljudi.

U ljuljajci

U avliji, sama, ljulja se Ferida,
U ljuljajci lakoj o murvovoj grani.
Sve što imam kmeta, njiva nebrojani',
Sve bih za nju dao, i još život prida...!

Blizu smo. Moj prozor u avliju njenu
Gleda, i ja vidim, kô šetaljka sata,
Tamo-amo miče, a kô plamen zlata
Vihore joj kose... Malo, pa da krenu

Do prozora moga tabani joj rudi...!
Mila li je! Kao da se sabah budi
I o grani ljulja uz pjesme i zvuke...!

O lijepa, plava mezimico majke,
Omakla se u moj prozor iz ljuljajke,
I ja te u svoje dočekao ruke...!

U noći (I)

Preko tvojih trepavica
Kad se spusti sanak ti'o,
I pod tvojim prozorima
Kad zapjeva slavuj mio,

Ja umirem, i kô sjenka,
Kô duh koji tajno bludi,
U tvoje se dvore kradem
I dah pijem tvojih grudi.

I dok ponoć mirno brodi
I nebom se zv'jezde zlate,
Ja ti slatko ime zborim
I molim se bogu za te.

A kad petô lupne krilom
I pozdravi zoru plavu,
Ja se opet bolan vraćam
U grobnicu – pustu javu...

U noći (II)

Kô duša bez nada, utjehe i vjere,
Mračna ponoć svoja mračna krila stere,
Kao da se smrznô dah života zemnog,
Nigdje nema glasa ispod kruga nebnog.
Tek zajeca pjesma sjetnih slavuj-tica
Kô drhtavi glasi s pokidanih žica.

Zalud oko traži u nebeskom visu,
Oblaci su gusti, tu zvjezdice nisu...
Kô samrti hladne onaj pogled tavni,
Izgledaju polja, uspavane ravni,
Kao da je vječnost sve u svoja krila
Zaboravom hladnim lagano povila.

U dolini cv'jetak klonuo, pa spava,
Pa u sanku sjetne uzdisaje dava,
Kao da bi u tom uzdisaju svetom
Tajne glase čežnje razaslao sv'jetom:
Oh, željan sam, željan sunčevoga sjaja,
I zorice mlade, toplog zagrljaja.

Sve počiva mrtvo, bez nade i sreće,
Samo moja duša jošte sanka neće,
Budan kroz noć lutam, duša mira nema,
Na daljne se pute u beskrajnost sprema.
Daleko... daleko... željice je vode
Na zlaćana krila sreće i slobode...

Hajde leti, dušo, leti bez prestana
Preko srpskih gora, preko srpskih strana,
Valjda nećeš svuda mračnu ponoć naći,
Ta valjda se negde sv'jetli mojoj braći.
Hajde leti, dušo, i pozdrave nosi,
Tvojom sjetnom suzom braću mi orosi.

Upita li koji: Zašto suze liješ?
Nemoj da od braće svoju tugu kriješ,
Reci: To su suze od žalosti klete.
Suze gorkog bola, sumora i sjete...
Njih će samo jedna ubrisati sila:
Kad slobodna bude srpska majka mila.

Ali kakvi glasi trgoše me sada –
Kô pošljedni uzdah samrtnoga jada?
Što uzdiše tako dolina i strana,
Kô u poznu jesen šumor pustih grana?
Jel' na javi ovo ili duša živa
U zanosu svome samo sanak sniva?

Oh, to nije sanak, nije priviđenje:
Gle: uz suro naše ojađeno st'jenje
Kao prazna sjenka, bez sreće i nade,
Djevojče se jedno polagano krade,
Njezin suzni pogled u daljinu bludi,
U očajan uzdah slamaju se grudi...

Kô putniku mladu sred tuđinskog sv'jeta,
Mudro, milo čedo spopanula sjeta.
Njene zlatne vlasi niz pleća se gube
I katkad se samo sa vjetrićem ljube,
A miris se prospe kô sa rajskog hrama
I napoji slavlja posred noćnih tama.

Katkad ruke skrsti, puna svete boli,
U nebo pogledi, kô da s' Bogu moli...
Uzdahne, pa stane, suza joj se liva
Pa na st'jenje klekne, grli ga, cjeliva.
Zatrese se st'jenje kao grudi bone,
A podmukli tutanj u dubini tone...

Ko je čedo ovo? Je li s nebnog visa,
Što je vječnost stvori iz rajskog mirisa,
Il' siroče bono nemile sudbine,
Što u svjetskoj borbi bez pomoći gine?
Ne! Iz suze, što je srpska majka lila,
Stvorilo se čedo – stvorila se vila.

Plači, srpska vilo, uzdiši i cvili,
Pokidô se v'jenac tvojoj slavi, sili,
Tvoja čista suza utočišta nema –
Tä i nebo samo nemilost ti sprema.
V'jekovi se tavni u nepovrat gone
I nad tvojom srećom smrtni glasi zvone.

U noći (III)

Odbjegle mi slike vesele i sjajne,
Što ih nekad sreća bijaše izvela
Na obzorje moje, u večeri tajne
Da sa njima bratim radost srca vrela
I sve želje burne mladalačkih dana,
Kad ne bješe suza, ni bola, ni rana...
Odbjegle mi slike, a sa njima zlatni
Niz pučinu dana projedrili snovi –
Moji mili snovi – labudi bijeli
Umrli mi s pjesmom... Mrtvo perje plovi,
Pluta povrh groba, i u bezdan tone
Blago duše moje, radost srca moga...
O snovi, o druzi mladosti mi drage,
Iznad vašeg praha kroz mrak zvona zvone...
Ja vas više neću u večeri blage
Pozdravljati harfom ni trepetom struna,
Nit' će ikad više one pjesme jasne
Zagrlit' se s vama da k nebu zaplove...
Ja vidim daleko jedna zv'jezda gasne –
U vječnost – u trulež – u karike nove
Mene ponor zove...

U polju

Potecite, suze moje,
Orosite ruže ove,
Ove mile ruže majske
Što ih žedno sunce pije!
Pa kad sjutra mila dođe
I ružama zakiti se,
U bijela njedra njena
Prospite se, suze moje!

Uzdisaji duše moje,
Prikrijte se u to granje
Gdje plodovi slatki rude,
Pa kad mila amo dođe
I potraži hladak tihi,
Po bijelom vratu njenom
Mrsite joj kosu meku,
Uzdisaji duše moje!

I ti, srce, s tugom tvojom
Otrgni se i poleti
I leptirom žarkim budi!
Da slavuje mile sluša,
Na žarke joj usne pani,
Pa izdahni!

U proljeće

Prohujali dani vjetrova i studi,
Sve se novim žićem iz mrtvila budi,
Nesiti se gavran u pećinu kreće,
Iz daljine lasta opet nam dol'jeće,
U vedrilu plavom veselo se vije,
Sa cvrkutom milim pozdravlja nas svije'.

Po poljani ravnoj proniknulo cv'jeće,
Na krunicu dragu čelica sl'jeće,
Pa ga ljubi, grli, pa mu pozdrav veli,
S poznanikom milim tako se veseli;
A dolinu tihu srebren potok para,
Pa se i on slatko s cv'jećem razgovara.

Sve je puno milja, sve je puno nada,
Oh, kako mi duša veseli se mlada!
Na brežuljku sjedim, na zelenoj travi,
Viš' mene se ljupko gori nebo plavi;
Svud mi oko sreta miline i draži –
Sve se toplim suncem podiže i snaži.

Eno, doli niže, seoce se malo
Kô čelica vr'jedna u posao dalo,
Neumorni ratar, još od rane zore,
Sa vocima snažnim svoje njive ore,
On ne žali znoja, on veselo kliče,
Pa iz svake kapce plod će mu da niče.

Tamo pred kolibom, eno, Vida stara
Od zimske se stege željano odmara,
Pa slabačkom rukom tu kudelju prede –
Tä i u starosti vr'jedne ruke vr'jede,
A unučad sjela pokraj stare majke,
Pa slušaju njene zanošljive bajke.

Dok sa unučadi zanima se Vida,
Domaćica hitra radi bez prekida,
Pa užinu sprema, sira, ml'jeka, hljeba,
Sve čisti i redi što za kuću treba –
Tä u kojoj kući domaćica dr'jema,
Tu ti blagoslova, tu ti sreće nema.

Oj, seoce moje, ti mi srećno bilo!
Štitilo te uv'jek heruvimsko krilo,
Kitilo te cv'jeće pramaljeća mlada,
Bilo uv'jek plodno i prepuno nada,
Znoj ratara tvoga nek blagoslov kruni,
Nek mu se žitnica s izobiljem puni!

U proljetnoj noći

Dušo moja, ti ne tuži tako!
Evo noći, evo slatke tajne!
Veselo se vijni i uznesi
Plavom nebu u zvjezdice sjajne.

Budi tica što se diže letom
I raj slavni na visokoj grani;
Pa od bola, od sudbe i ljudi
Ti se, dušo, svetom pjesmom brani!

Sad, kad nojca dragom cv'jeću slazi
Na razgovor i na slatko bdenje,
sad, kad Gospod umrlim se javlja,
Dušo moja, slavi vaskrsenje.

Zaboravi da si ikad bila
U mukama, jadu i oluji;
Utri suze, vijni se, poleti –
Na pjesmicu zovu te slavuji!

U ranim časovima

Primi me goro, u tihu samoću.
Ovdje, pod krovom topole ti svježe,
Umornu srcu ja napitka hoću.

Prsi mi davno bol studeni reže...
Odbjegla tico mojih zlatnih dana –
Radosti, dođi...! Od zorine mreže

Savi gnijezdo u jeseni grana
Ozeble duše i zapjevaj pjesme
Mladosti pune plavih jorgovana.

Snesi mi sunca i probudi česme
Sokova mladih, kao stablo srča
Snažan da budem. O, zapjevaj pjesme

Mile i tople kô jutro što strča
Strmenom gore; vidaj, oslobodi
Skrhane prsi od more i grča!

Rominjaj roso...! Speri s duše, hodi,
Prašinu s gradskih zidova što pade...
Leptire, amo, moje srce vodi,

U ljiljanima da utopi jade...

U ravnom Srijemu

Oh, kako duša moja u slatkom milju plovi,
   Kako li srce moje uživa rajski sklad!
Ljepote, što ih samo pružaju zlatni snovi,
     Na javi gledam sad.

Preda mnom raj se pruža, ravnice nepregledne,
   Po širokome polju do cv'jeta pao cv'jet!
Po njivam', što ih ruke ratara kopaju vr'jedne,
     Počiva plodan svet.

Pokraj Dunava plavog, na obalama bajnim,
   U stadu bogatome pastirev hori se glas;
Laka se ševa digla u zrakam' sunašca sjajnim,
     Proljetni slavi kras.

Seoske kuće male, sa trskom pokrivene
   Kako vas željno gleda presrećan pogled moj!
Doline, polja, njive, oh, kako divi mene
     Milina vaših roj...!

Zaludu diram žice na mladoj mojoj liri,
   Tananih žica ovih slabačak još je glas –
Da ovog milja, što se preda mnom sada širi,
     Opjevam sveti kras!

Pa šta će sinak st'jena, nego da klikne jasno:
   Kitnjasti srpski Sreme, pozdravljam tebe mlad!
Vječno mi divan bio! Krunilo cv'jeće krasno
     Ratara tvoga rad!

U samoći

Kad razvije noćca mila
Laka svoja meka krila,
Kad pod velom zaborava
Svaka živa duša spava;
Tamo kud se potok kreće
Mirnom doljom kroza cv'jeće
Gdje se čuje kroza granje
Anđeosko šaputanje;
Kud leprša vjetrić sveži
Pa o mirisom lako bježi,
Tamo gore
U prostore
Božjeg hrama,
Gdje heruvim čisti l'jeće
I vječnosti himnu kreće
Sa zvjezdama:
Tu na travi, usred noći,
Budan sanjam u samoći;
Sa željom se želja plete,
Misli lete,
Jure, hrle –
Vasionu c'jelu grle,
Sad u visu
Zv'jezda mili',
A u času
Opeta su
U dolini, u mirisu...
Ali čeoto, često puta
Kad se roje
Misli moje,
I daljinom misô luta,
Jedna slika
Milolika
Lagano se meni krade,

Tako ti'o
Kô anđela glasak mio
Iz svemira kad ga dade...
Ruho b'jelo
Obvilo joj t'jelo,
Niz pleća joj zlatne pale vlasi,
L'jepu glavu cvjetni v'jenac krasi,
A na čelu, kô sa neba plava,
Sa osmjehom sunce prosijava;
Oči njene, dva nebeska plama,
Svetinja su i dobrota sama;
Rujna zora sa krvcom ružice
Popila je njeno b'jelo lice;
Napunile njene oble grudi,
S pupoljaka miomir se budi,
Dušu diže
Duša stiže,
Tamo... tamo, gdje još krilo
Lake tice nije bilo...
Mila sliko sanka moga,
Sanka moga mlađanoga,
Tajno sveta,
Reci meni s kog si svjeta?
Sred mirisnog svoga krila
Othrani l' te b'jela vila?
Il' poljupcem, tamo gori,
Rujna tebe zora stvori?
Il' iz cv'jeta
Raja sveta
Ti na krilo pade sv'jeta?
Il' te samo misô stvara
U zanosu svoga žara...?
Ona ćuti, ćuti n'jemo
Oh, al' mi se razum'jemo:
U vječnosti, od postanja sv'jeta
Ona živi, samrt joj ne smeta,
Groba nema – ne umire ona
Sestrica je sunca, nebosklona;
Čelik trune, u pepô se stvara,

Samrt kosi
Sve u tamu nosi –
Al' nju nikad niko ne obara!
U vječnosti vječnija je sila
Uv'jek mlada čarobna i mila
Kad samrtnog duša klone
I u očaj-tamu tone,
Kad zaduhne vihor jada
I umire žiću nada,
Kad sudbina huda, smjela
Zbriše nama sreću s čela
I probudi gorki vaj,
Njena r'ječca, slađana i mila,
Opet duši nebu diže krila,
Srce vida, miljem puni grudi,
Goni vihor nevolje i studi,
Opet srce nečemu se nada
I na mračno naše čelo pada
Nove sreće zatreptali sjaj.
Znam je, znam je, to je sestra slavi!
Njena ruka javor-gusle pravi,
Na guslama one tanke strune,
Na strunama slatke pjesme budi,
Pjesme ječe, snagom dušu pune
I sve miljem talasaju grudi,
A srdašca rasplamćuju širom
Napajaju anđelskijem mirom.
Oj ti neba dare mio,
Sveta sestro Poezijo!
Oj ti vječna božja kćeri,
Daruj plama mojoj vjeri!
Snagom budi
Moje mlade grudi,
Daj mi moći, daj mi snage nove,
Oj pruži mi gusle javorove!
Jednom kapcom tvojih snaga vreli'
Mladalačku moju dušu preli...
Da zapjevam pjesmu lakokrilu
Neka letne mome rodu milu:
„Oj ne kloni, patetiče sveti,

U vihoru nevolja i zala!
Sa usana nek pjesma poleti
Za utjehu Promisô je dala –
Neka noći, ali zora sviće:
Jedan časak... i svjetlosti biće...!"

U sjećanju

Kad oživi spomen mili
   Prošle sreće, mrtvih dana,
Nada mnom se tajno krili
   Gusti spletak cvjetnih grana.
Kô u srcu želja mlada
   S trepetom se lišće krene,
A ruka mi žudno pada
   Na premile kose njene.
U gradini slavuj poje,
   Pa nam slatku sreću pruža,
A ja ljubim čedo moje,
   L'jepo čedo b'jelih ruža.
Jata poljskih golubova
   Nad ljubavlju našom l'jeću,
A po nebu sv'jetlih snova
   Zagrljene duše kreću.
Potok šumi, cv'jetak miri,
   Kroz granje se glasi roje,
Srca biju, grud se širi,
   Na usnama usne stoje...
Oj, sjećanje, cvjetno granje,
   Gdje mi sreća pjesmu poje...
Oj, sjećanje, milovanje,
   Slatka tugo, suze moje...!

U slađanom glasu...

U slađanom glasu tvome
Sami anđô milja zbori;
A u oku premilome
Plamen svetog raja gori.

Toplim žarom toga plama
Ja slabačke zgr'jevam grudi;
Zagrljeno milinama
U sreći se srce budi...

Porušeni dvori nada
U duši se opet dižu;
Mjesto tuge, bola, jada
Ružičasti sanci stižu...

Kako su mi topla krila,
Oh, kako se kr'jepi žiće!
Kô čelica kada mila
Spusti krilo na cvjetiće.

Oh, pa hodi, rajski stvore,
Da plamenom oka tvoga
Snažim dušu, dižem dvore
Porušenog nada moga...

U snovima

Još i sad, sveto, na duše oltaru,
Kô rajski cv'jetak, kao zv'jezda sjajna,
U ljupkom milju, nježnosti i čaru,
Još i sad blista tvoja slika bajna.

Osjećam miris tvoga mekog prama
I gledam oči koje život d'jele,
Osjećam poljub, pun nebeskog plama
I vrući stisak tvoje ruke b'jele.

Kroz moju dušu tvoja r'ječca zvoni
Kô sveti zvuci nadzemnoga svijeta;
I kad sam srećan i kad bol me goni,
Svuda me bl'jesak tvoga lica sreta.

Na krilu snova, što ih ljubav kreće,
Ja dižem tebe nebesnome hramu,
Kao da ne znam da se v'jenac sreće
Sa moga čela rasuo u tamu;

Kao da ne znam da ledenim mačem
Od tebe sudba rastavi me mlada,
Kao da ne znam da cvilim i plačem
Na mrtvom grobu porušenih nada.

U svetom času...

U svetom času ponoćnjega mira,
Kad tiha rosa počiva na bilju
I bezbroj zv'jezda s dalekog svemira
Ljupko se sm'ješi u anđelskom milju;

Kad blagi šumor mirnim zrakom plove
I nježno cv'jeće o zorici sanja:
Tajanstven glasak mami me i zove
Na drago mjesto našeg milovanja.

Kô rujna zora što slavuju budi
Milinom slatkom ono srce sjetno,
Tako taj glasak napuni mi grudi
I dušu diže na prestolje cvjetno.

I prošle sreće zatrepere krila,
Na mrtvoj vjeri zablista se nada:
Preda mnom sine tvoja slika mila
Čarobnim miljem kô boginja mlada.

Sa bajnog prama tvoje guste kose,
Što divno pada na b'jele ti grudi,
Mirisi slatki u nebo me nose,
Daleko tamo od svijeta i ljudi.

Ja željno gledam tvoje lice bajno
I nježni osm'jeh što mi svemoć sprema,
A srce vrisne, zaplače očajno:
Ja ruke širim – ali tebe nema...

Zaludu pogled u beskrajnost bludi,
To prizrak samo bješe noći tavne –
Ja spustim glavu na umorne grudi
I n'jemo snivam cv'jet prošlosti davne.

A hladni vjetar leluja mi vlasi
I šumom tone sred ponoćnjeg doba,
Kô svete tuge prekidani glasi,
Kô tajni uzdah sa pustoga groba...

U tuđini

Drugu Jovanu Dučiću

Na dalekom nebu zlatno jutro gori
U svjetlilu dana, kao pozdrav mio,
    Blagi zvuk se hori.
Rosna žita šume, a s proplanka ti'o
Po modrome klasju sanan vjetrić bludi
    Pa kapljice pije.
Leptirica plava đurđevku sa grudi
Slatki pelud krade, s neba zlatno bdije
    Pa je milo grije:
Al' ja, smoren putnik, utjehe ne steko' –
Domovina draga, kako si daleko...!

Na mrkom grebenu, na samotnoj jeli,
Kô zgužvani duvak počivaju ti'o
    Oblačići b'jeli;
Pod njima duboko potočić se skrio,
Preliva se, šumi, a talas mu mio
    Kao zlato sjaje.
Sa srpom u ruci preko njega gazi
Milooka mlada, pred nju momče slazi
    I na put joj staje...
Al' ja, smoren putnik, radosti ne steko' –
Domovina draga, kako si daleko!

Niz obale hodim. Rakita se mlada
U jutarnjoj suzi preliva pa miri;
    Ljubičica viri,
U prisjenku tihom čelici se nada,
I čašicom punom, u slađanom sanku,

   Očekuje znanku,
A daleko tamo, gdje se pjesma hori,
Divlja ruža plamti i kô rubin gori
   Na b'jelome danku.
Al' ja, smoren putnik, radosti ne steko' –
Domovina draga, kako si daleko!

S rascvalog drveća lagano se kreću
Pahuljice b'jele, kao poljub dragi
   Na usne mi sleću,
Miluju me, ljube i svoj miris blagi
U njedra mi siplju, i sjećaju dana
   Kad sam ljubljen bio...
I moj duh bez mira, kô tica sa grana,
Uzvija se, leti put dalekih strana,
   U zavičaj mio...
Al' ja, smoren putnik, utjehe ne steko' –
Domovina draga, kako si daleko...!

U večernjem sjaju

Srebrna r'jeka blista se i gori
    U rujnom plamu večernjega sjaja;
Prel'jeće vjetrić i sa granjem zbori
    O slatkom milju proljetnjega baja.

U lakom čunu, zadovoljan danom,
    Oprezni ribar obali se kreće,
Da slatko zaspe pod vrbovom granom,
    Gdje blago miri zagrljeno cv'jeće.

Sa plodnih polja, što ih kruže gore,
    Vesela krda u seoce kreću,
Pastirske pjesme s pozdravom se hore
    I svježim zrakom drhte i prel'jeću.

I slavuj pjeva; sa rosnoga granja
    Gubi se glasak sve dalje i dalje,
I nježnom pjesmom čednog milovanja
    On l'jepoj ruži svoju dušu šalje.

O, pjevaj i ti, pjevaj, srce moje,
    Anđelu svome što te s nebom spaja!
U slavu njojzi neka pjesma poje
    Kroz blago krilo večernjega sjaja!

U vrtlogu

Zar ne beše dosta roptanja i zlobe,
Grehova i krvi, i gube i blata?
Zar nam crne vrane novu bedu kobe,
Da u svome bratu ne gledamo brata?

S Avale, sa večnog posvećenog kama,
Beli nas krstaši iskupiše svije',
Iz rijeka krvi donesoše nama
Nov život...

No i sada srca neće da se spoje,
Da se združe duše i polete letom
Na timore bratstva gde na vrelu poje
Ravijojla bela i čeka ih s cvetom.

Kopitama besne dželatske ergele
Pregažene, čame naše rodne strane,
Na svoje sejače čekaju i žele,
Preko njih da složno previjemo rane.

Domove i naše sveštene oltare
Srušili su besnog cara grubi hrti,
Ruševine puste zovu neimare
Da čekićem kucnu u pečate smrti.

A mi? Jošte kužni kugom svađe bedne
Ne čujemo šta nam rodne njive zbore,
Ni ruine doma, no kô zveri žedne
Koljemo se snova sve gore i gore.

Verovao sam: Srbin, Hrvat i Slovenac
Poleteše suncu. A, gle, duše slepe
U vrtlogu mržnje rasipaju venac
S ozarena čela otadžbine lepe.

O, greha! O, srama! O, rugoba crni'!
Mi još bratstva svoga ne nađosmo staze,
Otadžbino! Tvoje pleme sjaj ti skrnavi,
I rugobna deca u krv novu gaze.

U vrtu

Kroz zeleno granje
  Sunašce te viri,
A slatko pjevanje
  S vjetrićem se širi.

Oko tebe ruže
  Bajni v'jenac svile,
A leptiri kruže
  Njedra im od svile.

Svaki cv'jetak veli
  U šaptanju tajnom,
Da snivati želi
  Na njedru ti bajnom.

Ti razum'ješ cv'jetak
  Kad zboriti stane,
Pa ruže za spletak
  Otkidaš sa grane.

Daj i meni jednu,
  Kojoj zv'jezde poju –
Daj mi ružu čednu –
  Daj mi dušu tvoju...!

Ugljari (I)

Iz čeljusti zemlje, sve jedan po jedan,
Izlaze u crnoj sveštenličkoj rasi,
Što su im je dugi u podzemlju časi
Otkali od praha uglja... Svaki, žedan,

Prima krčag što mu pruža žena, ili
Šći, il' sestra. I svi, golih ruka, piju,
I vidi se kako damari im biju
Pod suhijem grlom u nabrekloj žili.

Žeđ gase i smorne oči dižu gori,
Presipa se voda i niz prsi crne
Ostavlja im brazde. I dok sunce trne

Povrh druma što je gradu zavijugô,
Kô da svaki nebu pogledima zbori:
Gdje si, Bože...? Zašto spavaš tako dugo...?

Ugljari (II)

Sve jedan po jedan, umoran i bedan,
Izlaze iz grotla, u prljavoj rasi,
Što su za njih dugi u podzemlju časi
Otkali od praha uglja... Svaki žedan,

Prima puno vedro što mu pruža ili
Žena ili sestra. I svi piju, piju,
I vidi se kako damari im biju
Ispod znojna grla u nabrekloj žili.

Smorne oči dižu i naginju vedra,
Prosipa se voda i na gola njedra,
Počađala, curi... Vrhovi se žare –

Tiho veče šušti u grimizu svile;
Oni kući idu, kao senke mîlê
Putem, pokraj groblja, uz jablane stare.

Umrli ste...

Umrli ste...
Srca vam trula u prsima trulim,
U njima nema ni krvi ni plama –
Otrovala se u vrtlogu crnom
Bestidnoga srama.
Kako ste jadni! Koliko li hrđe
Bezbožne prsi u sebi vam kriju,
A vaše duše, provale duboke,
Nevjerom nas biju.
Nevjerom crnom vi koljete brata,
Greznete u krv vaše majke jadne:
O crne tice iz crnoga jata,
Kako li ste gladne...!

Umrli ste...
Grešna vas žudnja bespućem odvela,
Sotoni crnoj da nosite skute,
I bratu svome da pelenom grkim
Zasijete pute...
Ni suze majke koja vas odnjiha,
Ni njena kletva iz ranjenih grudi
U trulom duhu bestidnoga legla
Kajanje ne budi...
Prevlasti, slava i kolajne zlatne –
To vam je idol, za koji ste dali
Srce i dušu, sve i ime svoje
kojim ste se zvali...

Umrli ste...
Blizina vaša truležom nas guši
I truje vazduh ove zemlje naše.
Pokrijte lice, jer Srpčići mali
Od njega se plaše:
Plaše se pakla, jer anđeli zlatni
Sotonu vide u grudim' vam lednim;

Plaše se srama, jer čistotu hrane
U dušama čednim:
Plaše se žiga i tih crnih bora
Sa vašeg čela, što izdajstvo zbore;
Plaše se slugâ, za gomilu zlata
Što dželate dvore...

Umrli ste...
Pod teškim krstom, pod trnovim v'jencem,
Stupaju braća bez jauka, bola,
A vi kô žene krijete se podlo
Od viteškog kola...
Krijte se, krijte, odlazite tamo
Kud vas je crna misao povela;
Kajanje pozno sram vam zbrisat' neće
S izdajničkog čela.
Naše će sunce, akobogda, sinut',
Okovan demon na nas će priječat' –
Mi ćemo stajat sa st'jegom u ruci,
A vi ćete klečat'...!

Usahnuće mladost

Usahnuće mladost, što nas sada krasi,
A život nam biti kô jesenska tama;
Vremena će sn'jegom posuti nam vlasi
I razduvat' snove sa dušina hrama.

Sa grane života rasuće se cv'jeće
I mi ćemo stati na ivici groba;
Na usnama našim plamen gorit' neće,
Nit' se budit' ushit mlađanoga doba.

Al' kada ti starost smrzne nježno t'jelo,
Tad se sjeti mene i dođi na grudi,
Tu ćeš i tad naći ono srce vrelo,
Što ga tvoje oko u plamen probudi.

Uspavaću cv'jetak uspomena moji'...

Uspavaću cv'jetak uspomena moji' –
I sve zlatne čase kad sam sretan bio,
Pa nek mirno cv'jetak u mom srcu stoji
Na tom istom mjestu gdje sam tebe skrio.

Uvojcima zlatnim tvoje meke kose
Prekritiću cv'jetak, pa nek tako sniva,
A moja će duša mjesto tihe rose,
Na zaspalo blago da suzice liva.

I tako, kad jednom skrstim lomne ruke,
U grob ću pon'jeti to blago sred grudi,
Pa kad noću čuješ one sjetne zvuke,
Znaj, zaspali cv'jetak u grobu se budi...

„Ustav"

– sedmog (dvadesetog) februara –

Ni brige te više, moj uskrsli rode,
Evo tvog jutra, evo ti slobode.
Nek ti odsad dušu nevolja ne kopka,
Pa sad mirno tako, moja snago muška,
    Nek te san ljuljuška!
Nestalo je suza što ti mute oko
    Tvoja suza više nije ljuti ôs...
Gle, nad tobom sreća sad visi visoko
    Kao slatka kruška,
    Samo čuvaj nos...!
Jošte jednu čašu brzo amo, Gustav!
Dobili smo ustav!

Pletimo vijence! Ovo je dan krasan,
Kupimo se redom na zalogaj masan,
Pa pirujmo slavno, neka zveče čaše,
Uz borije, bubnje (I uz lance naše)
Nek se svuda čuje glas iz naših grudi,
    Da nam zora rudi!
Ranama su stigle ljekovite biljke,
I mi smo već, evo, postali rod ljudi...
    Od radosti sve nam s čela teče znoj...
Ranama su stigle ljekovite biljke,
    U tamnici svojoj pri sjaju svjetiljke
    Sad vidimo bolje dugi lanac svoj...
Jošte jednu čašu brzo amo, Gustav!
Dobili smo ustav!

Sad špijuna nema... Pod zaštitom pravde
Slobodna je riječ (otišla odavde).
Ako nas što tišti, to recimo samo,
Pa gospoda odmah pozvaće nas tamo,
Za naše će bole lijeka da sprave –
(S onu stranu brave).
Pa sad mirno tako, rode, snago muška,
Nek te san ljuljuška!
Nestalo je suza što ti mute oko,
Tvoja sudba nije više ljuti os...
Gle, nad tobom sreća sad visi visoko
Kao slatka kruška,
Samo čuvaj nos...!
Jošte jednu čašu brzo amo, Gustav!
Dobili smo ustav!

Utonulo sunce...

Utonulo sunce. A po nebu milom
Zlaćanih zvjezdica svud treperi zrak,
I anđeo sanka sve prigri krilom,
I sa tavnim velom sve pritisnu mrak;
A slađani glasi tajanstvenog hora
Zanose mi dušu sa širokog mora.

Al' gle ledne strave, što mi dušu slama:
Sa zapada pravo, kô džinovi pusti,
S gromovnikom strašnim, u gnjevu, pomami,
Jurnuše bezbrojni oblakovi gusti;
I zaman sam nebo pogledao često,
Svaki zračak nade blistati je prestô...

I čuj! Vjetar duhnu, kô bregovi velji
Srditoga mora uzdigli se vali,
I u strašnom adskom, pomamnome gnjevu,
Slabu su mi šajku udarati stali;
Eto crne slutnje, eto strave nove –
Potonu mi šajka u burne valove...

– Oj varljivo more, ti prokleto bilo!
Zar ti pl'jenom nikad čeljust puna nije?
Oj koliko na te suza se prolilo?!
Al' na to se samo pučina ti smije;
Čeljustima gladnim traži žrtve nove,
Srebrenijem valom mami ih i zove.

I kô slabu slamku izgubljenog mene
Vitlali su vali u pomamu svome,
I snage mi bjehu veće izmoždene,
I krvca se sledi u srdašcu mome;
Pa u stravi lednoj, u pučini jada,
Pobožno mi duša molila se mlada.

I s v'jencem ružica na svijetloj glavi,
S buktinjom u ruci, šireć' zlatna krila,
Nada mnom, u zraku, najedanput s' javi
Divna, krasna moma, ljepša nego vila;
I drhtavim glasom prozborih joj tada:
„Da l' mi pomoć nosiš, ljepotice mlada?"

„Ja sam *nada* – reče – čedo više moći,
Moja svjetlost snaži oslabljenom grudi,
Na nova pregnuća propaloga budi;
Pa i tebi dođoh usred ove noći,
Napr'jed, za mnom, hajde, zračiću ti pute
Ne kloni, ne daj se sili bure ljute!"

„Oj vodi me, vodi, pomoćnice mila,
Na obale bajne, gdje proljeće cvjeta,
Gdje anđô slobode moćna širi krila,
Gdje me svuda pjesma rajevanja sreta;
Za tobom ću svuda, oj vodi me, brani,
Ljepši će mi s tobom zasinuti dani!"

Zaplamti mi krvca i kroz slabo t'jelo
Probudi se snaga, ojačaše grudi,
I zamahnuh rukom kroz valove smjelo –
A sve više more svoju srdžbu budi;
Zalud ti je ona, mene nada prati,
I skoro ću vesô na obalu stati!

I gle! Sveta nada varala me nije,
Na obale cv'jetne izvede me ona;
Oj divnih milina, na visini trona
U purpurnom zraku tu sloboda sije!
Ne čuju se glasi robovanja kleta;
Nigdje trnja nema, svuda cv'jeće cv'jeta.

Oj divotna zemljo, oj ubavi kraju,
Nebo, samo nebo s ljubavi te štiti!
Oh, ta zašto jednom u mom zavičaju
Ne pronikne cv'jeće što te sretnu kiti?

Majko moja mila, domovino sveta,
Tebi samo trnje uspjeva i cv'jeta.
Tako željah majku, a ako mi vrelu
Livalo je suzu, kvasila mi zjenu,
A u tome času na mladome čelu
Ja osjetih poljub, probudih se, glenu',
Oh, taj sveti poljub anđeoske sile
Bješe slatki poljub moje majke mile.

Zbogom, sanče mili, zbogom zemljo sveta,
Što te za čas gledah sa radosti blagom:
Ti si moja želja, misao i meta,
Ja te dušom ljubim i svom srca snagom:
Oh, da l' ću na javi kroz oluju kivnu
Pohodit' te s braćom slobodnu i divnu?

Uz hridi života

Nisu se na me savijale grane
Sa grozdovima rosnih jorgovana,
Ja nisam svoje provodio dane
Samo uz pjesmu i šum šedrvana...

Gdje magle mrknu, gdje vihori kose,
I nepogoda gromom tuče svagda,
Gdje nema hlada, cvijeta i rose,
Ni vrela punih duge i smaragda –

Tamo sam stupô i noć bdio mnogu,
Uz one što ih bol tresô i hvatô...
Po ljutom kršu peo sam se Bogu,

I znam da Bogu blagodarim za to!
I znam: što oštro ralo dublje rije,
Sve ljepša klica na svjetlo bije,
Ozdo, iz groba, gdje se zlatna zače...

I znam: na svaki udar, kô hrid koja,
Sve ljepše iskre prospe duša moja,
Svijetla krila uzdižući jače...

Uz pehar

Nek zaplamte grudi, nek zahore glasi
Kroz daljine plave, kroz nebeski krug!
Pjevaj, brale, dok ti žiće mladost krasi
U sreći i bolu pjesma nam je drug;
Njezini su zvuci anđeosko milje
Uv'jek duha našeg ljekovito bilje.
Podignimo pehar puni
Svetog pića, što nam kruni
Rajskim sladom dušin žar!
Rujne kaplje slasti ove
U divne nas dižu snove
U nadzemni čar...!

Čuj, skladno li zveči jek tankih pehara
Kao mile sreće probuđeni glas!
Svaki odjek nebu s hvalom odgovara
Što milinom ovom darovao nas;
Svaka kapca mala života nam nudi,
Da plamenom svetim krvcu porazbudi.
Nek je srećan časak ovi,
Bože, bratstvo blagoslovi,
Neka bude jedan sklad!
Jedna vjera sv'jetla, čista,
Jedna želja, misô ista,
Neka bude svaki rad...!

Kako snaga buji! O, kako se budi
Slatke, mile sreće oduševljen plam!
Oživjele nade, podižu se grudi,
Razdragano milje trese dušin hram...
Kô rumeno cv'jeće u vilinskom spletu
Želje nam se mlade sa željama pletu.
Skoči kolo, brate dragi,
Podaj maha muškoj snagi!

Dok mladosti traje cv'jet
Nek nas rajska ljubav krasi,
Nek veselo teku časi
I vije se kola splet!

Pijmo! Pehar rujni podignimo visu,
Pozdravimo njime naš srbinski dom!
Lažna želja nije, prazne r'ječi nisu.
Služićemo slavi i imenu svom!
U vihoru borbe živiće ideja
Sa ponosom ime zboriće nam seja!
Gromu ćemo otpor biti
Kô vrh st'jena ponositi'
Gdje vilinski niče cv'jet!
Zdravo, braćo! Pjesma bujna
Nek uz pehar vina rujna
Sa usana prene let!

Vardar[3]

– Alegorijska slika –

Lica:
Milojko, Momčilo, Radovan, vojnici
Prvi vojnik, Drugi vojnik
Prva vila, Druga vila,
Mnoštvo vila i vojnika.

Noć. U dnu, planine zaprašene snegom. Svrh njih izronio mesec pa se sva noć svetli kao san bajke. S desne strane, ustremilo se nekoliko raspuklih stena obraslih u mahovinu i bršljan. Između njih vijuga jedna stara putanja, što vodi na Vardar. Levo vojnički logor. Okolo razbuktalih vatara sede vojnici, puše i razgovaraju. Na mesečini, pred šatorima, obleskuju piramide pušaka. Negde zarže po koji konj. U blizini čuje se huktanje Vardara.

Momčilo:
(koji je blizu stene s Radovanom i s još nekoliko vojnika razgovarao, susretne Milojka, koji se vraća s Vardara i nosi jedan žban vode.)
Jesu li te opet sreli
Noćni dusi?
(Smeje se podrugljivo.)

Milojko:
Isto čudo,
Kao sinoć...!

Momčilo:
Vile, je li?

---
[3] Horove u ovoj alegoriji komponovao je gospodin P. J. Krstić. (Prim. aut.)

Milojko:
Ja ti rekoh!

Radovan:
Hajde, ludo!
U vatri je tvoja glava –
Buncaš...

Milojko:
Veruj, sve je java!
Kunem ti se!

Momčilo:
Pričaj, dela,
Kakva su te čuda srela?

Milojko (spusti žban na tlo):
Baš kada sam, s jedne ploče,
Zahititi vode hteo,
Najedanput Vardar ceo
U sto boja sjati poče...

(Kad Milojko stane pričati, i ostali vojnici skupljaju se oko njega i slušaju.)

Prvi vojnik:
Hajde i nas tamo vodi.

Radovan (upane vojniku u reč):
Ćuti sada! (Milojku.) Pričaj, Mile.

Milojko:
Ja pogledah, kad po vodi,
Ispod breza, same vile!

Momčilo:
Nage, je li! (Osmehuje se.)

Milojko:
Skoro! Samo neki veo,
Što u boji duga sav trepti i zari,
Kao paučina oko njih se spleo...
Gledam... Kô po sagu, ispod breza stari',
Po talasima se valjaju... I s grana
Pozni vetar dok im mrsi kosu dugu,
Pljuskaju se, smeju, gone jedna drugu,
A sve stoje zveka njihovih đerdana.
Ja sav ceptim, strepim i upirem oči,
I ne dišem, čisto kô da sam bez duše.
Kada ti se one prikradoše ploči,
Pa kamenjem dragim svega me zasuše...

Radovan:
Ti se rugaš nama!

Milojko:
(Razgrne nedra i stane istresati drago kamenje što, sevajući i bacajući iskre popada po travi.)
Zar je ovo ruga?
(Radovan, Momčilo i ostali vojnici popadaju po travi i stanu grabiti dragulje.)

Radovan (gleda u šaci drago kamenje):
Vaistinu, čisti, sve dragulji pravi!
Kako samo gore!

Momčilo:
(Takođe gledajući u šaci ugrabljene dragulje i pokazujući ih družini.)
Isto kao duga!
Puni boja žutih, zelenih i plavi'!
Gle, kako mi od njih rudi šaka cela!

Milojko:
(Začuje iza stena tiho pevanje i drmne za rame Momčila koji neprestano začaran gleda u drago kamenje.)
Zar ti ne ču pesmu?

Momčilo (prisluškuje):
Ono pesma nije.

Drugi vojnik:
Ono neka tica, ovde blizu sela,
Peva.

Radovan:
Ono Vardar o hridine bije.

Momčilo:
Sada čujem nešto kô šuštanje krila...

Drugi vojnik:
Glasovi su ono! Hodi, amo bliže!
(S Radovanom primakne se bliže stenama.)

Radovan:
To iz Skoplja, možda, koji glasnik stiže.
Pa se javlja?

Milojko:
Nije. To je pesma vila!
(Svi zaustave disanje. Kao zlatni pljusak zvezde stanu padati pa sve porudi kao zrela jabuka, vojnici uzbezeknuti stoje. Neki skidaju kapu i krste se. U blizini, iza stena, čuje se pesma vila.)

Hor vila:
Let,
Pesmo!
Let!
Zvezdama nebo zasipa nas!
Krotka
Kô cvet,
U zvezdan
Svet,
Radosti naše uznesi glas!
Let,
Pesmo!

Let!
(Pesma izumre.)

Radovan:
Čudesno li poju...!

Milojko (Momčilu i ostalima):
Sve su bliže nama!
Slušaj! Kako šušte, kô jato u letu!
Tu su...! Eno, gledaj, iza onog kama...

Momčilo (ugleda vile):
Još video nisam što lepše na svetu!

Milojko:
Gle'te! Ona prva, što joj vlasi duge,
Kô perčini sunca vihore po zraku,
Kako krunu drži...!

Momčilo:
A gle, one druge
Sa alaj-barjakom!

Radovan:
Gle krst na barjaku!
(Po vrhu stena vaskrsne i zablista jato vila. Jedna drži ustreptanu krunu a druga do nje razvijen alaj-barjak. Sve vile ospu ružama vojnike i zapevaju, dok dve sede i udaraju uz harfu melodiju pesme.)

Hor vila:
S grmova
Gordih
Topolskog lava
Vihori
Smeli.
Slava vam, slava!
Po zemlji
Tuge,
Plača i more,

S vaših se
Krila
Rasu sjaj zore!
S grmova
Gordih
Topolskog lava,
Vihori
Smeli,
Slava vam, slava!

Hor vojnika:
Vardarskih
Stena.
Vi, ruže bele,
Srca nam
Trepte
I duše cele!
Vaša je
Pesma
Kaplja na cvetu;
Oreol
Rane
Zore u letu!
Vaša je
Pesma
Gora korala!
Vardarske
Vile,
Hvala vam, hvala!

(Sve vile spuste se malo niže na steni.)

Milojko:
Gde idete, vile?

Prva vila:
Zublji zore nove
Braći, da predamo amanete ove,
(pokaže na krunu i barjak)

Na Vidov-dan, kadno, sa turskih hajduka,
Kosovo procvilje i sve tama povi,
Mi ih na sahranu primismo iz ruka
Mučenika Cara... Vi vrsni i novi
Pobednik bedema naši neimari,
Vi, čijom se krvlju ovi klanci pune,
Vi budite sada njihovi čuvari!
(prema vojnicima uzdigne krunu)
Za krv carsku vašu, evo carske krune!

Druga vila (s barjakom):
Evo alaj-barjak! On vam sretan bio!
Iznad glave cara nekada se vio,
A sad svrh kalpaka vaših nek se vije!

(Milojko i Momčilo uspnu se na stenu vilama, Milojko primi krunu a Momčilo barjak.)

Milojko (poljubi krunu):
Ti svetinjo naša! Srećo Srba svije'?
Veličanstva slave posvećena sliko,
Više nam te neće oskvrnuti niko!
Milioni srca sada za te biju,
U sebi te hrane i tobom se griju...!

(Milojko ponovo poljubi krunu i uzdigne je visoko. Ostali vojnici takođe se uspnu na stenu i sa vilama uzdignu ruke spram krune.)

Hor vila i vojnika:
Trepti, blistaj,
Kruno sveta!
Tvoj vek slavni
Sada cveta!
Gde je Soča,
Vardar gde je,
Gde s Jadrana
Bura veje:
Visok,
Beo,

Silan,
Smeo,
Kô oluja hučni boj.
Kruži, klikće orô tvoj!
Sretna bila
Na vek veka!
Sve ti slave
Tekla reka!
Tamo gde ti,
Gorda, smela,
S tvojim belim
Orlom htela:
S pesmom,
S cvetom,
Jednim
Letom
Letećemo, kada glas
Tvojih truba zovne nas!

Vatra

Izgorješe stari Mrahorovi dvori!
Iz krova, iz vrata, iz pendžera svije',
Kô dugi barjaci, plamenje se vije,
I oblaci dima uzdižu se gori.

Svijet juri, viče; glas borije bije;
I ruše se grede; demiri se žare;
Rasiplju se iskre pro mahale stare
I u noći tonu kô crvene zmije.

O Šerifo, otkad tvoje oči viđe'
I ja gorim 'nako, mira nemam niđe –
Golemi me oganj poruši i satra...!

Kô svjetina ona, i kô dosad niko,
Trčao bih i ja i mahnito vikô,
Stiskajući srce: „Vatra! Vatra! Vatra!"

Vaznesenje

Razaram bola sve tamnice tvrde,
Gdje tako dugo akrepi me dave
I ujedima truju me i grde.

Letim i smrzle grudi mi se krave –
Rukama hvatam plamenove zore,
Oni me dižu u svodove plave.

I šume, trepte, šire se, i gore
U vihorima radosti, i sile,
Pobjeda slavnih što se jutros hore

Sve od Vardara pa do Soče mile.
Moj bog, u meni što je mrtav bio,
Probudio se i u grotlo spile

Očaja moga sve izvore slio.
I sad kô more, gde svjetlilo grije,
Moja se duša širi. I niz cio

Okean njeni, kome kraja nije,
Galebi kruže, svud borovi brode;
I s harfom, gorda i ljepša od svije',

Na krmi blista kraljica slobode!

Veče (I)

Kad b'jeli danak za gorama mine,
Večeri rujne zatreperi krilo,
U svetu prošlost duša mi se vine
I sveg' se sjetim što je nekad bilo:

Kad svaki zračak onih zv'jezda mali'
Anđelskim plamom punjaše mi grudi,
Sanjivom dolom kad sićani vali
Pričahu milje što ga srce žudi;

Kad svaki cv'jetak što ravnice krasi
Stvaraše ushit na licu mi mladom,
Kad slavuj-tice zadrhtali glasi
Zgr'jevaše krvcu svetinjom i nadom...

I sada veče trepti krilom blagim,
Po plavom svodu zvjezdice se nižu,
I sada zefiri sa mirisom dragim
Kô tajni pozdrav do meneka stižu;

I sada slavuj nježnu pjesmu budi,
I zv'jezde sjaju tajanstvenom draži,
Al' moja duša u daljinu bludi,
Daleko tamo svoju ljubav traži.

Veče (II)

Ozarena lika, a zlaćane kose,
Anđô mira slazi da pokoja dade,
Kroz rujni sumračak vjetrić, punan rose,
Lagano se krade.

Kao da se s rajem zagrlilo cv'jeće
Mirisni uzdasi dižu se i gone,
A jasno sunašce s b'jelim dankom kreće
I za brdo tone.

Stani, sunce, stani, kô mir danka vedra,
Da odletim s tobom prostorima tajnim,
Da poljubim nebo i mirisna njedra
Zvjezdicama sjajnim!

Veče na humkama ubogih

Počinuste i vi... Sa grbače svoje
Spustili ste teške krstove... Sad oni
Više vaših glava posađeni stoje –
Na njih pozno veče tihe suze roni...

U vašem životu nigda bilo nije
Jedne staze da vas odvede u vrte...
Po humkama vašim, eto, miris vije
I njišu se grane beharom zastrte...

Ne gone vas više niti glađu kinje,
Niti li vas ledom prate zime sinje –
Sad slušajte tople pjesme iz gnijezda...

Noć vječna obasja mrak vašijeh dana –
Gle, po vašem krovu, od ruža i grana,
Prosiplju se zlatni poljupci zvijezda...

Veče na selu (I)

Prolazi danak
I sunce tone
Za daljne gore
Sakriva zrak,
Nečujnim gredom,
S tišinom blagom
Blažene noći
Spušta se mrak.
U svome gn'jezdu tičice male
Sa ljupkom pjesmom već su pospale.

Okolo širom,
Tamo i ovdje
Zračak se vatre
Veselo sja,
Tu starci sjede,
Puše i zbore
Svaki po nešto
Pričati zna.
Gdjekoji opet nalakćen leži,
Sluša, a željom daleko teži.

Čuj, kako otud
Veselu pjesmu
Žetelic' nosi
Lahora let.
Kô jata mila
Goluba čednih
Domu se bliže,
I beru cv'jet,
Svaka ga skriva na grudi mlade,
Da ga večeras draganu dade.

Sa teškog rada
Umorni ratar
Kućici svojoj
Vraća se već;
Dječica mala
Pred njega trče,
Svako će štogod
Veselo reć'
A on ih ljubi, na grudi meće,
Pa kud će više bogatstva, sreće?

Domaćica je
Vrijedna bila,
Večera spravna:
Hljeb, ml'jeko, sir.
Treba li vode
– Tā eto, blizu,
Pod gustom lipom
Žubori vir,
Vodicu čistu veselo nudi,
Da blaži njome, umoran, grudi.

Oj, blago tebi,
Rataru vr'jedni,
U tvome krugu
Sreće je vir –
Seocem tvojim,
Kućicom malom,
Razlijeva se
Anđelski mir.
Večeri mila! Oj, moje selo,
Pjesmom te zdravlja srdašce vrelo!

Veče na selu (II)

Janku Veselinoviću

Evo moga sela, evo radovanja!
Evo tihog mira gdje mi duša sanja,
Gdje se srce snaži pa veselo bije,
Kao da mi nigda zaplakalo nije!

Evo moga sela! Na zelenom platnu
Kô da, punu duše, gledam sliku zlatnu –
Jednu sliku živu što je Gospod stvarô
Kada se na zemlji s ljubavlju odmarô!

Gle, domovi mirni kroz drveta stara
Kako milo rude od večernjeg žara,
A gore visoko, pri zahodnom blesku,
Prelijeće orô širinu nebesku.

A tamo, od sela, po strmêni brdâ,
Eno blâga, eno, prebijelih krdâ!
Eno gore momče na vrh st'jene sjeda
I daleko tamo put zapada gleda.

Gle pod gustim dubom, tamo groblju bliže,
Gle kako se skromno mala crkva diže,
I kroz meko lišće, što se nad njom splelo,
Kako mirno gleda svoje mirno selo!

Dok širokim poljem, kao srebro čista,
Lijepa rijeka treperi i blista,
Pa žubori, huji i kô da mi mrmlja
Da obali sađem u sjen gustog grmlja.

Ali ja ću tmo gdje još ratar branom
Brana plodnu njivu, što ga hrani hranom,
I starim rukavom tare znojno čelo,
Gledajući vôljan svoje drago selo.

Na grudi ću ove zagrliti brata –
Mučenika časnog, što za ruljac hvata,
I krvavim znojem, pod plamenim nebom,
Klas odgaja plodni, što ga hrani hljebom.

On će meni skromno svoju ruku dati
I domu me svome na počinak zvati,
A ja ću ižljubiť pošteno mu čelo,
Pa mi, onda, zbogom, ostaj, milo selo!

Veče na školju

Ivi Ćipiku

Pučina plava
Spava,
   Prohladni pada mrak.
Vrh hridi crne
Trne
   Zadnji rumeni zrak.

I jeca zvono
Bono,
   Po kršu dršće zvuk;
S uzdahom tuge
Duge
   Ubogi moli puk.

Kleče mršave
Glave
   Pred likom boga svog –
Ištu. Al' tamo,
Samo
   Ćuti raspeti bog.

I san sve bliže
Stiže,
   Prohladni pada mrak,
Vrh hridi crne
Trne
   Zadnji rumeni zrak.

Večernja zvona (I)

Predsutonski je čas.
Visok i zlatan krst sa tornja sipa zrak
I trepti vas.
Zalazi sunce i okna gore
Kô požar jak.
U nebu svijetle se laste.
I veče sve bliže
Stiže
I raste.

Po gradu gomila bludi,
Vreva i huka:
Upored ide sreća i muka,
Suza i smijeh;
Čednost i grijeh
Jedno uz drugo stoje,
I sve se komeša čudno
I vrvi.
A tamo, gori, na lazilima zgrade,
Zidari rade.
Veče na razdrljene njihove grudi
I gole ruke i lice vrano,
Sve krečom poštrapano,
Prosipa crvene ruže svoje...
I jedan oblak pun tople krvi,
Nad njima, gori, lebdi visoko.
I kroza nj jedno sjajno i budno
Gleda ih oko...

Prve zvijezde u suton rone;
Sav požar neba tiho se gasi,
I glasi
Večernjih zvona zvone
I mirno teku

Kroz večer meku.
No dok se oni liju,
Padaju i dižu,
Uza njih, ozgo s visokih skela, stižu
I biju,
Kô zvona druga,
Udari čekića mnogih.
I meni sve se čini:
Ti glasi u visini –
Kô neki,
Crni i meki,
Pun behar raščupani –
Rasipaju se u suton rani;
Mirišu,
Dišu,
Šume,
Jecaju, plaču, kô bona molitva duga,
I upijaju se u me,
U dušu svaki mi tone
Kô jauk brata.
I dok se suton sve više hvata
I tutnji grad
I gori, iz modre dubine neba
Izbija mjesec mlad:
Kô kletva bona,
Kô jauk miliona,
Ja čujem kako, s visine one,
Silni čekići zvone:
Hljeba nam!
Hljeba!
Hljeba!

Večernja zvona (II)

Smoreni zidari na skelama stoje
Kamenje tvrdo tešu tvrdi ljudi,
I čela im se opaljena znoje.

Na ruke, vične i žezi i studi,
Na poštrapana krečom lica vrana
I razdrljene kosmate im grudi,

Purpurne ruže baca veče rana...
Tih oblak jedan kao da bi htjeo
Sletiti, crven (kô krv uzdrhtana),

I u svoj svilen ogrnuť ih veo...
Kroz nj, svijetlo, jedno oko bodro
Gleda ih, trepti i sjaj lije vreo...

Prvi je suton do ulica prodro
I zvona zvone sa tornjeva sviju.
No dole zvuci plinu, i u modro

Gube se nebo, s vječnim da se sliju:
Gori, svrh mase što po gradu grne,
Čekići tvrdi o mramorje biju,

I glasi im se, kô pahulje crne,
Rasiplju širom. Svaki dršće, plače,
Jeca... I dokle zadnja rumen trne,

I gori trepti svijetlost večernjače:
Kô zvona druga, pod kubetom neba,
Ja čujem kako čekići sve jače

Zvone i mole: hljeba! hljeba! hljeba!

Večernja zvona (III)

S visokih tornjeva starih krstovi rasiplju sjaj
Zalazi sunce i ceo,
Kô da bi planuti hteo,
Tamo, nad rekom, rudi
Strmeni gaj.
U nebu svetle se laste,
I veče, sve bliže,
Stiže
I raste.
Kô pleva,
Guste povorke ljudi
Popale, eno, grad –
Huka
I vreva;
Upored ide beda i muka,
Sreća i glad;
Grubost, lepota;
Čednost i greh,
Suza i smeh...
I sve se komeša čudno i mota.
Tamo i amo,
Gde dopre oko.

Uz to, gore visoko,
Gde zadnji smiraja plamen
Zari
I žari
Lazila zgrade
Još samo jedan rub,
Majstori tešu i glade
Cigle i kamen
Hrapav i grub.
Sa lica svije'
Kipti i lije

I kaplje, kô suza, vreo znoj.
I oštri zub
Čekića bije
I rije;
I mermer iz tvrdih bokova svojih,
Rasipa zlatni roj.

Pozni se suton svio,
I miris parkova veje,
U nebu sve je
Tiho,
Sve tiše.
Sve su tice u gnezdu –
Večer je skinula nakit svoj,
I više,
S vrh grana,
Njenih đerdana,
Ne trepti sjaj.
Još malo, pa će ceo
Zaspati kraj.
Već noći spušta se veo
I maše nas:
Već nebo zvezdu
Nad gradom roni,
I silnih večernjih zvona, ljulja se, jeca i zvoni
Drhtavi glas!
No dokle sva ta
Jata
Zvukova sjajni'
U slavu višnjih dela
Poje,
I lete u svemir tajni
S njim da se spoje
I sliju:
Uza njih, ozgo s visokih skela,
Kô neka zvona druga, koja ne čuje svak,
Tvrdi čekići zvone i biju:
Tik, tak,
Tik, tak,

Tik, tak,
I meni sve se čini,
Ti zvuci u visini
Kô da su jedan
Ledan i behar bedan,
Što su ga ubile tame,
Pa se jada,
I crn i ceo
Sveo
I sunca žedan,
S visine one,
Rasipa se i pada
Tiho i bono na me...

I trepte.
I cepte,
I šume,
Crne pahulje svele;
I kao suze vrele
Upijaju se u me –
U srce svaka me trone
Kô kletva brata...
I dok se senka sve više hvata
I tamni grad.
I tamo, nad vrhom tornja iz modre dubine neba,
Izbija mesec mlad:
Kô jedna molitva bona,
Kô jauk miliona.
Ja čujem kako, sa skala oni',
Sve zvoni i zvoni:
O,
Hleba –
Hleba –
Hleba –

Vedra deca

„S puta, s puta! Ne vidite
Kako juri parip naš?
Luka kola cveća vozi –
A Mile je kočijaš!"

Tako kliču deca vedra –
Razleže se ceo krug.
Uz to Hektor glasno laje
I na znanje svima daje
Da je i on dečji drug!

Velimiru Rajiću

Kada zaželim luga
Jednog čarobnog sveta,
Gde lepa gori duga
U suzi svakog cveta,
I kada hoću da gledam
U dno gde školjke stoje,
Ja tada za sto sedam
I čitam pesme tvoje.

Kada saznati želim
Kako duboko i čedno
Istinskim bolom vrelim
Strese se srce jedno –
Kako u svojoj boli
S dna svoga čuvstva poje
I beznadežno voli,
Ja čitam pesme tvoje.

Tražim li harfu štono
Ranama mojim zvoni,
Iz čijih struna bono
Moja se suza roni –
Tražim li druga koga,
Što uvek zadrhtô je
Drhtajem srca moga,
Ja čitam pesme tvoje.

Želim li videti gde je
Prah jedne žarke milošte,
Što blago i toplo greje
I posle smrti jošte,
Tvom grobu, pesniče mio,
Duša mi poleti letom,
I celiva ga, i ti'o
Pokrije trnovim spletom.

Taki su venci za one
Koji nebesno ljube –
Za srca što ih gone
Patnje i bede grube,
Za srca što iz topline
Svog čuvstva pružaju nama,
Kô more iz dubine,
Pregršti dragoga kama...

Verno društvo

Ovo vam je društvo verno,
Što se tako toplo ljubi!
Niti znaju šta je zloba
Niti šta je inat grubi.

U postelji jednoj spiju –
Na jastuke legne Neda,
U dno njenih nogu lutka,
A uz lutku verni meda.

Vestalka

Uspomeni Vojislavljevoj

Rim počiva... Mirno ćute i hramovi i palate,
Samo straže od liktora razbludnike gradom prate.

I zahori pjesma strasna, pa u času mre i tone;
Samo Tibar jasno šumi i brzi se vali gone.

A u hramu, gdje mramorni kip boginje Veste stoji,
Još Vestalka mlada bdije i za časom čase broji.

Al' kô tica zarobljena, što sa bolom i sa tugom
U mrežama hladnih žica za slobodnim čezne lugom,

Tako s bolom čeznulo je mlado srce ruže ove:
Mila slika mladog momka grlila je njene snove.

Pred mramornim svetim kipom klečala je mnoge noći,
I s molitvom šaptala je drago ime u samoći.

Ona i sad za nj se moli i slatko mu ime zbori,
A pred kipom hladne Veste kandioce tiho gori.

Al' što drhtnu srce njeno? Što zablista pogled plavi?
U dubokoj polutami lijepo se momče javi.

Doveo ga ulaz tajni, zaštitnik mu nebo bilo,
I on opet grli dragu, grli svoje čedo milo.

Na usnama usne gore, na srdašcu srce bije;
Kroz okna ih mjesec gledi i nad slatkom tajnom bdije.

Al' na srca koja ljube često crni udes leti:
Pred boginjom Vestom hladnom ugasi se „oganj sveti".

Moma strepi i blijedi, na licu joj rumen sa'ne
Kô jesenji cv'jet kad umre i pod rodnu granu pane.
Snagu kupi; hladnom kipu kô zbunjeno d'jete leti
I bijelu ruku diže da potpali „oganj sveti".

Ali kasno, sve je kasno...! Pred njom budne straže stoje,
U dubini tamnog hrama hor samrtnu pjesmu poje.

Ona rukom srce steže, bolni pogled k nebu daje,
Pa kroz suze zadnjih snova milu sliku gledala je;

Gledala je crne oči, kovrdžaste mile kose,
Kô što sveli cvijet gleda sjajnu zoru ispod rose.

Gle, jutarnja svjetlost slazi, a dželati spremni stoje,
U dubini tamnog hrama hor samrtnu pjesmu poje.

Vi...!

Vi, te vam slaba duša u moru sujete tone,
   U krugu što se čuje vaš rodoljublja glas,
Vi, te vam u malom srcu puste se želje gone
       Snivajuć' slavu, čas',

Pokaž'te vašim radom, pregnućem vašim, djelom,
   Domu, narodu svome vaš rodoljublja mar,
Stan'te na branik prava uzgorenijem čelom
       Za opštu svetu stvar.

Bacajte masku s lica, otvor'te vaše grudi
   Čistoj istini neba. Manite prazan glas
I razmetanje vaše. Budite djelom ljudi,
       I narod slaviće vas.

Vida

Kraj stazice, sred travice,
  Pune milja, pune baja,
Gdje rosice miljenice
  Pokazuju nevin-sjaja:

U ritama Vida sama,
  Kô tičica bez svog jata –
Tužno sjedi, bolno gledi
  Jad joj srce obuhvata.

Ljubičica i ružica
  Kotarica kod nje mala;
Ruzmarina, divnog krina,
  U kitice savezala.

Pružila je, podigla je
  U ručici te miline;
Niti zbori, nit' govori,
  Samo gledi u visine...

A po stazi sv'jet prolazi –
  Sred mirisnog stiže kraja,
Pesmu pjeva, grudi zgr'jeva,
  Nestaje mu svakog vaja.

Al' nijedno čedo b'jedno,
  Oko nije pogledalo,
Nit' na licu boljeticu
  Njemu tužnu pročitalo:

„Pomoć, pomoć, sv'jete, pomoć...!
  Bolna mi je mila mati,
Nema sanka, svakog danka
  Sve to veće bolje pati...

Za paricu naj ljubicu,
  I kiticu krina meka;
Za paricu naj ružicu –
  Pa da kupim majci l'jeka...

Da ublaži, da osnaži
  S njim bolane svoje grudi,
Pa da gleda još svog čeda,
  Što se za njeg muči, trudi.

A ja šta bi', snaga slabi'
  'Vako mala na sv'jet bila?
Kad bi raka gustog mraka,
  Moju majku zapljenila?

Pomoć, pomoć, sv'jete, pomoć!
  Tā ne meni, siročetu;
Majka čeka davno l'jeka,
  Da ublaži bolju kletu...

Zašto, ljudi, pogled tudi
  Dolje na me ne baciste?
I paricu za ružicu
  Siročetu ne pružiste?

Zar ne znate, zar nemate
  Dužnost svetu pred očima?
Zar u sjaju, uživanju
  Sa srca se vašeg snima?

Vršite je! Ona sve je!
  Plete v'jenac vašoj glavi!
Nakon vaše smrtne čaše
  Ona živi, a u slavi!

Na grob sije, što vas krije –
  Svjetlost joj je vječnost prava!
Vršite je! Ona sve je!
  Spomen vašoj glavi dava!"

Vidovdan 1389–1919

Osana tebi, ti naše Golgote dane,
    Gde grotlo sinje proguta carstva brod!
I gde u krvi, kô sunce za gorske grane,
    Utonu viteški rod!

S Kruševca grada više se vijao nije
    Svileni krstaš – Srbija beše grob,
Tamnica pusta, gde memla davi i bije,
    I bledi izdiše rob.

Ali ti posta naše svešteno Vrelo,
    Gde krepke vere zašumlje sveti poj,
I vodu tvoju, kô snagu za novo Delo,
    U krčag levasmo svoj.

Osana tebi! Sve muke i smrti čaše,
    Klešta, testere, nisu satrle nas,
Jer večno, svuda gde behu staze naše,
    Tvoj višnji zvonjaše glas.

On beše tvrdo kormilo naših lađa,
    Vodilja zvezda našega raja ključ,
I sveta pesma: s Golgote samo se rađa
    Vaskrsne zore luč.

I on se rodi! Rodi se svima nama,
    I u noć sužnjih zaseče plameni rez!
I eno, s krunom, u blesku dragog kama,
    Ustaje svetli Knez...

Sve trepti, seva... I svuda, Kosovo gde je,
    Gle, davni borci, kô gustih brestova lug,
U oždama niču a svrh njih greje
    Sve lepše nimbusa krug.

Svi oni hrle, i pogled očiju svoji',
    Kô dete ocu, upire mlad i star
Tamo, gde s krstom u ruci na visu stoji
    Pod oreolom Car.

Osana, care i mučeniče, osana!
    Pesama naše radosti vraća se vek!
Više nam oči ne muti duboka rana,
    Ni grubih okova zvek.

Mi s tvoga Visa, uz heruvimske zvuke,
    Primamo brastva pričest i slave plod!
Na kolenima, spram tebe dižući ruke,
    Sav divni kliče rod.

Plamenom vere, smelošću, patnjama trajnim,
    Iskupili smo staroga cara svog!
Cara heroja u odeždama sjajnim
    Iz raja šalje nam Bog.

Osana, oče! O tvoje hramove bele
    Skrhô je krila s Bosfora krvavi zmaj.
Gle, puni zvezda, sada sa Šare cele
    Hrastovi prosiplju sjaj.

S harfom na steni, u blesku njihovih kruna,
    Kosovka lepa čudesni slaže poj –
Peva i slavi, uz tople zvuke struna,
    Tebe i Vaskrs tvoj.

Osana, večni! Carstvuj i gospodari,
    Nek večno naših pobeda hori se glas!
I neka svuda jedinstva sveti oltari
    S bregova greju nas!

Vila

Za spomen gospođici Đ. de P.

Tek pod sanka mehkim krilom
Sretô sam se s bajnom vilom
  I željno je gledah mlad;
Miomirom njene kose
Moje srce opilo se,
  I ja sretan bejah tad...

Ali, eto, i na javi
Bajna mi se vila javi –
  U oku joj sunčev sjaj.
Ti si vila puna milja,
Duša ti je od bosilja –
  Na licu ti blista raj!

Violini

I ti mi ćutiš samotna,
Prsle ti žice tanane;
Gle, moje oči sanane
Kroz suze sad te gledaju.

O, znaš li, druže klonuli,
Kad zlatni danci svanuše:
Kad njene usne planuše
U prvom, milom poljupcu?

O, znaš li: kroz noć tihanu,
Kad vjetrić njiha klasiće,
Kad sam joj tvoje glasiće
Do b'jelih dvora spremao?

S jecanjem žica divotnih
Klicah joj ime sladosno,
A moje srce radosno
Zv'jezdama kolo vodilo...

No sve je prošlo... Pogledaj!
Svud struji život slađani:
S potokom cvijet mlađani
O slatkoj sreći govori;

Proljeće – čedo ubavo
Široka polja celiva,
A tebe suzam' preliva
Kô pusto groblje, drugar tvoj...

Višnjićeve pesme

„Kad se šćaše po zemlji Srbiji"...

Višnjićeve pjesme čitam. Izvor vreo
Slušam srca jakog... I gorim, i plamtim,
I dižem se, rastem, i visoko spram tim
Vrhovima stojim, gord, silan i smjeo...

Ovdje je povijest mog roda i roba
Što zamahnu lancem i zbaci tegobu,
I zgazi u krv, i poleti grobu,
I s barjakom slave uskrsnu iz groba...

Višnjićeve pjesme čitam. I stih svaki
Ja slušam gdje bije kao udar jaki
Gromova, s kojima rađa se sjaj vreo

Proljeća... I čitam, i gorim, i plamtim,
I dižem se, rastem, i visoko spram tim
Vrhovima stojim, gord, silan i smjeo.

Vitez

– stara priča –

Ne gledaj me, laka srno,
Krčmareva šćeri krasna!
Tvoje milo, oko crno
Tavne noći zv'jezda jasna,
Mračni duh mi bolom veže
I o mrtvom dobu zbori...
Al' šta moje grlo steže?!
Kupu amo, žeđ me mori...

Gdje Sitnica valom bije
I obale ljubi travne,
Gdjeno zlatno sunce grije
Njive rodne, naše ravne –
Gdje u pozno veče ti'o
Vjetrić ljulja slatke zvuke:
Ja sam prvi život pio
I širio k nebu ruke.

Haj, onamo, na te strane,
I njezin je pogled sjao;
Kad mladosti poznah dane
Ja sam samo za nju znao –
I pod stubom mračnih dvora
Milovô joj kose vrane,
Sve, dok blisne povrh gora
Zlatna kruna zore rane...

Sitni zveket zlatnih grivna
Što o njeno grlo biju,

Slatka usta, kosa divna,
Oči, koje tako griju –
Bjehu sanci dobu cv'jetnom,
Mila radost srca zdravog,
Kao mladom orlu sretnom
Zlatna luča s neba plavog.

Uz poljubac, tako vreo,
Klelo mi se čedo blago,
Ja od cv'jeća v'jenac pleo
Spominjući ime drago...
Ljubismo se... Istok plavi
Samo takim žarom gori...
Al' što moje grlo davi?!

Kupu amo, žeđ me mori...
Jedne noći, povrh gora
Kad je bl'jed mjesec bdio,
U prisjenku starih dvora,
Gdje strujaše vjetrić ti'o –
Nađoh dragu... šumni veo
Po toplom joj t'jelu pao,
A njen slatki, poljub vreo
Neznaniku milost slao.

Rasuše se zv'jezde divne,
Nebesa mi u ad pala,
A pod svodom noći kivne,
Iz dubine svoga zjala
Kô da sura avet stade
I nada mnom zlobno pisnu,
S kalpaka mi krilo pade
A od bola srce vrisnu...

Dan je svitô, iza gorâ
Svijao se vjetar hladni,
Kad visoko iznad dvora
Krila uzvi gavran gladni;
Crnog gosta ja sam zvao

Na pir slatki svadbe svoje,
Crnom gostu srce dao
Iz njedara drage moje...

Sa rumenim mlazom krvi
Pojio sam ticu kobnu,
A vjetrovi kroz zrak prvi
Pjevali su pjesmu grobnu;
Mrsili joj kose divne,
Ljubili mi zlato čisto...

A s oštrice moje kivne
Krvavi je odsjaj blistô.
I od tada nikad više
Nisam imô sreće mirne,
Samo noći kad je tiše
S tajnim glasom vjetar pirne:
To se divna mladost rodi
Pa mi varljiv akord budi.
I snova mi dušu vodi
U vihore, bijes ludi...

Al' što tako grudi trnu?!
Kupu amo, al' do vrha...!
Suparnika – avet crnu,
Osveta mi još ne skrha...
Ja ga tražim, ljeta brojim,
Mač ga zove vrân se vije,
Da mu gladnim kljunom svojim
U smrznuto tjeme bije...

Vizija

Ponotnji me sanci pozdravljaju zvukom...
Pod tankim duvakom dovode mi dragu;
Ona mene grli svojom mekom rukom,
Ja joj gladim čelo i kosicu blagu:

Draga, što su tako tvoje usne bl'jede?
„Dragi, sa nedragim one otrov piju."
Draga, što ti tako mutno oči glede?
„Dragi, na moj v'jenac one suze liju..."

Draga, što su hladne tvoje ruke tako?
„Dragi, nemilome uzglavlje su one..."
Draga, tvoje srce ne udara jako.
„Dragi, ono pusto u jadima tone."

Draga, što ti glasak dršće, šta te mori?
„Dragi, bogu kletvu, tebi ljubav zbori."
Draga, na tvoj duvak moja suza pada.
„Dragi, na tvom srcu ja umirem mlada..."

Vječita mladost

Nikad moje srce ostariti neće,
U njemu će bujat' i pjesma i cv'jeće,
U slađanom žaru, što ga sreća budi,
Zgr'jevaće se duša, i krvca i grudi.

Uv'jek će mi ostat' cvjetna polja draga,
U njima me dizat' i mladost i snaga,
Sa ticama malim, što po šumi l'jeću,
Pjevati ću i ja proljeću i cv'jeću.

A ako mi pjesma ne bi laka bila,
Draga će joj moja uzdignuti krila,
Njene oči blage, dva sunašca s neba,
Pružaće mi milje, koje pjesma treba.

Vjero moja...

Vjero moja – crkvo moja,
Ne ruši se, ne obori!
Posred borbe, posred boja
Tvoj božanski plam nek gori!

Ne daj da mi čelo pogne
Ljuti teret očajanja,
Nek mi duša vazda mogne
Divne snove da prosanja...

Kô planinsko burno vrelo,
Što niz strme klance stiže,
Daj da tako stupam smjelo,
Preko trnja, cilju bliže...

Tamo, tamo, kud mi ne da
Oku zrijeť magla ova...
Moja duša jasno gleda
Divno polje od cvjetova...

Haj, to cv'jeće puno slave
Očevi su moji brali –
Bez leleka i bez strave
U krvavoj borbi stali.

Tamo, tamo, vjero moja,
Ti me prati likom svojim,
Daj mi snage, posred boja,
Da pred silnim silno stojim...!

Vjeruj...

Vjeruj u srce moje, sveta je iskra ona,
Što ga u plamen diže,
Kao molitva blaga zvukom jutarnjeg zvona,
Te s tobom nebu stiže.

Vjeruj u pogled ovaj, kome su mile i svete
Tvog' lica slatke draži,
I duši mojoj, što te, čisti, nebeski cv'jete,
Sa milovanjem traži.

Vjeruj u stisak ruke, s njime se želje daju,
Koje ti srce sprema,
Vjeruj, kao što i ja vjerujem, da u raju
Takog anđela nema!

Vjeruj i moli

Vjeruj i moli...! I pati i ćuti...!
Je li ti život kô mutna rijeka,
Znaj, pošlje njega na te slava čeka
I vječno carstvo i svijetli puti.

Da, ja vas čujem, apostoli sveti,
Al' moja duša da istinu sazna,
Da vidi gdje je: bog, ljubav, i kazna,
Luta i bludi i u nebo leti –

Kuca i čeka... Vapije i zove...
No nad njom samo hladne magle plove,
Pust, prazan odjek vraća se sa trona...

I umorena duša pada doli,
I dok u prahu gomila se moli,
U sebi boga svog nalazi ona.

Vodenica

Staro mjesto moje! Pod sjenkama grana
Radobolja mrmlja, vere se i prska;
Mrke hridi streme visoko sa strana
Pune gustih zova, smokava i trska.

Sve je isto, staro... Samo, kao prije,
Ne čuje se hitri točak da udara;
Kô bol jedan što se u dnu duše krije,
Ostavljena ćuti vodenica stara...

Kroz vidnjaču malu, gdje u suhoj travi
Samo studen gušter polagano šušne,
Ne javlja se mlinar sa šalom na glavi,
Niti vidim one oči prostodušne.

Mnogo li sam puta ja ovdje, u hladu,
U večeri ljetne na odmoru bio,
I, dižući oči na mlinarku mladu,
Iz vedrice, žedan, hladne vode pio!

Bog zna gdje je sada...?! Radobolja mrmlja
Puna grmjelica, srebra, adiđara...
I dok zlatno veče pada povrh grmlja,
Nakrivljena ćuti vodenica stara.

Vojislavu

Protekô je danak. Na daljnom zapadu
Odavna je sunce utopilo zrak.
Nad zaspalim sv'jetom, po selu i gradu,
Spustio se sanak čaroban i lak.
   Umukla je pjesma veselog mornara.
   Sve se u spokojstvu tihano odmara.

Na obali mora, pod granom „citrona",
Na ćilimu cv'jetnom samac sjedim ja.
Sa vedroga neba, s božjega trona,
Bleđanoga lika puni mjesec sja;
   I kô slatka nada, puna svete vjere
   U mlađanom srcu, zvijezde trepere.

Niže mene vali tihani i mali –
Kô pjesmice gorske kad zarudi maj –
Nestašno i blago pričati mi stali
U šaptanju slatkom zadovoljstvo, raj;
   Pričaju mi blago neke mile bajke,
   Što ih samo slušah na kriocu majke...

A s pučine daljne sa širokog mora,
Kao onaj sveti heruvimski poj,
Čujem slatke glase tajanstvenog hora;
To sirene šalju noći pozdrav svoj,
   A slavujak, što se u zagranku skriva,
   Milozvučnom im se pjesmom odaziva.

Sve je tako bajno, sve milotom zbori,
Al' je moje lire još slabačak glas
Da u jednu pjesmu sve miline stvori
Što ih oko gleda u taj blažen čas;
   Ja sam jošte tiče koje kuša krila
   Da ga vinu tamo u stanove vila.

Oj ti sine dični Šumadije drage,
Što ti vila sveti poklonila dar,
Dođi Jadran-moru, žicom lire blage
Ti si kadar ovu opjevati čar;
  Ja sam jošte tiče koje kuša krila
  Da ga vinu tamo u stanove vila.

Vojvodi Stepi

prilikom njegova dolaska u Mostar 1919. godine

Obiliću, Srđo, smeli Strahinj-bane,
   Primi vence ove srca što te ljube!
Jer ti roblja bedne vedrio si dane,
   I veriga teških krhô alke grube,
Jaki, nepobedni sine Majke gorde,
   Vihore i grome sa Cera, što oba
Rušio si cara krvoločne orde
   I s timora slave kliktô svako doba!

Jug Bogdan s decom, Ljutica i Marko,
   I svi za slobodu što padoše juče,
Što otačku grudu ljubili su žarko
   I zažegli krvlju sve plamove Luče –
Svi su oni s tobom danas došli nama,
   Jer u tvome srcu njina srca biju,
Svetla, kô praznički sjaj po ikonama,
   Kô vrela gde smorni snagu vere piju.

S njima oči svoje upirô si letu
   Visokih krstaša i suncu se peo –
Šta Srbija može pokazô si svetu,
   I njezine duše da su Boga deo.
Jer bogovi s tobom kada nisu hteli,
   Ti sâm Perun beše s munjom u ruci.
I brodovi naši svog su Hrista sreli,
   I s dugom na jedru mirnoj stigli luci.

S kopljem i štitom sad, kralju megdana,
   Stube kog svi gromi okrnjili nisu,

Ti stojiš, sav sjajan, kô zora Balkana,
  Svrh aždaje mrtve na najvišem visu.
Samo retke duše i kraljevske, gde je
  Bog prosuo vatre sunčane, tu stoje;
I besmrtne tako, dokle sunce greje,
  Svetle se u blesku oreole svoje.
Blago tebi! Večno sa Miroča bela
  Pevaće te vila uz borovlje davno,
Jer si ti, kô pesmu herojskijeh dela,
  Na zvezdama ime urezao slavno.
I svi naši pozni naraštaji krasni
  Gledaće na zvezde s vatrom srca lepa,
I čitati pesmu s kola zvezda jasni' –
  Večnu, svetlu pesmu: Stepanović Stepa.

Volim knjigu

Volim knjigu, u njojzi mi nacrtane stoje slike,
A u njima domovine vidiš borce, trudbenike.

Volim knjigu, knjiga uči da prihvata bratac brata.
Volim knjigu, jer proklinje izdajicu svoga jata.

Volim knjigu, ona vodi na izvore zlatne sreće,
Gdje sunašce ljepše blista, neuvelo miris cv'jeće.

Volim knjigu, ona priča pradjedova patnje klete,
Što se biše i boriše za opstanak vjere svete.

Volim knjigu, ona vodi ka istini i vrlini,
Ojača mi duh i razum, u čelik me sama čini.

Volim knjigu, moć božanstva u njojzi mi krasno sije –
Prema čemu srce moje s poštovanjem žarkim bije.

Volim knjigu, jer mi ona pokazuje svjetlost puta,
Po kome je u vijence sveta slava razasuta.

Volim knjigu, dobru knjigu, slogu ljubi ko je štuje,
A za slogom srpska majka cvili, tuži, jadikuje.

Volim knjigu – okov teški sa robova patnih skida;
Slabe diže, svjetlošću im one gorke rane vida.

Vozare, pohiti...

Vozare, pohiti! Raspni jedro, hodi!
Odvezi me, tamo, na ostrvo mirno!
Kao beli galeb, niz more prozirno,
Neka leti barka...! Vadi lenger, brodi!

Znadeš li na žalu, kraj kućice same,
Gde vrt jedan sanja, gde šedrvan prska,
Uz bokore ruža i visokih trska?
Onde s čežnjom slatkom ona čeka na me...

Ove noći, kad se pozni časi jave,
Ja ću milovati njene kose plave,
Uz bistru fontanu pri srebrnoj luni...

Eno, sunce prosu zadnji sjaj po vodi...!
Vozare, pohiti! Raspni jedro, brodi...!
Mesečino, grani...! Hitri vetre, duni...!

Zaboravimo...

Zaboravimo slike prošlih dana,
Kad nismo znali da smo pleme isto,
Kad je u ruci ljut jatagan blistô
Poprskan krvlju bratovljevih rana.

Zaboravimo da smo bojem dugim
Ognjišta svoja potkopali sami,
Sa svoje mržnje ostali u tami
I svoje glave spustili pred drugim.

Zaboravimo! Jedna nam je mati –
Jedno smo stablo a sa jedne grude,
Pa nek nam jedna i misao bude
Što će nam srcu nove snage dati!

Uz tvrda rala nek sa njiva naši'
Odjekne pjesma jaka kô val brzi,
Pjesma mirênja koju tuđin mrzi
I kao sova sunca nje se plaši.

Posijmo sjeme, a da zdravo bude,
I bog će svoga blagoslova dati,
I jednog dana svijeh će nas zvati
Da zlatnom žetvom nagradi nam trude.

Gle, svako stablo granama se brani
Kad dođe vjetar da mu trga žile,
Pa buđ'mo i mi obrana i sile
Zemlji otaca što nas hljebom hrani.

U njoj su divne šume i zahlađa!
Njene su rijeke kao nebo plave,
Njena su polja puna svake trave,
A zdrava loza slatkim plodom rađa!

Živimo za nju! Bog nas njojzi dade,
Pa, ako nam je svoja majka draga,
Budimo braća da budemo snaga
I svome dobru sazidamo zgrade!

Što da nas vjere na zlu mržnju gone
Kad naša srca jednom vatrom biju?
Kad naše majke pokraj čeda bdiju
Zar jednu pjesmu ne pjevaju one?

Jednog smo stabla ogranci i grana,
Pa ne pitajmo ko je vjere koje;
Mi ćemo učit' jevanđelje svoje,
A vi se svoga držite Korana!

Zaboravimo! Jedna nam je mati –
Jedna nas zemlja jednim hljebom hrani,
Pa neka brata brat rođeni brani,
I bog i alah dobra će nam dati!

Zaljubljeni anđeo

Na krilu snova, što mi dušu hrane,
Prešao sam svjetlost dalekog svemira,
Okolo mene, kroz nebeske strane,
Brujali zvuci anđeoskih lira.

Vesela jata nebeskih visina
Pjevahu pjesme zvjezdicama sjajnim,
Al' jedan anđô, pun sv'jetlih milina,
Stajaše nijemo sa bolom beskrajnim.

„Zar i tu, gdje je život tako mio,
Zar i tu tuga sa bolom se budi?!"
A bl'jedi anđô šapnuo mi ti'o:
„Nijemo je srce, koje vječno žudi:

„Gle zvijezde ove, gledaj lica mila,
Kako su ljupka, kako blago griju!
Al' jedna, što je među njima bila,
Svjetlošću svojom nadmašuje sviju.

I ja je ljubljah; moja lira čista
Njojzi je himne, njojzi slavu vila,
A njena slika, što čednošću blista,
Mome je duhu draga svjetlost bila.

Al' jednog dana sav me pokoj minu,
Sledi se radost, koja srce budi:
Ta mila zvijezda čarobno se vinu
U krilo sv'jeta, na kom žive ljudi.

Kako si sretan, oj, smrtniče mladi!
Jer ona zvijezda, najljepša od svije',
Poljupcem svetim sada tebe sladi
I tebe blagom svoga sjaja grije.

Uznosi nebo, što ti sreću d'jeli!
Kraj sv'jetle zv'jezde, kraj boginje mira,
Blaženo pjevaj, raduj se, veseli
Najljepšim darom božjega svemira!"

Ti si to, čedo, što te anđô voli,
Nebeska slika, najljepša od svije'!
Boginja, kojoj duša mi se moli,
Najljepša zvijezda, što božanstvom grije.

Zar te više nikad...

Zar te više nikad zagrliti neću?
Zar ću vječno 'vako ostati da lijem
U samoći suze, i da čemer pijem?
Zar te više nigda zagrliti neću?

Gle, suv jedan listak dršće na drveću,
Ostavljen, pa tužno uzdiše sve jače:
Tako moje srce raščupano plače
Što te nikad više zagrliti neću.

Proljeće će doći i opet će laka
Zavijorit' ševa nebu pod oblaka
Pjevajući jasno veselje i sreću.

Sve će novu radost osjetiti tada,
Samo moje srce umiraće s jada,
Jer te više nigda zagrliti neću...

Zarobljeni pjesnik

Ne gleda nebo plavo ni osm'jeh sunca vrela,
U vlasti tmine hladne zarobljen pjesnik stoji,
A pred svijetlom mišlju visokoga mu čela
Kao da i mrak strepi i pred robom se boji.

Uzaman lanci zvone i teretom ga tište,
Pokorena je snaga, ali ideja nije:
On samo jedno želi, on samo jedno иšte –
Svjetlost narodu svome, slobodu ljubavi svije'!

Ni mrak ni memla hladna ne ruše vjeru jaku,
Njegovo bl'jedo lice nebeski osm'jeh ljubi –
On sanja... i pred njime, u najljepšeme zraku,
Boginja slobode sv'jetle božansku himnu trubi.

Zarobljeno tiče

Ne nosi ga lako krilo
Po slobodi zračnog visa,
Nit' prel'jeće ravna polja
Od ružica i mirisa.

Zarobljeno tiče malo
U mrežama gustim stoji,
Al' mu tuga nije druga,
Mreže su mu perivoji.

Kao trepet tajnog zvuka
Pjesma mu se miljem kreće,
U pjesmi mu ljubav čista,
A ljubav mu rajsko cv'jeće,

Treptanjem ga zv'jezde mame,
Gorica mu miris sprema,
Al' za tiče robovanče
Nigdje take sreće nema...

Tä slatko je robom biti
Kad je ljubav robu vlada,
Kad nam vrelu krvcu kreće
Slatki plamen vedrih nada.

Pjevaj, tiče robovanče,
Pjevaj, mlado srce moje!
U mrežama kose njene
Sve nebeske draži stoje.

Zbogom...!

Zbogom, more, sinje more,
Ogledalo neba plava,
Kud se tajne pjesme hore,
Pod kriocem noći tije,
Kad srebrna luna sije
I kad živog nema java...

Zbogom, vali, tihi vali,
Lakim vjetrom zaljuljani –
Što ste često čamac mali,
Biser-pjenom udarali;
Ja vam n'jemo žubor sluša',
U milju mi tonu duša...

Zbogom i vi, oj obale,
Okićene rosnim cv'jetom –
Sa vas često gledah ždrale,
Gdje odlaze žurnim letom,
Tamo kud ih želja vodi,
Svetom kraju i slobodi...

Zbogom, gore mirisave,
Gdje pod sjenkom gustih grana,
Na ćilimu meke trave,
Zanosih se svakog dana,
Slušah pjesmu punu čara,
Što je sjetni slavuj stvara.

Zbogom, mili druže Simo,[4]
Sine daljnih srpskih gora –
Čas je da se rastavimo;
Kad se sjetiš šumnog mora
I mene se tada sjeti
I minulih dana sveti'.

---

[4] Simo J. Avramović iz Beograda. (Prim. aut.)

Zbogom, krasni Dubrovniče,
Od starina grade slavni,
Lovora ti v'jenci liče –
Tvoje ime ne potavni:
„Tȁ sa pjesme i starine
Pune slave i miline."

Zbogom i ti, slatko lane,
Cv'jete rajskog perivoja,
Kroz cijele žića dane,
Sn'jevaće te duša moja,
I slađane tihe noći
Kad šaptasmo... u samoći.

Zgarište

Popaljeno selo. Iz crnoga zgara
Još pokrovi dima penju se i krile.
Nigde stada, zvona, kolibe ni ara –
Sve je pusto! Samo, niz žljebove gnjile

Gde udara voda i korito dube,
I kô pokajnice setne vrbe stoje,
Oni mirno leže uz puške i trube,
Poprskani ključem carske krvi svoje.

Kô plamenje sveća, iz modrijeh trava
Mak crveni rudi oko mrtvih glava;
Dok studena voda po koritu prska

I rasiplje kapi na ta bela čela,
Kô suze... Sve ćuti. Samo u dnu sela
Vran grakće i kruži svrh kopalja trska.

Zima

Jezdim. Snijeg pršti. Iz domaje svoje
U dolinu sela gladni vuk se krade.
Sve su šume kao mramorne arkade –
Stabla kô srebrni podupornji stoje.

Negdje čujem udar sjekire po panju,
I sve jele dršću... Sama žena neka,
Pod bremenom drva, na raskršću čeka –
Odmara se. Gavran s grma gleda na nju...

I vremena žrvanj, kô vreteno prelje,
Okreće se naglo, i hukti i melje,
I prah studen pada sve brže i brže...

Gori huji. Pusto. Vuk se gladni krade,
I svud vidim samo mramorne arkade,
I stubovi srebra krov nebeski drže.

Zimsko jutro

Borisavu Stankoviću

Svanu. Mujezin viče na munari:
Salepčija se čuje: „Vrućo! Taze!"
Otvaraju se gazdinske magaze
I brave škripe i ćepenci stari.

Poledica je. Zgureni metlari
Trljaju ruke. Niz Mahalu Donju
Po koji Turčin projaše na konju,
A za njim stižu hrti i ogari.

U berbernici skupljaju se age,
Puše i srču kavu. Iz odžaka
Po njima titra vatre crven laka,
I okna suze od pare i vlage.

Poneka cura s ibrikom, sva jedra,
Na česmu pođe, i dok vjetar mete,
Nanule klepeću o gole joj pete,
I puna, zdrava tresu joj se njedra.

U dugom ćurku pognuti, sa štapom,
Trgovci kraču i nazivlju boga.
Pokoji liska, polunagih noga,
Na vjetru trči za razdrtom kapom.

Prolaze krave i riču. S kantarom
Već baždar čeka. U vrevi i buni
Hljebar se krivi: „Somuni! Somuni!"
I dalje čuči za mangalom starom.

Sve življi biva sokak i raskršće,
Pod teretima drumom škripe kola,
Bič puca... Tegle, stenju kljusad gola,
I hladno jutro nad Mostarom dršće.

Znaš li, brate, Nevesinje ravno?[5]

Što se ono tužna suza sjaji
Na ikoni svetitelja Save?
Što kandila trnu na oltaru,
I što anđô na dverima cvili?
Što pucaju na guslama strune?
Što se tresu grobovi otaca?
Što se gore jadovanjem ore –
Što nam plaču na izvoru vile,
Kao majka za jedinim sinom,
Kao sestra za bratom rođenim?

Lako ti je pogoditi, druže,
Rane ljute što nam dušu mute.
Znaš li ono leglo sokolova,
Znaš li ona polja od pokolja,
Štono su ih krvlju blagodarnom
Natapala prsa od junaka,
Muška prsa slobodna gorštaka?
Znaš li zemlju, gdjeno za krst časni,
Za krst časni i slobodu dragu
Leže kosti zatočnika hrabrih?
Znaš li tamo ono mjesto slavno,
Znaš li, brate, Nevesinje ravno?
Tamo braća u nevolji cvile:

Mračna čela poniknula nikom,
Sledila se srca u junaka,
Sledile se duše u junaka,
Jer nevolja opasala jaka:
Zla godina i zli janičari,
Kroz koševe prazne vjetar duva,

---

[5] Ove je stihove govorio, kao prolog, gospodin Atanasija Šola na zabavi koju je 19. decembra 1902. priredilo srpsko pjevačko društvo „Gusle" u Mostaru u korist postradalih Nevesinjaca. (Prim. aut.)

Glad se ceri, mučenike mjeri,
Okiva ih verigama ljutim,
Sokolima laka lomi krila,
Da nam zemlja ostane bez krilâ;
Sokolove sa gnijezda goni,
Da nam zemlja sokolova nema,
Otadžbina da proplače ljuto,
Da oplače zatočnike drage
Srpske slave i imena srpskog;
Nebo naše da zvijezda nema,
Vjera naša da izvora nema;
Crni vrani da zagrakću crno
Nad grobnicom našega uzdanja...

Braćo! Sestre! Očevi! O, ljudi!
Ako vam je srpsko ime sveto,
Ako vam je domovina draga,
Ako znate šta je suza majke,
O, ne dajte da nam teški grijeh
Dom okalja i pritisne dušu!
O, ne dajte da kosti otaca
Prokunu nas iz grobova svojih!
O, ne dajte da uzdahnu na nas
One čiste, one srpske duše,
Oni divi, Obilići živi,
Što su rodu vijekove duge,
Kao sveta luča sa nebesa,
Svijetlili u dubokoj noći,
I stupali, u krvi od rana,
Na susreće vaskrsnoga dana.
Dajte, braćo, pomoći im dajte.
Ne pomoći, samo dug im dajte!
Oni za rod i život su dali –
Krvlju svojom po stotinu puta
Topili su staze i bogaze;
Umirali po stotinu puta,
Ostavljali kuće i ognjišta
I svoj stijeg dižući visoko
Na krvavu stupali Golgotu,

da vaskrsno zasvijetli sunce,
da ogrije sužnje i nevoljne,
Da nestane onih ljutih rana,
Ljutih rana od Kosova dana...

Dajte, braćo, pomoći im dajte!
Ne pomoći, samo dug im dajte!
To vas moli ona tužna suza
Na ikoni svetitelja Save;
To nam zbore grobovi otaca
I krv sveta što je negda pala
Na žrtvenik svijetle slobode;
To nam zbore tamnice duboke,
Gdje su ono u mučenju dugom
Divni borci, jedan do drugoga,
Praštali se s dušama viteškim;
To nam zbori kandilo što gori
Pred ćivotom Vasilija svetog;
To nas moli anđeo što cvili
Na dverima našijeh oltara;
To nas moli krv, bratstvo i vjera,
Suze, muke Otadžbine drage
I sve duše što ih jadi guše...

Zora (I)

Razgorila se zora na visini,
Široki plamen po grebenu zasja.
Ustaj i pođi! Tamo, u daljini,
Gdje poljem teče šum drvlja i klasja,

U tamnom lišću gdje slatki plod rudi,
Gdje svaka biljka zbori glasom tajnim,
Tamo daleko od vreve i ljudi
Utjehe ima bolima beskrajnim.

Otvori srce nebu blagodatnom,
Potoku, rosi i leptiru zlatnom
Na ružu kada umoran malakše;

Praštaj i moli za sebe i one
Što ljutom mržnjom kinje te i gone,
I dugo plači, i biće ti lakše.

Zora (II)

Golubovi prvi lete preko luka.
Ne znam šta je, srce s njima bi me htelo!
Kao da me davnih dana jutro srelo,
Kad sam trčô majci raširenih ruka

I padô joj glavom u krilo i meku
Ljubio joj ruku... Sav treptim kô prutke
Jasike, i hodim putanjom uz reku,
I gledam na njene srebrne svijutke.

Jutros, kao i ti, lepa reko čista,
I moja sva duša žubori i blista,
Razleva se, raste, i hučno koleba...

Gle, vrelo joj biva sve šire i veće,
I u njezinijem dubinama sreće
Ogleda se zora i plav šator neba.

Zvezde (I)

Pored mene reka trabuni i spava
Uljuljana poznim tičijim cvrkutom.
Noć uza me stupa i svilenim skutom
Sjajne kaplje runi sa procvalih trava.

Kako toplo šumi njen kraljevski veo
Pun svitaljka jasnih, čeznuća i seta,
I zapinje lako za grane drveta
I mak crven što se po stazama spleo.

Kako li me grli i celuje milo!
Kô na daždi klasje, kô različak plavi,
Ja dršćem uz njenog srca toplo bïlo.

Sve tako, kraj reke, greje me i krepi,
A kad bela zora s pesmama se javi,
Kući nosim punu pregršt zvezda lepi'.

Zvezde (II)

Prvi plodovi noći rane
Rude
U plavim baštama
Neba.
Neko zlatna stabla zatrese
I s grana
Po koja svetla jabuka pane
Kô vatra plane
I sa visina
I bezbroj rubina
Raspe se
Cela
Po krovovima sela
Uz reku...
Jelo,
Hajdemo gore, na one krše,
Gde strše
Drveta
I cveta
Runolist beli.
Onde je nebo blizu; onamo su se spleli
Gajevi neba s krunama jela viti.
Hajde,
Na onaj greben sa mnom se popni i ti,
Pa ćemo tamo stati
I noći cele,
Do zore bele,
Rumene zvezde brati...

Zvijezda jato

Tiha noćca nastupila,
Poče blago širiti se,
Nebo plavo, bez oblačka,
Stade zv'jezdam' kititi se.

Gledao sam kako milo
Svaka svoje zrake daje,
Al' sam gledô najradije
Jato od njih, što tu sjaje.

Uporedo sve su stale,
Vođa im je prva bila,
Pa su nebom putovale
Šireć' svoja zlatna krila.

Tad pomislih: mili Bože,
Srbadija kad će tako,
Poći skupa? A odgovor:
– Kad neslogu sprži pakô...

Zvono

Poljem legla noć i tama,
Uvrh polja crkva sama;

Samo anđô, suzna lika,
Nekud gleda sa zvonika.

Gleda polja, ali niđe
Ploda nema, nit' ga viđe.

Uz očeva jaka rala
Blijeda su djeca pala.

San im ljubi hladno čelo;
Mrtvo polje, mrtvo selo.

Anđô gleda, suze roni,
Pa u staro zvono zvoni.

Hladnim mrakom zvono bije,
Al' ga niko čuo nije.

Mirno, tiho, krvi plava
Samo ćuti, samo spava.

Anđô jeca, suze roni,
Mrtvoj djeci zvono zvoni.

Želja

Bože, kad jednom mine život ovi
I ti u slavi budeš onaj isti
Bog pravde vječne, svega izvor čisti,
I tvojom voljom bude svijet novi,

O, tada mene u leptira stvori,
A žene divne nek su ruže mile,
I mome srcu vrelom tvoje sile
Podari ognja i raj mu otvori:

Sa jednog cvijeta da drugome hrlim,
Da pijem slasti i da silno grlim
Stvorove nage što ih sjaj obliva,

Pa ljubeć' tako dušom, srcem strasnim,
Neka izgorim na ružama krasnim
I nek mi puhor u njima počiva...

Žeteoci

Kô svilene niti što ih pauk satkô,
Po drveću visi mesečine veo.
U polju, uz reku, šušti ječam zreo,
I, kô krv, sa grana rudi voće slatko.

Mali drven toranj, kao straža neka,
Uvrh sela stremi. Staro groblje ćuti,
A krstovi, mahovinom ogrnuti,
Svoje ruke šire, kô da svaki čeka

Da zagrli nekog... I dok ponoć plava
Trepti, i pod božjom rukom selo spava,
Žeteoce čudne, koštane i sure,

Ja vidim gde s neba niz lestvice slaze,
S kosama na vratu šoboćući gaze...
I svrh sela zvoni udar kobne ure.

Žetva (I)

Blizu je veče. Zviždi kos iz srča.
U rodnom polju blista srp do srpa.
Žanjući cura košulju razdrpa,
Pa kradom u hlad bistrom vrelu strča.

Na žetvi momka zaboljela glava,
Na izvor ode, lice mu se žari.
Okolo šume jablanovi stari,
A voda mrmlja i miriše trava.

I suton pade i krv planu čvršće –
Na srcu srce lomi se i dršće...
Kod njih na travi dva bačena srpa.

Rodno se polje u san tihi svelo,
Još cura majci ne smije u selo,
Sva joj se tanka košulja razdrpa.

Žetva (II)

Mru ruže... Ja čujem ljeta zadnje ropce
U pokrovu hladnu svela lišća žuta...
Idem. Noć jesenja za mnom uzastopce
Korača maglama dugim ogrnuta...

Nijedne zvijezde ne vidim na visu,
Samo oblakova razderane krpe.
No svjetiljke moje pogašene nisu,

One iz mog bola svoju snagu crpe...
Kô kandila sjajna, kao purpur zore,
Meni moje rane svijetle i gore,
I u magli trepte nebesnim treptanjem.

I u daljna polja gdje spomeni stoje
Stižem, i pri sjaju bola duše svoje
Srpovima zlatnim zlatno klasje žanjem.

Živi...!

Živi, da brišeš one suze vajne,
Što oko mute potištenom robu,
Onom, što cvili s nevolje beskrajne,
U tavnoj noći, dubokome grobu...

Živi, da budeš: trepet, grom i strava
Silniku hudom, što narode stresa,
Što mu se presto, i skiptar, i slava
Podiže grozno vrh ljudskih tjelesa.

Živi, da v'jence pokoljenja pletu,
I tvome grobu s vijencima hode,
Živi, da umreš na bojištu svetu,
Za svetog Boga pravde i slobode...

Život (I)

Milanu Rakiću

Ne daj mi, Oče, zemne preći pute,
Dok plod na svojoj grani ne odnjivim,
Da pošlje smrti budem i da živim
U drugom žiću i vjerujem u te!

Ko nikad nije gorio na ognju
Rođenog srca i grijao druge,
Ko nije poznô moć ljubavi duge
I čuo kako blagosilja Bog nju;

Ko nikada nije jedan život dao
Izvorom živim krvi bogom dane,
Kô zdravo stablo plodove i grane –
Taj je s prokletstvom iz utrobe pao.

On nije bio sjeme svete njive,
Ni atom Tijela što drži i spaja;
On je izdajnik ljudskih naraštaja –
Ubica onih što u njemu žive.

Sva blaga zemna Milosti beskrajne
Prezrô je srcem i dušom nemarnom,
Niti se grijô svjetlošću oltarnom
I bio žarcem vječne misli sjajne.

I kad dokonča i, bez jedne suze,
Kad zaspu zemljom vrh lešine mrtve,
Doli, u mraku, pogrebne žrtve,
Prokleće oca što im dušu uze.

Pa zato, Oče, ne daj mi da pute
Dovršim zemne dok plod ne odnjivim,
Da pošlje smrti budem i da živim
U drugom žiću i vjerujem u te!

Život (II)

Neprestano slušam vapaj kô sa groba:
Svi su naši dani bede teške ploče;
Kako li bi rado pošli tamo, oče,
Gde prestaje svaka patnja i tegoba!

Večni, kada bi se smilovati hteo,
I kada bi želje moga srca znao,
Ti me nikad ne bi na nebesa zvao,
Ja na veki veka svoj bih šator peo

Ovde pokraj reke života i dana,
Sve grleći lepe nimfe ispod grana...
I kada mi srce zlim strelama rane,

Bol bi prošô samo kad se širom luka
Raspe behar sjajni iz tvojijeh ruka
I kap zlatna sunca na me toplo kane.

Beleška o autoru

Aleksa Šantić, srpski književnik (Mostar, 27. maj 1868 – Mostar, 2. februar 1924). Pohađao je Trgovačku školu u Ljubljani, radio kao trgovac u Mostaru, potom se posvetio književnosti i kulturnoj delatnosti – bio je urednik časopisa *Zora*. Pisao je neoromantičarsku ljubavnu, pejzažnu i zavičajnu liriku elegičnog tona u rasponu od idiličnih slika detinjstva do turobnih, a sporadično i socijalno-kritičkih slika savremenosti. Napisao je i dve uspele jednočinke u stihu, *Pod maglom* (1907) i, prema motivima narodne balade, *Hasanaginicu* (1911). Ljubavnim pesništvom nastalim pod uticajem muslimanske narodne pesme stekao je trajnu popularnost i status barda srpskog i bosansko-hercegovačkog pesništva orijentalne atmosfere. U rodoljubivom pak pesništvu služio se njegoševskom stilizovanom frazom u maniru devetnaestovekovne sentencioznosti i patosa. S nemačkog je prevodio H. Hajnea i F. Šilera. Pesme je skupio u više izdanja zbirke *Pjesme* (1891, 1901, 1908, 1918), te u zbirci *Na starim ognjištima* (1913).

Sadržaj

O, gdje si, Bože?	5
O, klasje moje...	7
O, kuda stremiš moja željo laka?	8
O, nikad više...	10
O, pjevaj srce moje...	11
O, putnici ždrali...	12
O, putniče...	13
O, zemljo moja...	15
Obeščašćeno i kukavno doba...	16
Oblak	17
Odnesi me, lađo	19
Oh, da li će...	20
Oh, da li će...?	21
Ohridska vila	22
Ohridsko roblje	23
Oj, grančice puste...	24
Oj istoče!	25
Oj ljubim te, zoro...	26
Oj mladosti!	27
Oj mladosti...	28
Oj potoče!	29
Oj Srbine mili...!	30
Oj tičice...	32
Oko vatre	33
Omar	34
Omladinsko kolo	39
Oproštaj	41
Oraču	42

Orao	43
Orlu	44
Orluj, klikći, orle beli!	46
Osmanu Đikiću	47
Ostajte ovdje...	48
Ostavljena	50
Otac	53
Otadžbini (I)	54
Otadžbini (II)	56
Otadžbino, gdje si?	57
Otvorila si dveri	58
Oživi mene, noći...	59
Pahulje	60
Pećina	61
Pećine	62
Pehar od rubina	64
Pepeo Svetog Save	65
Pesma biblijska	67
Pesma duše	68
Pesma invalida	69
Pesma jakih	71
Pesma jedinstva	72
Pesma naših đaka	73
Pesma podzemna	75
Pesma s Vardara	76
Pesma Srbiji	78
Pesma u slavu Aleksandrova prelaska preko Drine	79
Pismo	81
Pjesma	82
Pjesma pjesmi	83
Pjesmi	84
Pjesmo moja	86
Pjesnik	87

Pjevačica	88
Plač Alhambre	89
Plać roditelja	90
Planinsko jutro	91
Plijen (I)	96
Plijen (II)	97
Pobednik	98
Pobijeđen moćnom rukom...	99
Pod beharom	100
Pod čempresima	101
Pod granjem	103
Pod jabukama	104
Pod jedrima	105
Pod jorgovanom	106
Pod krstom	107
Pod maglenim velom	108
Pod mušebacima	109
Pod narančama	110
Pod našim krovom	111
Pod Ostrogom	113
Pod plavim nebom	114
Pod suncem	115
Pod vrbama	116
Pogled s vrha	117
Pogreb	118
Pokidane strune	119
Poklič	120
Poklič Zmaju	121
Pokoj	123
Pokojnom Vojislavu	124
Poleti dušom	125
Ponoći je...	126
Ponor (I)	127

Ponor (II)	129
Ponotnji sanak	130
Poraz Turaka na Pločniku	131
Porodična slika	142
Poruka	146
Porušeni hram	147
Posle okova (I)	149
Posle okova (II)	150
Poslednji let	151
Pošlje mnogo ljeta... (I)	152
Pošlje mnogo ljeta... (II)	153
Pošlje zabave	154
Pošljednje veče u Malom Lošinju	155
Potok	156
Povratak (I)	157
Povratak (II)	159
Povratak (III)	161
Povratak (IV)	162
Povratak iz polja	163
Povratak iz raja	164
Pozdrav (I)	168
Pozdrav (II)	169
Pozdrav Avali i Lovćenu	170
Pozdrav „Golubu" na Novu 1889. godinu	171
Pozni časovi	173
Pratilja vječnosti	174
Prazna koliba	178
Praznik	179
Pred Bitoljem	180
Pred ikonom Svetog Save	181
Pred kapidžikom	183
Pred kolibama	184
Pred modelom	185

Pred proljeće (I)	186
Pred proljeće (II)	188
Pred raspećem	189
Pred zoru	190
Pređi Bosnu...	191
Pretpraznačko veče	192
Prezren	196
Pri čaši	198
Priča	199
Prijatelju (I)	202
Prijatelju (II)	206
Pritaji suze...!	207
Prizrene stari...	208
Prizrenska noć	209
Probudi li suze tvoje...	210
Probudiću oganj...	211
Prolaze dani...	212
Proletnja bura	213
Proletnja noć	214
Prolog	215
Proljeće (I)	216
Proljeće (II)	218
Proljeće (III)	219
Proljeće (IV)	220
Proljeće (V)	221
Proljećnja noć	222
Proljetna zora	223
Proljetne tercine	224
Proljetni dan	225
Pruži mi pehar...	226
Puna duša	227
Pusta noći	228
Put	230

Putnička pesma	231
Putnik (I)	232
Putnik (II)	234
Putnik (III)	235
Putnik (IV)	237
Putnik (V)	238
Putnik na odmoru	239
Radi...	241
Raj	242
Raj i milje...	243
Rajski talasi	244
Ranjenik	245
Raspusti svilene vlasi...	247
Rataru	248
Ribari	249
Rob (I)	250
Rob (II)	251
Rodio se Spas!	256
Ručak	257
Ruke	258
Ruža (I)	260
Ruža (II)	261
Ruža (III)	262
Ruži	263
Ružin san	265
S puta	266
Sa bratskoga brega	269
Sa mojih kad si otrgnuta grudi...	270
Sahranjeno milje	271
Sanak male Vide	272
Sarajevski teferič	274
Sarajevskom odboru	275
Sećanje	277

Selo	278
Seljančica	280
Seljanka	281
Senke	284
Seoba	285
Seoce moje!	287
Sestra	289
Sestri	291
Sijači	292
Simzerla	294
Siroče	295
Sjećaš li se srce...?	297
Sjenke (I)	298
Sjenke (II)	307
Sjeti me se...	316
Skender-begova sablja	317
Slatki sanče!	320
Slavni rod	321
Slavuju	323
Sloboda	324
Slutnja	325
Smiraj	326
Snijeg	327
Snivao sam... (I)	328
Snivao sam... (II)	329
Snovi	331
Spomen	332
Spomenci (I)	333
Spomenci (II)	340
Srbadiji	342
Srbima u Mitrovici na Kosovu	343
Srbin živi	345
Srbinovo oružje	346

Srbinu	348
Srce	349
Srcu	350
Sreća	351
Srećno, braćo draga...	352
Srpče pred slikom Obilića	353
Srpska himna	354
Srpska majko, uzdamo se u te...!	355
Srpska vila	357
Srpske rane	358
Srpski anđeo	359
Srpsko momče	360
Srpskoj omladini na Balkanu	361
Srpskom ocu	363
Stara pjesma	365
Stari iguman	366
Stari sejač	368
Stojan (Kovačević)	369
Stojanu Novakoviću	370
Strašna je ovo noć...	371
Stražar otadžbine	374
Sukob između Vuka i Miloša	376
Sunča se...	382
Susret	384
Susretoh je...	387
Svani, svani	388
Sveta je pjesma...	389
Sveti Sava na Golgoti	390
Svijetla je misô moja...	391
Svijetla noć	392
Svijetli dan	395
Svijetli put	400
Svirač	401

Šegrče	402
Šerifa	404
Što plačeš, cv'jete...?	405
„Što te nema...?"	406
Što zastaše grudi moje...?	407
Tä ko može...?	408
Tamni trenuci	409
Taraboš	410
Tema	411
Težak	414
Težaku	415
Ti	416
Ti si...	417
Ti si čedo...	418
Tici u zatvoru (I)	419
Tici u zatvoru (II)	421
Trubadur	422
Tvoj uzdisaj	423
Tvojih ruža nema...	424
Tvrda stijena	425
U album	426
U bolesti	427
U dubini duše moje...	429
U gaju (I)	430
U gaju (II)	432
U goricu...!	433
U jutarnja zvona	434
U ljuljajci	435
U noći (I)	436
U noći (II)	437
U noći (III)	440
U polju	441
U proljeće	442

U proljetnoj noći	444
U ranim časovima	445
U ravnom Srijemu	446
U samoći	447
U sjećanju	451
U slađanom glasu...	452
U snovima	453
U svetom času...	454
U tuđini	456
U večernjem sjaju	458
U vrtlogu	459
U vrtu	461
Ugljari (I)	462
Ugljari (II)	463
Umrli ste...	464
Usahnuće mladost	466
Uspavaću cv'jetak uspomena moji'...	467
„Ustav"	468
Utonulo sunce...	470
Uz hridi života	473
Uz pehar	474
Vardar	476
Vatra	484
Vaznesenje	485
Veče (I)	486
Veče (II)	487
Veče na humkama ubogih	488
Veče na selu (I)	489
Veče na selu (II)	491
Veče na školju	493
Večernja zvona (I)	494
Večernja zvona (II)	496
Večernja zvona (III)	497

Vedra deca	500
Velimiru Rajiću	501
Verno društvo	503
Vestalka	504
Vi...!	506
Vida	507
Vidovdan 1389–1919	509
Vila	511
Violini	512
Višnjićeve pesme	513
Vitez	514
Vizija	517
Vječita mladost	518
Vjero moja...	519
Vjeruj...	520
Vjeruj i moli	521
Vodenica	522
Vojislavu	523
Vojvodi Stepi	525
Volim knjigu	527
Vozare, pohiti...	528
Zaboravimo...	529
Zaljubljeni anđeo	531
Zar te više nikad...	533
Zarobljeni pjesnik	534
Zarobljeno tiče	535
Zbogom...!	536
Zgarište	538
Zima	539
Zimsko jutro	540
Znaš li, brate, Nevesinje ravno?	542
Zora (I)	545
Zora (II)	546

Zvezde (I)	547
Zvezde (II)	548
Zvijezda jato	549
Zvono	550
Želja	551
Žeteoci	552
Žetva (I)	553
Žetva (II)	554
Živi...!	555
Život (I)	556
Život (II)	558
Beleška o autoru	559

www.ingramcontent.com/pod-product-compliance
Lightning Source LLC
Chambersburg PA
CBHW020631300426
44112CB00007B/84